幼儿

游戏
与
指导

主
副
编

白秋珍 黄 柯 莫洁华

中国教育出版传媒集团

高等教育出版社·北京

内容提要

　　本书是高等职业教育"岗课赛证"融通新形态一体化教材，其配套课程"幼儿游戏生成与组织"是职业教育国家在线精品课程。

　　本书基于职业教育"岗课赛证"融通的理念，构建了初识幼儿游戏、选用游戏资源、玩转建构游戏、玩味角色游戏、玩赏表演游戏、创用规则游戏 6 个项目，每个项目分解为 2~3 个任务，难度依次递进，引导学习者通过"体验职场—探究任务—建构认知—梳理经验—生成智慧"5 个步骤，深入理解幼儿游戏理论，合理选用游戏资源，支持幼儿游戏，掌握寓教于乐的方法，促进幼儿健康全面发展。本书以幼儿园典型的游戏情境为载体，将幼儿游戏理论等专业知识、幼儿游戏组织创编等专业技能与价值引领有机结合，通过活动实施课程思政，落实立德树人根本任务。与本书配套的课程资源在"智慧职教"上线，学习者可以登录"智慧职教 MOOC 学院"搜索"幼儿游戏生成与组织"课程进行在线学习。

　　本书可作为高等职业教育专科、本科，应用型本科学前教育、早期教育、婴幼儿托育服务与管理等专业的教材，也可作为幼儿园、早教机构一线教师的继续教育、工作参考用书，还可作为婴幼儿家长的家庭教育指导用书。

图书在版编目（ＣＩＰ）数据

　　幼儿游戏与指导 / 申敏婷，刘揖建，唐翊宣主编
．-- 北京 ：高等教育出版社，2024.3
　ISBN 978-7-04-061335-3

　　Ⅰ．①幼⋯　Ⅱ．①申⋯　②刘⋯　③唐⋯　Ⅲ．①学前教育−游戏课−高等职业教育−教材　Ⅳ．①G613.7

　　中国国家版本馆CIP数据核字（2023）第211847号

YOU'ER YOUXI YU ZHIDAO

策划编辑	赵清梅	责任编辑	赵清梅	封面设计	张志奇	版式设计	杜微言
责任绘图	易斯翔	责任校对	张 薇	责任印制	刁 毅		

出版发行	高等教育出版社	网　　址	http://www.hep.edu.cn	
社　　址	北京市西城区德外大街 4 号		http://www.hep.com.cn	
邮政编码	100120	网上订购	http://www.hepmall.com.cn	
印　　刷	北京市大天乐投资管理有限公司		http://www.hepmall.com	
开　　本	787mm×1092mm　1/16		http://www.hepmall.cn	
印　　张	17			
字　　数	330 千字	版　　次	2024 年 3 月第 1 版	
购书热线	010-58581118	印　　次	2024 年 3 月第 1 次印刷	
咨询电话	400-810-0598	定　　价	36.00 元	

本书如有缺页、倒页、脱页等质量问题，请到所购图书销售部门联系调换
版权所有　侵权必究
物 料 号　61335-00

前　言

　　教育改变人生，游戏点亮童年。党的二十大要求在"幼有所育、学有所教"两大民生工程上持续用力。那么，如何育？如何教？最好的答案就是：通过游戏来育，通过游戏来教。因为游戏是幼儿最基本的生存方式和学习方式。幼儿园以游戏为基本活动，游戏活动的支持与引导成为《幼儿园教师专业标准（试行）》规定的幼儿教师核心专业能力。因此，"幼儿游戏"理所当然成为学前教育专业的核心课程。

　　本书以习近平新时代中国特色社会主义思想和党的二十大精神为指引，落实立德树人根本任务，聚焦幼儿教师"为幼儿提供以游戏为基本活动的课程"能力的生成，遵循职业教育教学法，基于"岗课赛证"融通的理念，从幼儿园教师保育教育典型岗位出发，紧扣"支持引导幼儿游戏"典型工作任务，对接"为幼儿提供高质量游戏"的岗位要求，引导学生通过学习树立正确的游戏观，拥有"寓教于乐"的游戏精神，具备"支持引导幼儿游戏"的能力，能运用游戏思维创造性地解决幼儿园的相关问题，形成深层的文化自信与专业自信，为幼儿园班级管理等工作奠定基础，同时为通过幼儿园教师资格考试，参加幼儿教师职业技能大赛等提供关键支撑。

　　本书编写依据游戏的生成规则，遵循教师的成长规律，按照学前教育的规律构建了初识幼儿游戏、选用游戏资源、玩转建构游戏、玩味角色游戏、玩赏表演游戏、创用规则游戏 6 个项目，下设 17 个任务。每个任务都按照"怎么做就怎么学，怎么学就怎么教"的职业教育规律逐层推进，将幼儿园教师的典型工作过程转化为学习者的学习过程："体验职场"，直观感受幼儿真实的游戏场景，为"做"铺垫感性经验；"探究任务"，明确自己要做什么，怎么做，达到什么样的标准和要求；"建构认知"，主动思维，转化知识，构建基础知识、基本技能、基本思想、基本活动经验；"梳理经验"，梳理共性问题，提炼一般规律；"生成智慧"，以"直通国考""挑战赛场""展示游戏"等实践应用形式，呈现幼儿园教师资格考试、幼儿教师职业技能大赛和学前教育专业教育技能赛项、幼儿园教师典型岗位任务等内容，在实践中运用规律，生成教育智慧。

　　本书的配套资源以职业教育国家在线精品课程"幼儿游戏生成与组织"为主，根据岗、赛、证的新变化、新要求，持续更新优化，配套资源具有可视化、系列化、生成性的优势，年更新率在 30% 以上，让课程实施更便捷，课程效果更突出。例如，"开发运用民族民间游戏资源""小游戏抗击大疫情""日常生活游戏化""二十四节气主题游戏""十二生肖主题游戏"等系列课程思政资源，在引领学生成为新时代树责任心、有爱心、显耐心、葆童心的幼儿教师方面发挥了重要作用。资源应用基础广泛，应用效果良好。截至 2023 年 1 月，已服务了来自全国 5 512 个单位的 3.79 万人，累计互动 93.14 万次，同时面向东盟国家相关院校开放资源使用。

本书由校、园合作编写，教材中的每个项目都由具有精品课程建设经验和专业影响力的高校教师，以及具有丰富实践经验和行业影响力的幼儿园一线教师共同打造。参编单位包括广西幼儿师范高等专科学校、南宁师范大学、广西壮族自治区卫生健康委员会幼儿园、广西幼儿师范高等专科学校实验幼儿园、广西壮族自治区文化和旅游厅幼儿园等。各项目编者分别是：项目一，申敏婷、佘雅斌、蔡骊娆；项目二，刘揖建、黄柯；项目三，唐翊宣、经承凤、申敏婷、苏青清、黄柯；项目四，申敏婷、张媛、莫菲；项目五，郑艳华、白秋珍、莫洁华、周明泉；项目六，申敏婷、韦凌云、周明泉、郑艳华。全书整体设计、框架纲目拟订、统稿工作由申敏婷、刘揖建负责。

本书编写参考了大量专著、教材和文献资料，采纳了许多研究者的观点，在此诚恳致谢！

如果说这本书是一幅"提升幼儿教师游戏力"的地图，它可能只是一幅粗犷的地图，有些地方标识得还不够清楚，但这并不影响我们上路，因为知识的价值不在于提供确定而完备的答案，而在于引发探索的过程。希望这幅还有待完善的游戏地图能够助力学习者的探索之路，让我们心怀对儿童、对教育的敬畏，携手同行，不断探索！

编者

2023 年 10 月于绿城

目　　录

项目一

1

初识幼儿游戏

学 习 目 标

知识目标

☐ 理解幼儿游戏的结构要素和基本特征。

☐ 掌握幼儿游戏的基本类型。

☐ 理解游戏在幼儿园的地位及作用。

能力目标

☐ 能够具体分析幼儿游戏的基本价值。

素养目标

☐ 贯彻"幼儿园以游戏为基本活动"的理念，拥有游戏精神，树立科学的儿童
教育观、游戏观。

项 目 导 图

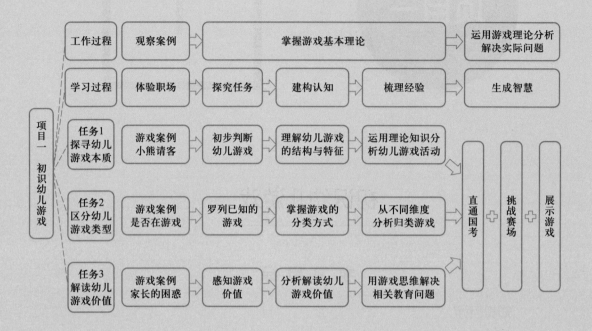

| 工作过程 | 观察案例 | → | 掌握游戏基本理论 | → | 运用游戏理论分析解决实际问题 |

学习过程 → 体验职场 → 探究任务 → 建构认知 → 梳理经验 → 生成智慧

项目一 初识幼儿游戏

任务1 探寻幼儿游戏本质 → 游戏案例小熊请客 → 初步判断幼儿游戏 → 理解幼儿游戏的结构与特征 → 运用理论知识分析幼儿游戏活动

任务2 区分幼儿游戏类型 → 游戏案例是否在游戏 → 罗列已知的游戏 → 掌握游戏的分类方式 → 从不同维度分析归类游戏

任务3 解读幼儿游戏价值 → 游戏案例家长的困惑 → 感知游戏价值 → 分析解读幼儿游戏价值 → 用游戏思维解决相关教育问题

直通国考 ✤ 挑战赛场 ✤ 展示游戏

任务1 探寻幼儿游戏本质

【体验职场】

小熊请客

　　李老师在语言活动"小熊请客"的基础上，组织表演游戏。李老师一一出示准备好的道具，介绍完道具，配班老师带领幼儿离开活动室去"小熊"家做客；李老师忙着布置场景：一个小门，好几种食物等。场地布置好了，幼儿由配班老师带进活动室。李老师提问："谁愿意上来表演？""唰！"几十只小手举了起来。老师挑了5个没有举手而上次语言活动"表现不好"的幼儿进行表演。表演时，老师不停地提示孩子们对话、做动作。第二轮，老师请了5个"乖孩子"上来表演，还是不时地按照故事情节为他们规范语言、纠正动作。好多孩子忙着摆弄道具，忘了表演，老师只好不断地提醒……

　　你如何看待这个活动？

【探究任务】

　　学习任务单如表1-1所示。

表1-1　学习任务单1

项目任务	具体内容	
所属项目	初识幼儿游戏	
学习任务1	探寻幼儿游戏本质	
学习目标	1. 理解幼儿游戏的结构要素和基本特征； 2. 能运用结构要素、基本特征等理论知识分析幼儿游戏活动； 3. 拥有游戏精神，树立科学的儿童教育观、游戏观	
具体任务	仔细分析"体验职场"中的游戏案例，回答以下问题	
思考问题	你的回答	提示线索
这个活动好玩吗？		可以从幼儿的视角思考
这个活动是不是游戏？你的判断依据是什么？		

续表

思考问题	你的回答	提示线索
幼儿游戏有哪些特征？		可以结合自身童年的游戏经验进行思考
这个活动哪些方面不符合幼儿游戏的基本特征？		
如果你是组织这个活动的老师，你会怎么做？		

【建构认知】

什么是游戏？在幼儿园的实际工作中，我们常常遇到这样的困惑："刚才老师组织的活动是游戏吗？""什么是真正的游戏？""怎样判断幼儿是否在游戏？"等。要回答这些问题，我们首先要了解幼儿游戏的概念和基本特征。

一、游戏与幼儿游戏

（一）游戏的相关理论

关于游戏，古往今来，受到生物学、心理学、文化学、人类学等多种学科的关注，不同的研究者从不同的视角对游戏做过解释，可谓仁者见仁、智者见智。

"剩余精力说"认为：游戏是由于机体内剩余的精力需要发泄而产生的，游戏是释放剩余精力的最好方式。

"松弛说"认为：游戏不是发泄精力，而是松弛、恢复精力的一种方式。

"种族复演说"认为：游戏是远古时代人类祖先的生活特征在儿童身上的复演。

"生活预备说"认为：儿童游戏是对未来生活的一种无意准备，是为成熟作预备性练习的。

精神分析学派认为：游戏是敌意或报复冲动的宣泄，儿童为了追求快乐、发泄不满而游戏。游戏可以降低焦虑，使愿望得到补偿性的满足。

认知发展学派认为：游戏是思维活动的一种表现形式，儿童的认知发展阶段决定了他们不同的游戏方式，并提出练习性游戏、象征性游戏和有规则游戏，分别与认知发展的感知运动阶段、前运算阶段和具体运算阶段相对应。

社会文化历史学派认为：游戏是社会性实践活动。儿童的游戏，无论就其内容还是结构来说，都具有社会历史的起源。社会形成和推行游戏的目的，是教育和培养儿童参加未来的劳动活动。游戏是儿童的主导性活动。儿童与成人的交往在游戏的发展过程中具有决定性的作用，游戏不会自然而然地得到发展，没有教育的作用，游戏就不会产生，或者停滞不前，成人对儿童游戏的干预在一定程度上是必要的。

游戏的元交际理论认为：游戏是信息的交流和操作过程。儿童在玩游戏前，必须先发展一套关于游戏的"组织"或关系来让同伴在游戏时都知道将会发生什么，且知道这是假装，而不是真的，这就是游戏信息的传递。如果游戏的信息不能传递，儿童就无法开展游戏。

（二）幼儿游戏的内涵

我国《教育大辞典》中对游戏的定义是：游戏是幼儿的基本活动，是适合幼儿年龄特点的有目的、有意识的，通过模仿和想象，反映周围现实生活的一种独特的社会活动。我国学者刘焱认为：游戏的本质是幼儿的主体性活动，这种活动现实、直观地表现为人的主动性、独立性和创造性的活动。幼儿游戏既有"看得见"的行为表现，也具有独特的内在的游戏性体验。幼儿在游戏中既体验现实世界，也在创造自己想要的世界。

二、幼儿游戏的结构要素

微课：幼儿游戏是什么？——幼儿游戏的结构要素

场 景 再 现

场景1：一个男孩（甲）在用软塑料块搭"大高楼"，另一个男孩（乙）在他旁边玩飞机。每当甲搭好了"大高楼"，乙的"飞机"便呼啸而来，撞倒了"大高楼"。每当"大高楼"被撞倒后，俩人就哈哈大笑。

场景2：小班的一个幼儿在植物角给花苗浇水，一边浇水一边对着花盆很虔诚地自言自语："小苗宝宝，你要乖乖喝水，喝了水才能像我一样长大！"

场景3：一日，妈妈带3岁的皮皮去办公室加班。到办公室以后，妈妈让皮皮向办公室的叔叔、阿姨问好，皮皮却一言不发。妈妈觉得很没面子，批评皮皮没礼貌，皮皮不服气地说："我在隐身呢！"

场景4：妈妈送乐乐上幼儿园，碰到了保安叔叔，因为相互熟悉，妈妈说："问叔叔好！"乐乐瞪着一双大眼睛看着保安叔叔，保安叔叔也满心期待地看着他。"阿姨好！"乐乐竟然脱口而出，保安叔叔一时竟没有反应过来。接着，乐乐又冲着保安叔叔喊："奶奶好！""姑姑好！"……边喊边扮鬼脸。

以上四个场景是不是游戏？怎样判断幼儿的行为是不是游戏呢？带着这些思考，我们来看幼儿游戏的结构要素。

通常来说，幼儿游戏既包括外部可观察、"看得见"的行为要素，也包括内部的、不能直接观察到的内在的游戏性体验。可直接观察到的行为要素有表情、动作、言语等；不能直接观察到的内在的游戏性体验包括兴趣性体验、自主性体验、成就感体验、驱力愉快、幽默感等。

（一）外部行为要素[①]

1. 表情

表情通常是判断一种活动是不是游戏的外部指标。认知心理学家皮亚杰曾用微笑作为游戏发生的标志来区分探究和游戏。幼儿追逐打闹时，通常会有得意洋洋的神情，眼睛里充满笑意，这种"玩相"在向伙伴传递游戏信号："这是和你闹着玩呢！"但游戏时的表情并非总是微笑的，有时会非常专注、严肃，有时又会夸张变形、扮鬼脸、放声大笑等。

表情取决于游戏活动的性质和类型（比如，是认知成分多还是嬉戏成分多？是一个人玩还是和同伴玩？），还取决于游戏活动所处的阶段（是熟悉的游戏和玩具，还是不熟悉的游戏和玩具？）

2. 动作

游戏动作通常有探究性、象征性和嬉戏性三种类型。探究性动作一般是幼儿在游戏中寻求答案、解决疑问，通常是视、听、嗅、味、触、本体觉等感知觉的联合活动；象征性动作是指在表象作用支配下的想象性、虚构性动作，如张开双臂假装开飞机、模仿医生给"娃娃"打针等；嬉戏性动作是指故意做"坏事"或用某种动作来取乐，带有幽默、玩笑的性质，如故意拍打水面、做鬼脸等。游戏种类不同，三种性质的游戏动作所占的比例也不同。例如，在角色游戏、表演游戏中，象征性动作更多；在建构游戏中，探究性动作会更多；在游戏的不同时段，占优势的动作也会有所不同。例如，同样是建构游戏，在游戏最初阶段，幼儿可能更多地探究材料，但熟悉游戏后，可能会出现更多的象征性动作。

3. 言语

游戏中的言语包括伙伴间的交际性语言、角色间的交际性语言、以自我为中心的想象性独白。伙伴间的交际性语言具有提议、协商等作用。比如，"我们来玩捉迷藏吧。""我做爸爸，你做妈妈，好不好？"角色间的交际性语言对合作性的角色游戏起到支持作用。比如，扮演售票员的幼儿大喊："去动物园啦，要开车啦，赶紧买票啦！"以自我为中心的想象性独白是幼儿在游戏过程中思维与想象的外化，表现为边玩儿边自言自语："这是宝宝的床，这是宝宝的饭，宝宝乖乖吃饭……"

[①]　刘焱. 幼儿园游戏与指导 [M]. 北京：高等教育出版社，2012：18-21.

（二）内在的游戏性体验[①]

除了外部的、可直接观察的表情、动作、言语等行为要素之外，幼儿游戏还包括内部的、不能直接看到的内在的游戏性体验。著名教育家杜威说过，"游戏的态度比游戏本身更重要，前者是心智的态度，后者是这一态度的现时的外部表现。"杜威所说的"游戏的态度"就是内在的游戏性体验，它包括兴趣性体验、自主性体验、成就感体验、驱力愉快、幽默感等。

1. 兴趣性体验

兴趣性体验是一种情不自禁地被卷入、被吸引的心理状态。游戏因兴趣而发生，因兴趣消失而停止。

2. 自主性体验

自主性体验因活动中的独立自主性而产生，是对活动中的主体地位的体验。自主性体验是幼儿游戏性体验的重要成分，用幼儿的语言来表述这种体验，就是"玩就是可以随便"。"随便"的实质是可以自主选择和自行决定。

3. 成就感体验

成就感体验也叫胜任感，是对自己能力的体验。在游戏中，幼儿可以自由选择游戏内容和玩伴，自行决定游戏的方式方法，不用担心因失败而招致成人的批评。在游戏中，幼儿可以通过想象改造或转换现实环境，重构自己与外部环境的关系，从而获得掌控感。游戏犹如仙女手中的魔杖，轻轻一句"假装"，不仅可以变出幼儿所想要的任何东西，而且整个世界都可以按照幼儿的想法和愿望重新安排。这种成就感体验就是游戏对幼儿自然的、最高的奖励。

4. 驱力愉快

游戏快感中包括生理快感（驱力愉快），"动即快乐"。由于骨骼肌肉系统在生长发育上的特点，幼儿有身体活动的需要。好动是幼儿的特点，长时间呆坐不动、无所事事会使幼儿困倦烦躁。游戏可以满足幼儿身体活动的需要，积极的身体活动又可以使幼儿产生愉快的情绪体验。

5. 幽默感

幽默感是由嬉戏、玩笑、诙谐等引起的快感。幼儿的幽默感有一个发生、发展的过程。最初的幽默感来源于嬉戏性行为的偶然结合，当熟悉的情境或行为中偶然出现了一种让幼儿觉得有趣、新奇的因素时，幼儿会马上重复这种因素，表现出一种故意取乐的倾向（如偶然发现把母亲的长发拉下来挡住眼睛很有趣，就会马上重复这一动作，咯咯地直乐）。随着知识经验的丰富和认知能力的提高，幼儿逐渐能够理解电视节目、绘画等作品中的幽默感，并将其应用于游戏。

[①] 刘焱. 幼儿园游戏与指导［M］. 北京：高等教育出版社，2012：22-23.

如果以内在的游戏性体验来理解幼儿游戏，就会发现游戏是一种态度和境界，渗透在幼儿生活的所有空间，是幼儿生命活动的主线。再来分析开头提到的四个场景，"撞大楼"是伙伴之间默契的"玩"，是游戏；"给花苗浇水，对花苗讲话，让花苗多喝水"是幼儿与花苗的交流，既是角色间的交流，又是想象性独白，因此，它对幼儿而言也是游戏；"假装自己在隐身"是幼儿在用"魔法"改造现实，是自己的想象性游戏；"故意乱称呼大人"是幼儿在"做坏事、取乐、嬉戏"，体现的是幼儿自己的幽默感，也是游戏。

微课：游戏
是什么？幼
儿游戏概念
与特征

三、幼儿游戏的特征

（一）自主自愿性

自主自愿性是幼儿游戏最本质的特征。幼儿游戏的目的源自主体内部的需要，游戏是由内部动机引起的，它是非强制性的，只有让幼儿有自由选择的权利和可能，由幼儿自由表达游戏的愿望、自由选择玩伴，决定游戏的进程和节奏，才能最大限度地调动幼儿的主动性，激发其潜能。

对点案例：刷围墙

汤姆犯了错，姨妈惩罚他刷围墙。面对这个差事，汤姆感到灰心绝望，一心想着怎么摆脱这个枯燥乏味的工作。这时，一个小伙伴走过来，汤姆灵机一动，计上心来。汤姆假装像个艺术家一样，非常享受地刷着围墙，小伙伴被他的"艺术游戏"吸引了，恳求参加"刷墙活动"，而汤姆假装不乐意，小伙伴恳求用一个苹果作为参加"刷墙活动"的交换。于是，当小伙伴在阳光下忙得大汗淋漓时，汤姆却在附近的树荫下，坐在一只木桶上，跷着二郎腿，大口大口地吃着苹果。再后来，有更多的孩子用玩具、零食和汤姆换取了刷墙的"特权"。

仅仅半个下午，汤姆的小伙伴们就认认真真、意犹未尽地把围墙刷了整整三遍，而汤姆什么都没干，他只是舒舒服服、悠闲自在地坐在那里，还变成了腰包鼓鼓的"阔佬"。

问题：同样是刷围墙，为什么在汤姆看来是枯燥乏味的工作，而在小伙伴的眼里却是充满乐趣的游戏？

以上案例是《汤姆索亚历险记》中的故事，同样是刷围墙，因为汤姆接受的是惩罚，要被迫完成，因此，变成了枯燥乏味的工作；而他的小伙伴们完全是自主自愿的，因此，在他们眼里，刷围墙就变成了充满乐趣的游戏。当没有义务要做某件事时，这件事有可能成为好玩的游戏。相反，当一个好玩的游戏变成一项强制性的任务时，它也就不再是游戏，不再好玩了。例如，"老鹰捉小鸡"本身可能是个好玩的游戏，对幼儿的身心发展也有很大的价值，但如果强制规定"每天早晨起床后，每个人必须先玩一小时老鹰捉小鸡的游戏"，此时，幼儿就不再觉得它好玩，它也不再是游戏了。

（二）虚构性

游戏是假想的行为，这种假想源于幼儿的生活，游戏受时代、地域、文化和风俗的影响，是社会生活的反映，但并不是现实生活的简单复制与翻版。幼儿会根据自己的经验，通过天马行空的想象，将日常生活中的表象进行加工，创造出新的形象，用自己独有的方式去重演现实生活。幼儿以假想的形式扮演了自己在现实生活中不可能扮演的角色，如爸爸、妈妈、警察、医生、售票员等，还会扮演各种小动物、文艺作品中的人物、想象出来的怪兽等。与真实生活相比，游戏是假装的、虚构的、充满幻想的生活，如把椅子当马骑、把树叶当菜吃、把纸箱当火车等。游戏在假想的、虚构的情境中反映真实活动，具有明显的虚构性。

游戏的角色、情节、材料及幼儿的行动往往是象征性的，是虚构的，幼儿也懂得自己是假装的，在某种程度上可以说游戏与戏剧类似。但幼儿在游戏中的情感体验是真实的。一方面，游戏充满想象，幼儿把椅子想象成火车、骏马……这种想象可以使幼儿摆脱材料和情境的限制，满足自己的愿望；另一方面，这种想象又是对真实生活的反映。借助想象，幼儿在游戏中能够把"假的"当作"真的"，但心理上又维持着"假装"与"真实"的界限。例如，"我是妈妈，但我只是现在假装妈妈，并不是真的妈妈"，正是这种想象与真实的统一，让幼儿能够在"真"与"假"的空间中自由穿梭，满足他们在现实生活中无法满足的愿望。从这个意义上讲，游戏是想象与真实的统一。

（三）内在愉悦性

只有当一个活动是幼儿自由选择，自主决定活动方式、活动进程，没有来自外部的评比和奖惩压力时，这个活动才算是"真正的游戏"。"玩即目的"，游戏的愉悦性体验产生于游戏活动本身，而不是为了得到外在的奖励（如教师的口头表扬、奖励小红花等），游戏本身就能让幼儿觉得快乐、满足。在游戏中，幼儿追求的是游戏过程本身的快乐，除此之外，没有其他外在的目的，虽然在有些规则游戏中，幼儿也会在意游戏的结果，例如，在下飞行棋时、在"揪尾巴"游戏中，谁都希望自己赢，为了赢得游戏，他们会很认真地想办法、用策略。但这种对"赢"的追求仍然是游戏本身的结果，动力来源于游戏本身，而不是游戏以外的奖励。

对点案例："坚守岗位"的检票员

某幼儿园的游戏室内，设置了娃娃家、超市、理发店、医院、小剧院等。在小剧院的门口，端端正正地站着一位"检票员"，游戏已经进行了5分钟，却没有人来观看表演，"检票员"觉得无聊，想换个游戏。"检票员"正要离开时，刚好老师经过，顺口问："你今天做什么呀？""检票员"如实回答。老师一脸诚恳地说："检票员很重要哦，如果不小心让没买票的人溜进去可不好。"同时，老师还不忘鼓励"检票员"："老师相信你是好样的，你一定能坚守好岗位！"就这样，"检票员"就一直百无聊赖地站在那里，直到游戏活动结束。游戏评价时，老师专门表扬了"检票员"的"坚守岗位"行为。

问题：你认为"检票员"是在游戏吗？

表情是幼儿游戏最明显的外部判断标准。"检票员"百无聊赖的站姿和发呆的表情告诉我们，"检票员"之所以"坚守岗位"，动力并不是源于游戏本身，而是被老师的外部"表扬"所绑架，她并不享受作为"检票员"这一角色。

当然，愉悦性并不意味着在游戏中幼儿从头到尾都是微笑或大笑的。游戏可以让幼儿放松、愉悦、满足，但很多时候，这种放松感、愉悦感和满足感恰恰是通过紧张、严肃而获得的。例如，在"老鹰捉小鸡"游戏中，游戏双方都是紧张而严肃的，他们密切地注视着对方的一举一动，在这种紧张的追逐与躲闪中获得最后的放松、愉悦和满足。从这个意义上讲，游戏是轻松、愉悦和紧张、严肃的统一。

（四）内在逻辑性

幼儿用其生命的独特性表现着游戏的内在逻辑。有时，单从表面来看，游戏似乎非常混乱、无序，但若我们真正走进幼儿的内心，细心观察，就会发现幼儿的游戏自有章法，有着自身的规则和逻辑，这些规则和逻辑不是成人规定的，而是游戏本身的内在逻辑，它把幼儿的游戏带入另一种有序状态。

对点案例：撞高楼

幼儿园的自由活动时间。在小班的活动室里，几个男孩子在用纸箱、软塑搭"高楼"，另一端，几个男孩子张开双臂，呼啸着冲过来，撞倒"高楼"，搭"高楼"的孩子似乎并不生气，每次"高楼"被撞倒后，他们就再次搭好，好像等着"战斗机"故意来撞。如此反复，整个游戏场面看起来有点混乱。

问题：如果你是老师，会如何应对这样的场景？

仔细观察，案例中看似混乱无序的场面其实是幼儿自编自导的游戏，张开双臂的几个男孩子开着"战斗机"撞击敌人的"堡垒"。幼儿之间的游戏信息传递是畅通的，他们之间有共识、有默契，这是在玩"战斗机撞堡垒"的游戏，这正是游戏的内在逻辑性。

（五）自然性与教育性的双重性[①]

游戏对于幼儿，是自发、自在和自足的"自然活动"。但是，当游戏进入教育者

---

① 刘焱. 儿童游戏通论［M］. 2版. 北京：北京师范大学出版社，2008：347.

的视野，进入幼儿园，就不可避免地被"筛选""改造"和"再造"，它就不仅仅是幼儿的"自然活动"，在很大程度上，它同时具备了"教育性"的特征。

幼儿园是有目的、有计划、有组织地对幼儿进行教育的机构或场所。这种"人为的"环境本身就蕴含着幼儿园游戏的"教育性"。首先，幼儿园游戏的环境是经过成人设计的，材料是经过选择的，成人通过预先设计环境，期望幼儿与环境、材料相互作用实现一定的教育目标；其次，幼儿园的游戏使幼儿处在"一定的社会关系"中，幼儿园游戏的社会背景要求幼儿在游戏中意识到并学会尊重他人的存在和权利，学会与伙伴分享、协商、合作，遵守一定的游戏规则；再次，教师会根据自己的教育价值观鼓励或抑制幼儿在游戏中的某种行为（如冒险、争抢玩具等），对幼儿的游戏施加某种影响。

因此，幼儿园游戏兼具"自然性"和"教育性"的双重属性。"自然性"是对幼儿而言的，"教育性"是对教育者而言的，"自然性"是幼儿园游戏存在的依据。幼儿园游戏一方面要使幼儿得到满足与快乐，另一方面要服务于教育目的。如何在"自然性"与"教育性"之间保持适当的张力，使这两种意义矛盾的性质合理地趋向于"对立面的统一"，是幼儿园游戏干预中需要注意的基本问题。

【梳理经验】

1. 什么是幼儿游戏？
2. 幼儿游戏包括哪些基本要素？
3. 幼儿游戏外部可观察的行为要素有哪些？内在的体验又有哪些？
4. 幼儿游戏具有哪些特征？

本任务概览如图 1-1 所示。

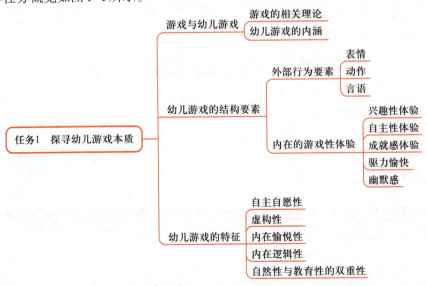

图1-1 任务1概览

【生成智慧】

直通国考

材料分析题[①]

李老师设计了一个"三只蝴蝶"的游戏活动，她选了三个幼儿扮演蝴蝶，又选了若干个幼儿扮演花朵，结果幼儿兴致不高，表现被动，还没等游戏结束，一个幼儿就问李老师："老师，游戏做完了吗？我们可以自己玩了吧？"

问题：请对这种现象进行论述。

试题解析：可综合运用"幼儿游戏的特征"和"教师在游戏中的角色"两个知识点进行论述。

在本案例中，李老师没有理解游戏的特点，只是按照自己的想法组织了游戏，却忽视了幼儿的主体性。自主自愿性是幼儿游戏的本质特征，教师在游戏的内容、形式、角色分配上要充分考虑幼儿的兴趣和需求，发挥幼儿的主体性。

在本案例中，"三只蝴蝶"的游戏是李老师设计的，需要反思的是：这个设计源于什么？是幼儿的兴趣和需要还是老师自己的一厢情愿？此外，在角色分配上，老师也没有尊重幼儿的主体性，而是直接指定了"三个幼儿扮演蝴蝶""又选了若干个幼儿扮演花朵"，扼杀了幼儿参与游戏的积极性。

教师指导幼儿游戏时应该注意如下方面。

（1）尊重幼儿的主体性。幼儿是游戏的主人，教师应该根据幼儿的意愿、兴趣、发展需求来选择游戏的内容和形式，尊重幼儿在游戏中的想象、探索和创造。

（2）以间接指导为主。游戏前，引导幼儿做好游戏准备；游戏中，认真观察，根据幼儿的实际需要，合理参与或指导游戏；游戏后，引导幼儿总结、评价游戏。

任务2 区分幼儿游戏类型

【体验职场】

是否在游戏？

佳佳在4个月大的时候，总是不断地向后仰着头，去观察周围的环境，似乎从中得到了很大的乐趣。

[①] 资料来源：2020年下半年中小学幼儿教师资格证考试科目二 保教知识与能力（幼儿园）考试真题。

拉拉在9个月大的时候，有一次，她很生气，想用手抓自己的脸颊，结果不小心抓到了鼻子。她的父亲看到之后，也把手指按到了自己的鼻子上，然后像小丑那样发出了"嘭嘭"的声音。拉拉看着父亲笑了起来，模仿父亲的动作，甚至尝试发出"嘭嘭"的声音。父亲再次重复了这个动作，拉拉笑了起来，继续模仿父亲的动作，然后等着父亲继续。在后面的几天，当父亲再次做出相同动作的时候，拉拉都会非常兴奋，然后一直和父亲像那天一样交互做着按鼻子的动作、发出"嘭嘭"的声音，乐此不疲。

小杰在14个月大的时候，有一天他走到餐厅，接近正在吃饭的父亲，并发出"呜呜"的声音。于是，父亲就递给他餐巾纸，然后，父子俩开始了一场"拔河"游戏。接着，父亲拿起餐巾纸，并环顾餐厅，将餐巾纸向小杰扔去。小杰笑了起来，捡起掉在地上的餐巾纸并用手势表示自己还想继续玩这个游戏。父亲继续朝角落处扔出餐巾纸，而小杰则再次捡起餐巾纸……整个活动持续了几分钟，并且在后来的数个星期发生了很多次。[①]

问题：以上几个活动是游戏吗？如果是，它们属于哪一类游戏？

【探究任务】

学习任务单如表1-2所示。

表1-2 学习任务单2

项目任务	具体内容	
所属项目	初识幼儿游戏	
学习任务2	区分幼儿游戏类型	
学习目标	1. 熟悉幼儿游戏的分类标准及具体类型； 2. 能够判断并识别幼儿园常见的游戏类型； 3. 乐于探究不同类型的幼儿游戏	
具体任务	请仔细分析"体验职场"中的游戏案例，回答以下问题	
思考问题	你的回答	提示线索
案例中的这几个活动是游戏吗？		可以从游戏的特征、结构要素等方面进行判断
如果是的话，分别属于哪种类型的游戏？		
你还知道什么游戏？请举2~3个例子		可以结合自身的游戏经验进行分析
它们分别属于哪种类型的游戏？		

---

① 韩宏莉. 学前儿童游戏［M］. 武汉：华中师范大学出版社，2014：7，有改编.

【建构认知】

幼儿游戏的内容和形式是丰富多彩、多种多样的，对它们进行分类，是为了从不同角度、不同层次更好地认识、剖析、研究游戏。不同的角度有不同的分类方法，在实际教育工作中，不同的分类方法会给我们带来不同的启示。

一、根据认知发展水平分类

瑞士心理学家皮亚杰认为幼儿的游戏水平受认知发展水平的影响，并与其认知发展阶段相适应，在不同的认知发展阶段，会出现不同水平、不同类型的游戏。因此，他从认知发展水平的角度将游戏分为四种，分别是感觉运动游戏、象征性游戏、结构游戏和规则游戏。

（一）感觉运动游戏

从认知发展水平角度来讲，感觉运动游戏是游戏发展的第一阶段和最初形式，它是指发生在感知运动阶段，由简单、重复的动作组成的，使感觉器官、运动器官获得快感的游戏，这类游戏也叫练习性游戏或机能性游戏。

这类游戏在0—2岁幼儿身上非常多见。比如，幼儿拿着小铃铛反复摇晃；跟着小球跑来跑去；把盒子里的东西倒出来、装进去；把抽屉拉开、关上、再拉开、再关上；洗澡时不停地拍打水面，喜欢不断地踩水；把皮球扔到地上，帮他捡起来，他再次扔到地上……反反复复、乐此不疲。这些游戏背后的动因在于感觉运动器官在运动过程中获得快感，"动即快乐"，幼儿在与周围物体的反复接触中发展了感知觉、锻炼了智力。所以，在幼儿2岁前，我们要充分创造条件支持他们的感觉运动游戏。

对点案例：淘气的乐乐

1岁的乐乐很调皮，洗澡的时候，她不会安安静静地玩玩具，而是喜欢拍打水面，水溅得到处都是。看到水花四溅的样子，她很兴奋，妈妈呵斥了很多次都没有用。在床上玩的时候，乐乐也喜欢故意把手里的玩具丢到地上，妈妈好心捡起来递给她，她又丢地上，经常这样反反复复。

问题：面对乐乐的行为，妈妈该怎样回应？

案例中的幼儿"拍打水面""反复扔玩具"的行为是在以自己的方式探索世界，这是一种练习性游戏，对幼儿感知觉、智力的发展具有重要意义。妈妈应该积极回应、支持幼儿的此类游戏。

（二）象征性游戏

象征性游戏也叫符号游戏、想象游戏，是指幼儿通过模仿和想象扮演角色，完成以物代物、以人代人，情境转换，反映社会生活的假想游戏。

象征性游戏是学前游戏最典型的形式，是在前运算阶段出现的一种游戏类型。大约2岁时出现，4岁后比较成熟，5岁后达到高峰，其比重占全部游戏的71%。象征性游戏有三个基本特征：以人代人，以物代物，情境转换。幼儿穿着白大褂给布娃娃打针，他扮演的是医生的角色，用"自己"替代"医生"就是以人代人；幼儿骑在椅子上说："请旅客们坐好，我们要开车了"，用"椅子"替代"车"就是以物代物；幼儿在玩游戏的过程中，闭着眼睛，假装睡觉，就是情境转换。

（三）结构游戏

结构游戏也叫建构游戏，是指幼儿利用各种不同的结构材料或玩具进行建构的活动。结构游戏是我国幼儿园、托幼机构极常见的一种游戏形式，出现在前运算阶段，在2岁左右发生，学前阶段随着年龄的增长有增加的趋势。

一般来讲，结构游戏的材料可以分为专门的制造类材料，如积木、积塑、塑料雪花片等；废旧类材料，如纸盒、矿泉水瓶等；自然类材料，如沙子、石头、雪等。了解结构游戏材料的种类有助于一线教师丰富结构游戏的类型和花样。

（四）规则游戏

规则游戏指两个人以上参加的根据一定的规则开展的游戏，往往带有竞赛的性质，分为智力方面的竞赛（如下棋、打牌等）和运动技巧方面的竞赛（如拔河、跳房子等）。一般而言，规则游戏涉及游戏目的、玩法、规则和结果四个方面。

规则游戏的发展标志着游戏进一步抽象化，随着幼儿语言及抽象思维能力的发展，幼儿开始换位思考，能够站在别人的立场理解问题，这使得大家协商、遵守游戏规则成为一种可能。

例如，躲猫猫游戏的规则是"别人藏的时候不能偷看，自己藏好后不出声"，但不同年龄段的幼儿对规则的理解和遵守程度不同：小一点的幼儿忍不住会偷看或者跟在要藏的幼儿身后，自己藏好了以后，还会对别人大喊"我藏好啦！"大一点的幼儿会更严格地遵守游戏规则，还会要求别人也遵守规则。

二、根据社会性发展水平分类

社会性发展是幼儿心理发展的重要方面，幼儿游戏的发展过程往往能够表现出社会性发展的规律。美国心理学家M. B.帕登（M. B. Parten）发现，年龄阶段不同，

微课：推拉摇移来分类——社会性发展的游戏分类

幼儿在游戏中表现出来的社会参与水平也不同。根据幼儿在游戏中的社会交往水平，他将游戏分为以下六种类型。

（一）无所用心的行为或偶然的行为

无所用心的行为或偶然的行为常常发生在年龄较小的幼儿身上，主要表现为行为缺乏明确的目标、注意力集中的时间短、行动随意性强。比如，在游戏中东看看，西瞧瞧，摸摸这个，摸摸那个，这里走走，那里走走，没有明确关注的目标物或人，行为具有很强的随机性，没有社会交往，称不上是真正的游戏。

（二）旁观行为

旁观行为是指幼儿大部分时间在认真观察其他人游戏，对游戏发生的一切心中有数，偶尔还可能与其他幼儿搭一两句话或者提出一些问题，但自始至终没有主动加入游戏，只是游戏的旁观者。

（三）单独游戏

单独游戏也叫独自游戏，是婴幼儿时期游戏的主要特点，这一阶段婴幼儿的注意力集中在自己的玩具上或者专注于自己的操作活动。即使在周围有同伴的情况下，仍然各玩各的，并不和同伴发生交往，注意力只在自己身上，并不在意同伴的行为。

（四）平行游戏

平行游戏常发生在3—4岁幼儿的身上，一般是两名或两名以上的幼儿在同一时间、同一地点玩相同或相似的玩具，玩法和形式也比较接近，但他们各玩各的，彼此之间没有交流和互动，只是相互模仿，这种相互模仿形成了初步的玩伴关系。

（五）联合游戏

联合游戏是4岁后幼儿游戏的主要特点。该阶段的幼儿喜欢和同伴一起玩游戏，互相交谈，讨论问题，主要的表现是：在同一时间、同一地点和同伴玩相似的游戏，游戏中有明显的社交行为，如相互交流，甚至相互借玩具，但每个人仍以自己的兴趣需要为中心，关注自己的活动，游戏没有共同的目标，也没有明确的分工合作。

（六）合作游戏

合作游戏是社会化程度最高的游戏。它的特点是：有共同的游戏主题，游戏成员相对固定，大家都以集体的共同目标为中心，游戏有组织、有分工，游戏同伴相互合作并努力达到共同的目标。

研究者认为，"无所用心的行为或偶然的行为"和"旁观行为"并不是真正意义上的游戏行为，因此，严格来讲，从社会性发展水平的角度来看，只有后四种才是真正的游戏。

既然从社会性发展水平的角度来讲，合作游戏是最高级的游戏，那么这是否意味着，合作游戏对幼儿的发展最有利，应该多引导幼儿开展合作游戏呢？答案当然是否定的，从教育有效性的角度来讲，引导幼儿以哪种形式开展游戏，取决于具体的教育目标。同样是玩剪纸游戏，如果教育目标是培养幼儿熟练掌握使用剪刀的技能，促进其精细动作发展，有效的形式应该是让幼儿每人拥有一份材料，开展独自游戏或者平行游戏；如果教育目标是培养幼儿的问题解决能力，学会分享、等待、协商、合作，有效的形式应该是让几个幼儿共同拥有一份材料，鼓励他们开展合作游戏。

三、根据幼儿在游戏中的体验分类

美国心理学家比勒（Bihler）根据幼儿在游戏中的体验，将游戏分为机能游戏、想象游戏、制作游戏和接受游戏。

（一）机能游戏

机能游戏主要是通过视、听、嗅、味、触等多种刺激形式发展幼儿的各种感官功能，类似于皮亚杰提出的感觉运动游戏。

例如，3—12个月的婴儿追声寻源就是一种机能游戏，成人可以利用拨浪鼓、摇铃、八音盒、音乐等方式制造声响，提高幼儿的声音辨别能力，锻炼他们的方位感。

（二）想象游戏

想象游戏是幼儿根据自己的想象，模仿或再现成人生活的游戏。例如，2岁的幼儿给布娃娃盖被子，盖好被子后边拍布娃娃边说："乖宝宝，睡觉觉。"这就是幼儿对母亲照顾孩子这一现实行为的再现。想象游戏也称为象征性游戏或角色游戏。

（三）制作游戏

制作游戏又称结构游戏，指幼儿运用积木、插塑、黏土、沙石等材料进行造型的活动。

（四）接受游戏

接受游戏又称鉴赏游戏，指幼儿作为观众或听众，以理解为主的游戏，如听故事、看电影等。

前三种游戏中，幼儿的体验更多是主动的，可以称为主动性游戏，最后一种游戏体验比较被动，因此通常被认为是被动性游戏。心理学家主张，长时间被动地观看会剥夺幼儿主动思考的能力和社会交往能力。

四、根据游戏与教育教学的结合度分类

根据游戏与教育教学的结合度，可以将游戏分为本体性游戏和工具性游戏。

（一）本体性游戏

本体性游戏是作为纯粹的游戏而存在的，幼儿无须按照成人的意愿开展游戏，游戏不会受到外界其他强制因素的影响，幼儿可以根据自己的需要和兴趣，自发、自愿、主动地进行活动，游戏本身就是目的，因此，也被称为"目的性游戏"。本体性游戏强调游戏本身的内在价值。一般认为，角色游戏、结构游戏和表演游戏属于本体性游戏。

（二）工具性游戏

工具性游戏指可以作为教育教学活动的手段或工具的游戏。教师把教育的目标、内容融于游戏之中，促使幼儿在玩中学，以此促进教育目标的实现。在这种情况下，游戏只是教育教学活动的形式和手段，其价值在于激发幼儿参与活动的兴趣和热情，以达到更好的教育教学效果。因此，工具性游戏又被称为"手段性游戏"或"教学性游戏"。

五、根据游戏中的交往对象分类

根据幼儿在游戏过程中交往对象的不同，可以将游戏分为亲子游戏、师幼游戏和同伴游戏。

（一）亲子游戏

亲子游戏是家庭内成人与孩子之间发生的游戏，是成人与孩子交往的重要方式。在幼儿游戏发展过程中，亲子游戏先于师幼游戏和同伴游戏，是幼儿出生后最早出

现的游戏。亲子游戏是促进幼儿健康成长的重要教育资源。

（二）师幼游戏

师幼游戏是教师和幼儿一起做的游戏，教师和幼儿都是游戏中的角色，他们之间是平等的关系。师幼游戏是促进师幼感情的有效方式。

（三）同伴游戏

同伴游戏是指幼儿游戏中的交往对象是同伴，在同伴游戏中，主体是幼儿及其同伴。同伴游戏是幼儿获得社会交往技能的重要途径，对幼儿社会性的发展起着至关重要的作用。

六、根据游戏的教育作用分类

微课：推拉摇移来分类——教育作用的游戏分类

我国对幼儿游戏的分类受苏联学前教育理论的影响较大，主要按照游戏的教育作用（目的）来分类。1981年颁布的《幼儿园教育纲要（试行草案）》中，把幼儿园游戏分为角色游戏、结构游戏、表演游戏、体育游戏、音乐游戏、智力游戏和娱乐游戏。随后，在幼儿园的实践中，逐渐根据游戏规则的内隐或外显，将游戏分为创造性游戏和规则游戏两大类。

（一）创造性游戏

创造性游戏是指幼儿根据自己的意愿，创造性地反映现实生活或文艺作品的游戏。在创造性游戏中，游戏的规则是内隐的，规则对游戏的制约是内隐式的。幼儿在游戏中自由度较大，自由创造的余地较大。幼儿可以根据自己的需要和兴趣，自由地确定游戏主题，发展游戏情节，选择游戏材料，具有更大的创造性。幼儿园常见的创造性游戏有角色游戏、结构游戏和表演游戏。

（二）规则游戏

规则游戏是教师根据教育目标和要求，利用游戏的形式，发展幼儿的知识、技能或情感，完成一定教育任务的游戏。规则游戏一般包括游戏的目的、玩法、规则和结果。规则游戏的规则是外显的，规则对游戏的制约是公开式的，幼儿必须严格按照游戏规则开展游戏，自由度较小，自由创造的余地也较小。当然，规则游戏也有创造性的存在，只是创造性的程度和表现方式发生了变化。幼儿园常见的规则游戏有体育游戏、音乐游戏和智力游戏等。

这样的分类便于教师了解游戏的教育作用和目的，有意识地选择各种游戏组织教育教学，达成教育目标。但过分强调教育的价值，容易让教师片面地理解游戏的教育功能，人为地强化对游戏的支配和主导，削弱游戏的自主性。因此，在使用这一分类时，要认识到游戏的主体是幼儿，要注重发挥幼儿的创造性。

此外，要注意，这种分类中的两大类六小类游戏之间有重叠和交叉之处。各种游戏并非严格意义上的并列关系，有的游戏是两种游戏成分的融合，有的游戏既是角色游戏又是体育游戏，有的游戏既是表演游戏又是音乐游戏，但均在一定程度上体现了智力游戏的因素和成分。

对游戏的分类是相对的，很难将所有的游戏用"相互独立、完全穷尽"的原则进行科学、合理的分类，但这并不影响我们对幼儿游戏进行研究，在实际工作中，面对幼儿的游戏，我们恰恰要从不同的视角进行观察和思考。

【梳理经验】

1. 幼儿游戏有哪些种类?
2. 请为每一种类型的游戏列举 1~2 个具体的例子。

本任务概览如图 1-2 所示。

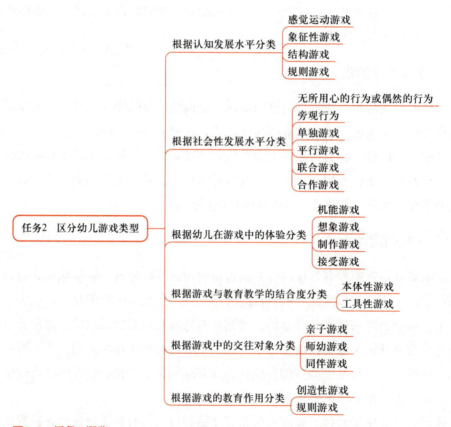

图1-2 任务2概览

【生成智慧】

直通国考

单项选择题

1. 儿童最早玩的游戏类型是（　　　）。①

A. 感觉运动游戏

B. 规则游戏

C. 象征性游戏

D. 建构游戏

2. 幼儿反复敲打桌子，在房间里跑来跑去，在椅子上摇来摇去，这类游戏属于（　　　）。②

A. 结构游戏

B. 象征性游戏

C. 规则游戏

D. 机能性游戏

3. 在游戏中，幼儿把冰棍棒当注射器或拿椅子当马骑，这种游戏是（　　　）。③

A. 感觉运动游戏

B. 象征性游戏

C. 结构游戏

D. 规则游戏

4. 学前儿童按照自己的意愿，以模仿和想象，借助真实的或替代的材料，通过扮演角色，用语言、动作、表情等创造性地再现社会生活的游戏是（　　　）。④

A. 角色游戏

B. 表演游戏

C. 结构游戏

D. 规则游戏

5. 在幼儿园的三四岁的幼儿身上常常看到这种形式的游戏：一个幼儿在切菜，其他幼儿看到后马上过来切菜；一个幼儿把菜放到玩具动物嘴里，马上有其他幼儿跟着这么做，他们互相模仿，但彼此没有交流，说明这时幼儿的游戏发展到（　　　）。⑤

A. 独自游戏阶段

B. 合作游戏阶段

C. 联合游戏阶段

D. 平行游戏阶段

6. 幼儿通过塑造角色表现文艺作品内容的游戏是（　　　）。⑥

A. 角色游戏

B. 结构游戏

C. 智力游戏

D. 表演游戏

---

① 资料来源：2015年上半年中小学和幼儿园教师资格证考试科目二 保教知识与能力（幼儿园）考试真题。

② 资料来源：2014年上半年中小学和幼儿园教师资格证考试科目二 保教知识与能力（幼儿园）考试真题。

③ 资料来源：2010年10月全国自学考试《学前游戏论》试题。

④ 资料来源：2013年10月全国自学考试《学前游戏论》试题。

⑤ 资料来源：2013年10月全国自学考试《学前游戏论》试题。

⑥ 资料来源：2021年上半年中小学和幼儿园教师资格证考试科目二 保教知识与能力（幼儿园）考试真题。

7. 当教师以"病人"身份进入小班"医院"时，有六位"小医生"同时上来询问病情，每位"医生"都积极地为教师看病、打针，忙得不亦乐乎，最后教师被打了六针。对小班幼儿这种游戏行为最恰当的理解是（　　　）。[①]

A. 过于重视教师的身份

B. 角色游戏呈现合作游戏的特点

C. 在游戏角色的定位中出现混乱

D. 角色游戏呈现平行游戏的特点

答案解析

1. A。解析：皮亚杰依据幼儿的认知发展水平，将游戏分为感觉运动游戏（也叫练习性游戏）、象征性游戏、结构游戏和规则游戏。0—2岁的感觉运动游戏阶段，是儿童游戏发展的第一阶段和最初形式。

2. D。解析：皮亚杰认为，由简单重复的动作组成的，使感觉器官、运动器官获得快感的游戏是感觉运动游戏，也叫机能性游戏、练习性游戏，是0—2岁幼儿常见的游戏形式。题目中的"反复敲打""跑来跑去""摇来摇去"符合这类游戏的特征。

3. B。解析：象征性游戏也叫符号游戏、想象游戏，是指学前儿童通过模仿和想象扮演角色，完成以物代物、以人代人、情境转换、反映社会生活的假想游戏。题目中"把冰棍棒当注射器""拿椅子当马"，均属于象征性游戏中的以物代物。

4. A。解析：创造性地再现"社会生活"，属于角色游戏；创造性地再现"文艺作品"，属于表演游戏。

5. D。解析：平行游戏常发生在3—4岁的幼儿身上，是两个或两个以上的幼儿在同一时间、同一地点，玩相同或相似的玩具，玩法和形式比较接近，但是各玩各的，彼此之间没有交流和互动，只是相互模仿。题目中的幼儿之间只有相互模仿，没有交流，因此，属于平行游戏阶段。

6. D。解析：角色游戏和表演游戏都有塑造角色，两者的区别在于：角色游戏表现的是现实生活，表演游戏表现的是文艺作品。

7. D。解析：材料中，一个幼儿当"小医生"，其他幼儿也当"小医生"，所有幼儿都在做同样的游戏，即给"病人"打针，这是平行游戏的表现。

---

① 资料来源：2017年下半年中小学和幼儿园教师资格证考试科目二 保教知识与能力（幼儿园）考试真题。

任务 3　解读幼儿游戏价值

【体验职场】

家长的困惑

　　家长对"幼儿园一日活动"中安排的很多游戏存在疑惑，有些家长提出："我们花钱送孩子上幼儿园，是为了让他学知识、长本领，幼儿园却什么都不教，一天到晚让孩子玩，这不合理啊！"

　　如果你是幼儿园教师，面对家长的疑惑，应如何向他们解释？幼儿园为什么要以游戏为基本活动？游戏对幼儿的成长有什么价值？为什么说游戏是幼儿园课程的灵魂？请以"游戏与幼儿发展"为主题，模拟组织一次家长会，为家长答疑解惑。

【探究任务】

　　学习任务单如表1-3所示。

表1-3　学习任务单3

项目任务	具体内容	
所属项目	初识幼儿游戏	
学习任务3	解读幼儿游戏价值	
学习目标	1. 理解幼儿游戏的价值； 2. 能够分析、解读幼儿游戏所蕴含的教育价值； 3. 乐于尝试用游戏策略、游戏思维解决幼儿教育中的相关问题	
具体任务	请仔细分析"体验职场"中的游戏案例，完成以下问题	
思考问题	**你的回答**	**提示线索**
幼儿游戏有哪些价值？		
以"老鹰捉小鸡"游戏为例，分析其中蕴含的价值		
微课《游戏里的生命呵护》让你对游戏的价值有什么新认识？		观看本书配套的微课《游戏里的生命呵护》后回答

微课：游戏里的生命呵护

【建构认知】

影响幼儿身心健康发展的因素多种多样，要保障幼儿的健康成长，不仅需要注意营养、卫生、安全，也需要各种各样的活动。游戏是幼儿最基本的生存方式，"要求一个孩子在游戏之外的某种基础上进行工作，无异于一个蠢人在春天摇晃苹果树向往得到几个苹果；他不仅得不到苹果，还会使苹果花纷纷落地，本来渴望在秋天得到的果子也就无望了。"[爱德华·克莱帕里德（Edouard Ciaparede），教育心理学家]"儿童不能没有游戏，游戏是他们适应现实生活的重要途径。"（让·皮亚杰，儿童心理学家）游戏对幼儿身心发展有重要的价值，是幼儿基本的学习方式。因此，要珍视游戏和生活的独特价值，创设丰富的教育环境，合理安排一日生活，最大限度地支持和满足幼儿通过直接感知、实际操作和亲身体验获取经验的需求。

一、游戏对幼儿身体发展的价值

微课：游戏与儿童的发展

（一）游戏能增强体质，促进幼儿生长发育

游戏可以促进幼儿的生长发育，尤其是户外游戏，使幼儿有机会接触阳光、呼吸新鲜空气、感受大自然的各种刺激，提高机体对环境的适应能力。无论是活动量小的游戏，还是活动量大的追逐、攀爬、跳跃类游戏，都可以改善骨骼和肌肉的血液供应，使骨骼、肌肉获得更多的营养物质，使肌纤维变粗、弹性增加，肌肉的力量和耐力也得以提高，变得更结实。

对点案例：老鹰捉小鸡

游戏准备：空旷、平整的场地。

游戏规则：选出一个人当"老鹰"，一个人当"母鸡"，其余人当"小鸡"。（角色分配方式要尽量发挥幼儿的主体性，引导他们自主选择。）

游戏情境："母鸡"带着"小鸡"在"老鹰"家玩，"老鹰"给"小鸡"洗脸、喂食，"小鸡"不小心把"老鹰"家的"宝碗"打破了。"老鹰"叫"母鸡"赔偿，"母鸡"不肯，于是"老鹰"发怒了，要抓"小鸡"。（游戏情境的创设可以根据需要灵活调整。）

游戏玩法："老鹰"张开双翅（手）要冲过去抓"小鸡"，"母鸡"用双翅（手）挡住，并呼唤"小鸡"，"小鸡"连忙跑到"母鸡"的身边，第一只"小鸡"牵住"母鸡"的尾部（衬衫的后下部），然后一只接一只牵着。"老鹰"向左侧（或右侧）冲去，"母鸡"也走向左侧（或右侧）来挡住"老鹰"的去路，"小鸡"则跟在"母鸡"的后面，跑向相反的一侧。如果"小鸡"落队被"老鹰"抓住或"老鹰"把手伸到"母鸡"的身后，摸到第一只"小鸡"的耳朵，则被抓（摸）到者要当"老鹰"，游戏重新开始。

在类似"老鹰捉小鸡"的游戏中，幼儿需要不断地追逐、奔跑、躲闪，可以很好地提高其动作的灵活性和协调性，增强肺活量，提高呼吸系统的抗病能力，促进全身的血液循环，刺激骨细胞的形成，使骨骼更强壮。此外，在这种紧张刺激的游戏中，幼儿的身心得以放松，心情愉悦而满足，而愉悦的心情正是身体健康必不可少的。

（二）游戏能促进幼儿基本动作的发展

微课：小指尖上大智慧小指尖上有秘密

学前期是基本动作形成和发展的关键期。幼儿游戏中包含着各种运动成分，天然地具有促进幼儿基本动作发展的价值。钻爬、跳跃、追逐、躲闪、奔跑等游戏可以促进幼儿大肌肉群的发育，使幼儿的大动作更加灵敏、协调。翻绳、搭积木、串珠、捏泥、手指游戏等可以发展幼儿手部小肌肉群的活动能力，促进精细动作的发展，提升手眼协调能力。"儿童的智慧在他的手指尖上"，手指的活动就是大脑的体操，各种发展手部动作的游戏可以同时刺激大脑细胞的增加，让神经通路建立得更多、更通畅，通过"手巧"促进"心灵"，同时，为幼儿的书写奠定良好基础。

二、游戏对幼儿认知发展的价值

（一）游戏能促进幼儿感知能力的发展

感知觉是幼儿智力发展的基础，游戏是幼儿感知能力形成和发展的重要途径。在日常生活和游戏中，可以引导幼儿通过一系列方式感知各种材料的颜色、形状、大小、软硬、气味等，通过看一看、摸一摸、闻一闻、尝一尝、听一听、嗅一嗅的方式获得各种感官刺激，促进视、听、嗅、味、触等感知能力的提高。例如，通过对物体表面的触摸，感知物体表面的粗糙、光滑及冷、热温度的变化；通过拿、握、捏、摸等方式感知物品的大小、长短、形状、软硬。甚至还可以戴上眼罩，不依赖视觉进行游戏，增强幼儿对触觉刺激的感受，充分体验不依靠双眼识别物品的喜悦。

对点案例：妈妈的神秘袋

早教班的王老师发现，和同龄的孩子相比，2岁的乐乐在探索新物品时很有章法，而且对物品特性的描述更准确。遇到老师发新玩具，她通常会先看一会儿，接着用手捏一捏，还会抓起来摇一摇，有时她一边玩新玩具，嘴巴还会一边嘟囔："很光滑……"后来了解到，乐乐妈妈每次从菜市场买回瓜果蔬菜，都会分门别类放好，让乐乐进行感受、对比。例如，把苹果和橘子放在一起，让乐乐分别摸一摸，分辨哪个光滑哪个粗糙，哪个软哪个硬，闻一闻是什么气味，放在嘴巴嚼一嚼，感受哪个脆哪个软。当乐乐有了这些基础的感受和分辨能力后，妈妈每次买回东西会先放在神秘袋中，请乐乐和她一起玩猜物品的游戏，每次乐乐成功猜出来之后就特别开心，久而久之，遇到不熟悉的物品，她会迁移这种方法，全方位调动自己的视、听、嗅、味、触觉去感知、探索世界。

蒙台梭利认为，感觉的参与可以使抽象的东西具体化、精确化，有利于发展幼儿的观察力和辨别力。案例中的妈妈引导幼儿在认识事物时，充分调动视、听、嗅、味、触五大感官，注重通过日常生活和游戏锻炼幼儿的感知觉。在此基础上，还可以根据幼儿的发展水平，不断丰富、充实感知材料，让感知觉游戏变得更加丰富、有趣。

（二）游戏能促进幼儿智力的发展

幼儿在游戏中可以积极地提取已有的知识经验，并根据游戏的需要进行加工改造，再通过游戏充分地表现出来。在整个过程中，幼儿的积极性、主动性、想象力、创造力、思维品质等都得到良好的发展。例如，中班以后的幼儿往往会自己主动发起游戏，自己规划游戏主题、分配游戏角色，寻找合适的游戏材料，在游戏中，他们积极地进行对话交流，遇到困难时，能想办法来解决。

对点案例：不一样的小司机

今天是中二班的神奇校车日，每个小朋友都变成了小司机。老师提了个要求："今天所有的小司机都要开不一样的车，你的车越特别越好。每个小司机看到绿灯亮起时，要把自己的车开起来，让大家都看到你的车开动起来是怎样的，会发出什么声音，有什么神奇的地方。"所有的小司机排起长龙，乐乐首先张开双臂，只见他一会儿向前俯冲，一会儿向左、右两边俯冲。每当俯冲时他嘴里就发出"呜嗷、呜嗷"的声音，到了终点，他得意地介绍："我开的是怪兽车！我的怪兽车可以带我去任何想去的地方，遇到敌人，它只要'嗷呜'一声，就会把敌人吓跑。"轮到丫丫了，丫丫慢悠悠地左转转、右转转，嘴里欢快地小声唱着："丁零零、丁零零……"到了终点，她自豪地说："我开的是美味的甜甜圈车，走在路上一点都不担心自己会饿，如果饿了，可以在车上随便啃一口！"在整个游戏过程中，小司机们热情高涨，积极展现自己独特的校车。

在这个案例中，幼儿能积极地调动自己已有的关于各种各样车的经验，根据游戏要求，变身成小司机，积极想象、合理加工、改造已有的经验，变出"怪兽车""甜甜圈车"等。这一过程很好地锻炼了幼儿的想象力、创造力和语言表达能力。

对点案例：汽车大赛

在今天公交车游戏中，李老师没有为孩子们准备"汽车"，而是"为难"地跟他们说："原来的汽车都没法用了，大家一起想想办法吧！"只见辉辉从走廊另一头拿来脚踏车和小滑板，他骑在脚踏车上，扮演"乘客"的强强坐在小滑板上，双脚放在脚踏车后座上。这样，"司机"在前面骑车，"乘客"只要把脚轻轻搭在脚踏车的后座上，在小滑板上坐稳就可以跟着前进了，他俩玩得不亦乐乎，其他孩子也跃跃欲试。李老师观察到这一现象，启发孩子们："今天，我看到辉辉创造了一辆与众不同的汽车，很多小朋友都很喜欢，好好想想，我们还能创造出什么样的汽车，这样，下次就可以让更多的小朋友坐了……"在李老师的引导下，孩子们开始了一场关于汽车的谈话与讨论。

后来，孩子们回家后又和家长一起收集了各种各样的汽车图片，一起研究如何设计自己的汽车，就这样，"汽车大赛"的活动主题拉开序幕，孩子们在建构区尝试搭建自己的汽车，在美工区画自己的汽车，在展览区布置了各种各样汽车的图片，在表演区和户外活动时，还尝试开动自己的汽车……

思维能力是智力发展的重要方面，而思维能力更多需要在解决问题当中得以锻炼。幼儿在游戏中会遇到各种各样的问题，例如，打针时，没有注射器怎么办？炒菜时，没有锅怎么办？在揪尾巴游戏中，怎样能揪掉别人的尾巴，而自己的尾巴不被揪掉？面对种种问题，幼儿需要积极动脑筋、想办法。在以上案例中，幼儿面对没有汽车的问题，能积极想办法，对已有材料进行加工改造，创造出符合自己需要的汽车。在这个过程中，幼儿的想象力、创造力、问题解决能力得到很大的提升。

三、游戏对幼儿语言发展的价值

（一）游戏有助于发展幼儿的语言表达能力

游戏是幼儿社会交往的重要途径，为幼儿提供了语言交往的情境与需要，促使幼儿更积极地进行语言表达。一方面，在游戏中，幼儿借助一定的游戏情境，扮演角色，与其他角色互动、交流，可以更为轻松自如地运用和练习语言，将很多日常生活中较少用到的词汇（消极词汇）转化为活生生的积极词汇；另一方面，游戏也激发幼儿使用社会化语言，这让幼儿的语言变得更加有趣、自然。例如，在角色游戏中，幼儿会尽可能去模仿爸爸、妈妈、医生、护士等角色的语言。

对点案例：来帮忙

湉湉（女，3岁7个月）对京京（女，3岁1个月）说："今天很忙，等会儿有客人要来，我们一起做饭吧！"

27

京京没吭声，仍然在给"娃娃"喂饭。

浩浩："快来帮忙啊！"

京京："不行，宝宝饿了！"

浩浩探过身子，指着"宝宝"说："宝宝可以自己吃，他自理能力很强的！"

在这个案例中，浩浩想让京京和她一起玩做饭的游戏，积极地表达自己的想法和愿望，学习"建构"自己的表达方式，先说有客人要来，很忙，所以需要帮忙，见京京拒绝了，又用"宝宝自理能力很强"的理由来说服京京。在游戏中，需要争取小伙伴的支持并说明理由，这样的情境促使幼儿运用因果复句。另外，在实际生活中，浩浩常听大人说到"自理能力"，在游戏中，她把这个词汇恰当地运用起来，使之变成了积极词汇。

（二）游戏有助于提升幼儿的思维能力

对点案例：我说你猜

大班的王老师为了培养幼儿的语言表达能力与思维能力，特意组织了"我说你猜"的游戏。在游戏中，王老师呈现了一张一张的图片（如瓜果蔬菜等幼儿熟悉的物品的图片），请两个幼儿到台上猜图片，台上的幼儿不能看图片，台下的幼儿认真看图片，为台上的幼儿提供信息，即把图片上物品的特征（什么颜色的？什么形状的？是软的还是硬的？能不能吃？吃起来是什么味道的？）告诉台上的幼儿，但不能直接说出答案。在整个游戏中，幼儿情绪高涨，无论是提供信息的幼儿，还是猜的幼儿都积极投入其中。

案例中的游戏可以很好地锻炼幼儿的观察能力、语言表达能力、信息输出能力和信息整合能力，从而提升幼儿的思维能力。幼儿熟悉此类游戏后，游戏内容可以从食物拓展到动物、交通工具、日常用品、特色建筑等。除了内容的拓展之外，随着幼儿能力的增强，教师还可以增加游戏难度，如将直观的图形替换成比较抽象的谜语让幼儿猜，进一步发展他们的语言能力和思维能力。

四、游戏对幼儿情绪情感发展的价值

（一）游戏有助于幼儿体验积极情绪

积极的情绪包括愉快、喜欢、满足、轻松、兴奋、感动等。游戏时，幼儿可以按照自己的意愿，比较自由地活动，通过丰富多样的游戏活动体验各种积极的情绪。在游戏中，幼儿可以把现实世界中复杂的事物简化为可控制的事物，更容易体验到掌控感，而这种掌控感进一步让幼儿感到安全，安全的氛围又促使幼儿体验更多的积极情绪，形成一个良性循环。

对点案例：拯救小羊

为了锻炼幼儿的攀爬、平衡能力，在体育游戏时，老师用桌子搭成了"高山"，用条形板凳做成了"窄窄的桥面"，用很多间隔开的椅子做成了"桥墩"，用黑布遮盖住阳光隧道做成了"黑乎乎的山洞"。一开始，有些幼儿不敢"过河"，有些幼儿不敢"钻山洞"，有些幼儿不敢"走桥墩"。老师像个魔法师一样，变出一些小羊的头饰，给幼儿戴好后，老师自己也戴上羊妈妈的头饰，模仿羊妈妈的声音说："孩子们，老狐狸偷走了我们的一只小羊宝贝，把它藏在黑乎乎的山洞里。趁老狐狸现在不在家，我们快去救小羊宝贝吧！"在这样的游戏情境中，虽然有些幼儿有点胆怯，但最终还是勇敢地走过小河，钻进山洞，当他们拯救出小羊宝贝时，都情不自禁地欢呼雀跃。

在本案例中，幼儿在体育活动中怕黑、怕高，面对幼儿的种种恐惧心理，老师没有简单粗暴地强制幼儿要勇敢，也没有空洞地说教，而是创编了有趣的游戏情境"拯救小羊"。在这样的游戏情境中，幼儿虽然有些胆怯，但还是积极勇敢地参与游戏，最终尝试成功，体验到克服恐惧的成就感。在现实生活中，当幼儿不敢面临一些挑战时，可以利用幼儿泛灵的心理特点，创造丰富有趣的游戏情境来吸引他们。在游戏情境中，幼儿没有太多心理压力，更容易挑战自我，感受到成功的喜悦。

（二）游戏有助于幼儿宣泄消极情绪

消极情绪包括忧愁、伤心、紧张、愤怒、恐惧、沮丧等。在现实生活中，无论是成人还是幼儿，都难免产生一些消极情绪。如果消极情绪长期得不到宣泄和疏导，会造成食欲减退、消化不良、心跳加速、呼吸不正常等情况。而游戏则是幼儿释放自己的极好途径。游戏可以补偿现实生活中不能满足的欲望，再现那些难以忍受的体验，缓解紧张情绪，减少忧虑，发泄不满。例如，幼儿可以通过拍打黏土、面团或进行追逐游戏等消除内心的不安或愤怒；可以通过玩"打针"的游戏，再现"痛苦"，接受"痛苦"，战胜恐惧。

对点案例：不怕打针了

1岁半的萱萱一次在打预防针时，由于扭动身体，打针处肿了个小包，疼了好几天。那次之后，萱萱变得特别害怕打针。就连妈妈嘴里说"打针"两个字，她都会恐惧地大声反抗："不打针！不打针！"妈妈心里发了愁，眼看着下次打预防针的时间快到了，得让萱萱接受打针的现实啊。

于是，妈妈想到了和萱萱玩游戏。妈妈伸出自己的食指，对着自己的胳膊，嘴里夸张地说着："我要打针了，要给自己打针了！"一开始，萱萱既害怕又好奇，远远地看着妈妈给自己"打针"。妈妈边"打针"边故意做出龇牙咧嘴的表情，说："嗯，我也有点怕疼。"打过针之后，妈妈变得放松了，"哦，原来没有那么疼啊。"一连几天，萱萱都是远远地看着妈妈给自己"打针"。

几天以后，当妈妈再说"我要打针了！"时，萱萱不再躲得远远的，而是站在妈妈身边看着。又过了几次，妈妈让萱萱伸出食指，帮自己"打针"。萱萱鼓足勇气，帮妈妈"打针"，恐惧感也减少了很多。又过了几次，妈妈说轮到她帮萱萱"打针"了，萱萱知道用食指"打针"没那么可怕，也愿意接受了。几天之后，妈妈特意准备了棉签（真正打针时要用棉签消毒，游戏中使用棉签使情境更加逼真，对幼儿的心理挑战更大），说要用棉签"打针"。开始时，萱萱仍然有点害怕，妈妈先用棉签给自己"打针"。萱萱看了几次后，敢自己用棉签给妈妈"打针"了。最后，妈妈用棉签给萱萱"打针"，萱萱也不怕了。之后的一段时间，萱萱喜欢主动发起"打针"的游戏。

打预防针的时间真的到了，当妈妈带着萱萱走到小区门口时，门卫叔叔问："去哪儿呀？"没等妈妈说话，萱萱自己轻松愉快地大声回答："去打针呀！"此刻，妈妈知道，萱萱已经战胜了对打针的恐惧。果然，以后打针时，虽然仍然会有一点疼，但萱萱都能坦然接受，即使打针现场有别的孩子哭得撕心裂肺，萱萱也能镇定自若，甚至有时候还能主动安慰别人："打针不疼的！"

在本案例中，妈妈用"打针"游戏，循序渐进地帮萱萱逐步克服了对打针的恐惧。这是通过游戏帮助幼儿宣泄和释放消极情绪。此外，还可以借助游戏解决情绪冲突，例如，乐乐因为挑食，不吃青菜，常被妈妈批评，而在游戏中，乐乐会掌握控制权，责备娃娃挑食，劝说娃娃好好吃青菜，这不仅缓解了自己的不良情绪，还在一定程度上强化了对"吃青菜"这一规则的认同。

（三）游戏可以丰富幼儿的高级情感

高级情感包括道德感、理智感、自豪感、美感等。在游戏中，幼儿摆脱了外界的压力，可以享受比较充分的自由，他们结合自己对生活的理解，根据自己的能力来操作游戏材料，扮演角色，感受角色之间的各种关系，体会角色的情绪情感，通过对角色关系的处理、角色情感的体验，不断发展自己的道德感、理智感等高级情感。

对点案例：逛公园

今天的角色游戏主题是"带宝宝逛公园"（幼儿园的操场）。在游戏开始前，老师故意在操场上扔了很多纸片、塑料袋、垃圾等。在游戏开始后，"爸爸妈妈们"带"宝宝"到美丽的"公园"玩。到了"公园"，却发现那里的秋千是坏的，凳子上脏脏的没法坐，草地上到处都是纸片、塑料袋和垃圾，"妈妈们"不开心了："这个公园太脏了，一点儿都不好玩！""公园管理员"（别班老师假扮的）走过来也抱怨："我们每天要打扫好几遍，但公园还是这么脏，就是因为很多游客乱扔垃圾！"这时，主班老师问大家："大家有没有什么好办法让公园重新变得干净美丽？""爸爸""妈妈"和"宝宝"纷纷献计献策："不要随手乱扔垃圾！""把吃过的果皮统一装进袋子里，放进垃圾桶！"

在本案例中，教师利用游戏引导幼儿认识保护环境的重要性，鼓励幼儿用行动爱护环境，尊重别人的劳动果实。在游戏中，幼儿的情感体验更为直接，相比单纯地讲道理，游戏中的直接体验更容易取得良好的情感教育效果。

五、游戏对幼儿社会性发展的价值

社会性发展是幼儿在一定的社会条件下逐渐独立地掌握社会规范、正确地处理人际关系、妥善自治，从而客观地适应社会生活的心理发展过程。[①]游戏是促进幼儿社会性发展的重要途径。游戏一方面为幼儿提供了社会交往的机会，另一方面也通过虚拟的社会场景（医院、超市、机场、餐厅等）为幼儿提供了社会实践的机会。在游戏中，幼儿可以通过与他人互动，逐渐克服"自我中心"，学会从他人角度思考问题，获得诸如轮流、等待、分享、合作等社会交往技能，掌握社会规范，提高社会适应能力。此外，游戏有助于锻炼幼儿的意志力。学前期是幼儿意志行动的萌发期，通过游戏，幼儿可以更好地理解规则，控制自己的冲动行为，调节自己的主观愿望与游戏规则之间的矛盾。

（一）游戏有助于幼儿自我意识的发展

良好的自我意识是健康人格的重要组成部分。心理学研究表明：幼儿1岁左右开始有自我感觉，2—3岁开始意识到自己的存在，自我意识开始萌芽，但这种自我意识是"以自我为中心"的。幼儿只有在与人交往中，尤其是与同伴交往中，才能慢慢"去自我中心"，意识到自我与他人的区别，学会从他人的角度看问题，发展良好的自我意识。游戏在这一过程中扮演了重要角色。美国心理学家罗森（Rosen）对幼儿进行了社会性表演游戏训练，目的在于揭示游戏在帮助幼儿克服"自我中心"，学会从他人角度看问题中的作用。实验过程如下：

将被试分成两组，实验组进行40天社会性表演游戏训练，即为被试提供社会性表演游戏的机会、条件、玩具等，并指导幼儿游戏，丰富游戏内容；控制组不进行

---

① 王振宇. 儿童心理学［M］. 3版. 南京：江苏教育出版社，2000：198.

社会性表演游戏训练，仅提供游戏材料。

40天以后对两组进行测试，测试以商店游戏形式开展。先给被试看一大堆东西：有女人穿的袜子、男人的领带、玩具汽车、娃娃和成人看的工具书。确信被试认识这些东西并知道它们的用途后，要求他们假装：① 他正在一个卖这些东西的商店里；② 他是一个父亲，现在在为自己的生日挑选礼物。

让幼儿思考"父亲"会为自己挑选哪些礼物；然后，要求幼儿依次假装自己是"母亲""教师""哥哥""姐姐""他自己"，再次选择符合角色身份的礼物。

实验结果表明：实验组比控制组能够较好地作出符合人物身份的选择。这就证明：社会性表演游戏中的角色扮演，使幼儿在游戏中把自己当他人（角色）来思考，并能根据角色的需要去扮演他人、理解他人。

对点案例：妈妈，我看不到

在娃娃家里，乐乐扮演"妈妈"给"宝宝"讲故事。"宝宝"和"妈妈"面对面，"妈妈"自己拿着书，书几乎遮住了"妈妈"的整个脸。"妈妈"自顾自地翻书，讲得津津有味，而"宝宝"一直只能看到书的封面和封底。"宝宝"一开始还配合"妈妈"，过了一会儿便自顾自地走到一旁玩起积木来。王老师看到这一幕，不动声色地坐到"宝宝"的位置上，抱起一个布娃娃，假装用布娃娃的声音说："看不到！妈妈，我看不到！""妈妈"愣了一下，继续坐在原来的位置上指着书的内页说："看呀，我讲的是这里啊！"老师继续用布娃娃的声音说："可我在这里真的看不到啊，不信你来试试！"于是，"妈妈"换到布娃娃的位置，老师拿起书，模仿"妈妈"刚才讲故事的方法。"妈妈"迷惑了，怎么回事呢？老师耐心地和"妈妈"换了几次位置，"妈妈"似乎理解了"宝宝"的处境。接着，老师和"妈妈"一起分析，怎么才能让"娃娃"看到"妈妈"讲的内容，如果"妈妈"也想看，怎么才能和"宝宝"一起看到。

案例中的"妈妈"表现出典型的"自我中心思维"。根据皮亚杰的理论，这是7岁前幼儿的典型思维模式，即幼儿完全以自己的身体和动作为中心，从自己的立场和观点去认识事物，不能客观地从他人的角度认识事物。教师巧妙地利用游戏中出现的契机，帮助幼儿从"娃娃"的角度看问题，有助于幼儿"去自我中心"。

（二）游戏有助于发展幼儿的社会交往能力

社会交往能力是重要的社会生存能力。婴儿出生后的第一个社会交往团体是家庭，亲子关系是幼儿人生中最早的人际关系。之后，随着幼儿进入幼儿园，同伴关系成了这一时期重要的人际关系。游戏是幼儿同伴交往的主要形式，幼儿在游戏中结成两种类型的同伴关系：一是幼儿之间通过玩具或游戏材料结成的现实伙伴关系；二是通过角色扮演结成的角色关系。游戏本身具有社会性特征，规则是游戏的重要组成部分，无论是外显的游戏规则，还是内隐在角色行为中的规则，都要求幼儿适当控制自己的行为，与群体活动相协调，这有助于幼儿学会遵守群体规则，学习适应集体生活，积极学习同伴交往规则，掌握交往技能，建立良好的同伴关系，对幼儿的社会性发展具有积极的促进意义。

对点案例：我要当服务员

区域游戏时间到了，辉辉今天想去"美食店"工作，可惜里面的"工作人员"够了，老板、收银员、厨师等该有的都有了。辉辉不甘心，先是扮演成"顾客"，要了一份"饺子"，边吃边跟"服务员"商量："你坐在这里吃，我帮你给客人送餐吧。""服务员"一听就拒绝了："不行，你不是工作人员！"辉辉仍然不甘心，又说："我们可以轮流当服务员啊。""服务员"很坚定："可我今天就想当服务员，不想当顾客，我昨天就想好了！"辉辉无奈地离开了。过了一会儿，他又假扮成送外卖的，一进店，就大声吆喝："要外卖，10 份外卖！""老板"一听很高兴，说："好，等一下，马上做好！"辉辉说："这么多外卖，你们人手好像不够，我来帮你们吧！""老板"说："好啊！"于是，辉辉成功地过了一把当"服务员"的瘾。

案例中的辉辉一开始想通过商量变成"服务员"，遭到拒绝，不甘心，又使出"轮流"的策略，仍然失败。后来，他又结合生活中的经验，通过叫"外卖"的形式为自己创造机会。在游戏中，幼儿通过争抢玩具、游戏角色，学会使用"商量""轮流""合作"等社会交往策略，甚至，还能够灵活地整合生活经验，创造性地解决问题，提高社会适应能力。

（三）游戏有助于发展幼儿的自我控制能力

自我控制是个体在无人监督的情况下，从事指向目标的单独活动或集体活动。自我控制既是个体社会化的重要内容，也是个体实现社会化的重要工具。[1]游戏是发展幼儿自我控制能力的重要形式。游戏本身有内隐的或外显的规则，在游戏中，幼儿必须严格遵守某种规则，否则，就会被游戏伙伴排斥。例如，在角色游戏中担当"警察"的角色，就必须按照角色要求做事，履行"警察"的职责，"乘客"在车没到站时是不能"下车"的；"买菜"就要"排队"；"病人"必须听"医生"的；"妈妈"要照顾"宝宝"；在"揪尾巴""藏猫猫"等规则游戏中只有遵守游戏规则，才能被同伴接受。因此，在游戏中，幼儿必须调节、控制自己的情感、愿望和行为，对发展他们的自我控制能力有积极的作用。

---

[1] 刘金花. 儿童发展心理学 [M]. 2 版. 上海：华东师范大学出版社，1997：370.

对点案例："哨兵站岗"实验[①]

苏联心理学家马努依连柯曾做过一个"哨兵站岗"实验。实验要求幼儿在空手的情况下保持哨兵持枪的姿势。实验要求相同，但实验条件不同。

实验1：在实验室内，对幼儿逐个进行测试，不告诉幼儿动作名称，只要求他维持主试示范的动作。

实验2：在幼儿园的活动室进行，其他条件与实验1相同，只是增加了分心因素，即活动室中有许多小朋友在玩耍。

实验3：以游戏方式提出要求，让其他小朋友扮演工人，坐在桌旁包装糖果，被试担任"哨兵"，在旁边为保护工厂而站岗。

实验4：没让被试加入游戏，只是告诉他，让大家看他是否能持久地维持哨兵的姿势。

实验5：让被试在大门外离开集体的地方担任哨兵的角色。

实验结果如表1-4所示。

表1-4　不同条件下保持站立姿势的时间

年龄	实验1	实验2	实验3	实验4	实验5
4—5岁	2分15秒	41秒	4分17秒	24秒	26秒
5—6岁	5分12秒	2分55秒	9分55秒	2分27秒	6分35秒

在实验3中，幼儿在集体游戏中，扮演"哨兵"这一角色保护工厂时，保持哨兵持枪姿势的时间最长。从该实验中我们可以看出，游戏可以有效地培养幼儿的坚持性，发展幼儿的自我控制能力。

六、游戏在幼儿园的其他价值

游戏是幼儿最基本的学习方式和生存方式，对幼儿身心全面发展具有重要的价值。人类学家阿什利·蒙塔古认为：健康的儿童期是健康的成年期的先声。为了防止"心理硬化"，在生命的所有时间里，都需要游戏。游戏既是幼儿健康成长的需要，也是幼儿应当享有的正当权利。

（一）游戏是幼儿园的基本活动

无论是《幼儿园工作规程》还是《幼儿园教育指导纲要（试行）》都强调：幼

[①]　刘焱. 幼儿园游戏与指导［M］. 北京：高等教育出版社，2012：45-46.

儿园要以游戏为基本活动，寓教育于各项活动之中。2016年修订后的《幼儿园工作规程》再次强调：幼儿园应当将游戏作为对幼儿进行全面发展教育的重要形式。幼儿园应当因地制宜创设游戏条件，提供丰富、适宜的游戏材料，保证充足的游戏时间，开展多种游戏。幼儿园应当根据幼儿的年龄特点指导游戏，鼓励和支持幼儿根据自身兴趣、需要和经验水平，自主选择游戏内容、游戏材料和伙伴，使幼儿在游戏过程中获得积极的情绪情感，促进幼儿能力和个性的全面发展。

幼儿园以游戏为基本活动，不仅仅要求教师科学合理地安排一日生活，给幼儿提供各种游戏的机会，还要求教师具备发现、分析、指导等方面的意识和能力，变幼儿被动的学习为主动的需要。在幼儿园的一日活动中，应该加强教育教学计划的游戏性因素，努力做到在各种活动中渗透游戏精神，尊重幼儿的年龄特点，强调教育教学的手段游戏化、教学内容的游戏化和趣味性。

幼儿园以游戏为基本活动首先要保证幼儿在一日活动中有充足的自由游戏时间。在幼儿园教育活动中，自由游戏具有其他活动所不能取代的功能与作用，但实践中往往存在自由游戏时间被剥夺的现象。为保证幼儿充足的游戏时间，需重新评估日常的教育活动，科学合理地安排一日生活，以提供更多的游戏时间。教师需要为幼儿提供充足的游戏空间与材料，创设游戏性环境，提供各种各样的游戏机会，保证每个幼儿都有参与自由游戏的机会，给予幼儿自主活动的权利，鼓励、支持幼儿在游戏过程中，按照自己的意愿选择活动材料、活动伙伴、活动内容，自己决定玩法、和谁玩及怎么玩。自由游戏的质量标准是"愉快""有益"，使幼儿在游戏中获得兴趣感、自主感和胜任感等游戏性体验。要实现这些，需要教师对游戏活动进行必要的组织与指导。教师对幼儿游戏活动的指导应以不改变游戏活动的主客体关系为前提。教师要成为幼儿活动的支持者、合作者、引导者，以关怀、接纳、尊重的态度与幼儿交往，关注幼儿在活动中的表现和反映，敏锐地觉察他们的需要，善于发现自由游戏中的教育价值，及时以适当的方式做出回应。只有这样，才能真正实现"愉快""有益"。

在生活活动中，利用游戏因素，借助游戏角色，创设游戏情境，采用游戏化的语言，使生活活动游戏化，让幼儿每天都有愉快的情绪体验。利用游戏因素，保证轻松愉快的一日生活并非要求吃饭、睡觉、洗手、如厕等各个环节都要创设游戏情境，重要的是教师要有游戏精神，通过诙谐、幽默的言谈举止和以爱、尊重、平等为基础的行为与幼儿积极互动，营造游戏发生的心理环境。用贴近幼儿生活的、满足幼儿身心发展水平的方法来组织活动，利用生动有趣的游戏情节串联活动的各个环节，减少和消除消极等待现象，增强活动的趣味性，以吸引幼儿参加活动，提高活动的效果。

在集体教学活动中，尽可能将教学活动游戏化，把教学和游戏整合起来，从活动时间、空间、内容、形式等方面将幼儿的经验整合在一起，让幼儿体验到愉悦的情绪，积极主动地参与活动，进行自主探索。教学活动游戏化可制造高质量的互动机会，有助于提高教学效果。实现既在游戏中达成教学目标，又在教学中体验游戏快乐的目标，使幼儿园教育变得更为完善。但需明确游戏和教学各自的价值和功能，避免否定教学或游戏泛化现象，教学活动游戏化的根本目的是从游戏活动中提取可利用的游戏因素，使之与教学活动有机结合，使学习活动主体化、积极化。游戏因素作为教学活动的外部形式，必须与教学活动的内容和谐统一、有机联系、相互融合，避免一味追求形式上的"花哨"和"虚假繁荣"而导致教学活动庸俗化、低效化。

（二）游戏是幼儿园课程的灵魂

游戏与幼儿园课程是密不可分的，游戏是幼儿园课程的灵魂，它可以使幼儿园课程更生动活泼、更贴近幼儿、更具有灵性。缺少了游戏，幼儿园课程便不能称为幼儿园的课程。游戏与幼儿园课程的关系是双向的、互动的：一方面，课程可以生成游戏；另一方面，游戏可以生成课程。游戏与幼儿园课程的关系反映的是游戏在我国幼儿园课程中的地位，以及幼儿园教育实践中教师如何理解与运用游戏，更好地促进幼儿的学习与发展。

我国学者刘焱认为，游戏对于幼儿园课程来说，是内容还是形式？是目的还是手段？关键在于如何理解幼儿园课程。如若将课程理解为"幼儿园为幼儿安排的一切活动"或"教育活动的总和"，游戏将作为课程的结构要素，此时，游戏是幼儿园课程本身的"内容"，而不是"形式"；如若将课程理解为"根据幼儿园教育目标为幼儿设计和组织的、有益于其身心健康和谐发展的全部学习经验"，则游戏既是幼儿园课程的"内容"，也是幼儿园课程的"形式"：从"学习经验"的角度来看，游戏是幼儿园课程的"内容"；从"经验获得"的角度来看，游戏是幼儿园课程的"形式"。[①]

【梳理经验】

1. 幼儿游戏有哪些价值？
2. 针对幼儿游戏的每一种价值，你能用1~2个具体的游戏进行分析说明吗？
本任务概览如图1-3所示。

---

① 刘焱. 幼儿园游戏教学论［M］. 北京：中国社会出版社，2000：275.

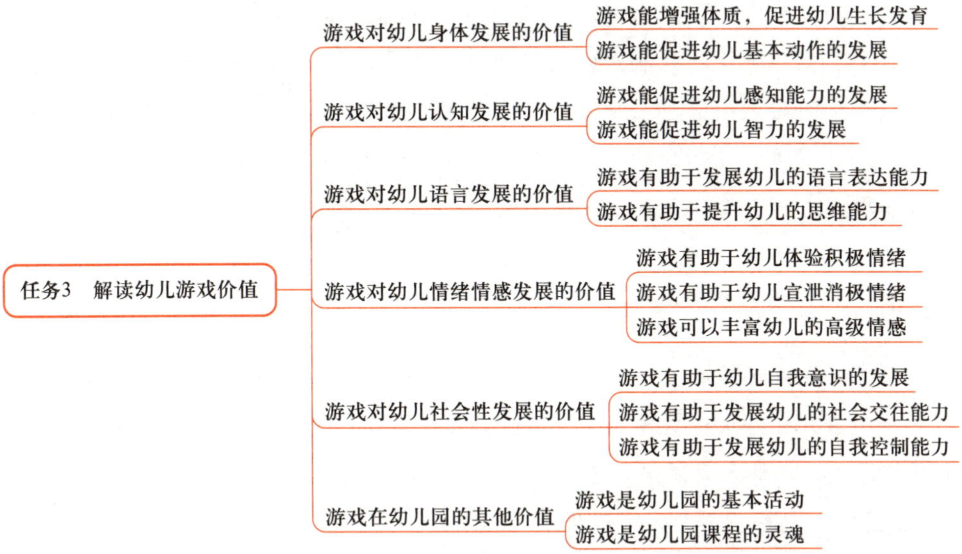

游戏对幼儿身体发展的价值 ─┬─ 游戏能增强体质，促进幼儿生长发育
　　　　　　　　　　　　　└─ 游戏能促进幼儿基本动作的发展

游戏对幼儿认知发展的价值 ─┬─ 游戏能促进幼儿感知能力的发展
　　　　　　　　　　　　　└─ 游戏能促进幼儿智力的发展

游戏对幼儿语言发展的价值 ─┬─ 游戏有助于发展幼儿的语言表达能力
　　　　　　　　　　　　　└─ 游戏有助于提升幼儿的思维能力

任务3 解读幼儿游戏价值

游戏对幼儿情绪情感发展的价值 ─┬─ 游戏有助于幼儿体验积极情绪
　　　　　　　　　　　　　　　├─ 游戏有助于幼儿宣泄消极情绪
　　　　　　　　　　　　　　　└─ 游戏可以丰富幼儿的高级情感

游戏对幼儿社会性发展的价值 ─┬─ 游戏有助于幼儿自我意识的发展
　　　　　　　　　　　　　　├─ 游戏有助于发展幼儿的社会交往能力
　　　　　　　　　　　　　　└─ 游戏有助于发展幼儿的自我控制能力

游戏在幼儿园的其他价值 ─┬─ 游戏是幼儿园的基本活动
　　　　　　　　　　　　└─ 游戏是幼儿园课程的灵魂

图1-3 任务3概览

【生成智慧】

直通国考

材料分析题[①]

莉莉和小娟玩游戏，她们想让五个娃娃睡觉，但是没有小床，于是她们找到了三个盒子做小床。莉莉说："床不够。"小娟挑出两个留着头发的娃娃说："他们长大了，不需要睡午觉了。"莉莉说："好的。"然后将三个需要睡觉的娃娃中最大的一个放在最大的盒子里。小娟试图把中等大小的娃娃放在最小的盒子里，但放不进去。于是莉莉说："换一换。"然后将最小的娃娃放在最小的盒子里，将中等大小的娃娃放在中等大小的盒子里。小娟说："娃娃们，好好睡觉吧。"

问题：

（1）从学习与发展的角度分析上述案例中莉莉和小娟的行为。

（2）这次游戏后，教师应当如何支持莉莉和小娟的学习与发展？

试题解析：

（1）上述材料充分表明了游戏对幼儿发展的价值。游戏对于幼儿的智力发展有着重要的作用：游戏能够扩展和加深幼儿对周围事物的认识，增长幼儿的知识；游戏能够促进幼儿语言的发展；游戏能够促进幼儿想象力的发展；游戏能够促进幼儿思维能

────────────

① 资料来源：2017年上半年中小学和幼儿园教师资格证考试科目二 保教知识与能力（幼儿园）考试真题。

力的发展；游戏为幼儿智力活动提供了轻松愉快的心理氛围。

（2）教师可以从以下方面对幼儿的学习与发展进行支持：引导幼儿一起准备游戏材料和场地，有效运用语言、肢体、材料等指导游戏；观察幼儿游戏的种种意图，根据需要为幼儿提供必要的帮助；允许并鼓励幼儿在游戏中进行创造，引导幼儿在游戏中相互学习。

挑战赛场

爱德华·克莱帕里德曾说过，"要求一个孩子在游戏之外的某种基础上进行工作，无异于一个蠢人在春天摇晃苹果树向往得到几个苹果；他不仅得不到苹果，还会使苹果花纷纷落地，本来渴望在秋天得到的果子也就无望了。"你如何理解这段话？

试题解析：围绕游戏对幼儿的发展价值阐述。

展示游戏

认真分析如下案例"扑克建筑师"，具体说明幼儿游戏的各要素在其中是怎么体现的，整个活动体现了幼儿游戏的哪些特征，举例说明该游戏对幼儿的发展有哪些具体的价值。

扑克建筑师[①]

区域活动开始了，幼儿来到建构区，选择自己喜欢的材料开始搭建。科科来到建构区时，发现积木和纸杯所剩不多了。观望了一会儿之后，他拿起无人问津的扑克牌，自言自语："扑克牌也能搭建？"边说边摆弄起来。科科试图将一张扑克牌立在地面上，没有成功。他又拿起扑克牌观察了一会儿，随后选择了两张扑克牌，搭成三角的形状，成功地将两张扑克牌立在地面上。随后，他小心翼翼地将一张扑克牌放到刚刚立起来的扑克牌上方，接着又搭了两组这样的扑克建筑，并高兴地喊道："大家快看呀，扑克牌也能搭小房子！""真的呀，太神奇了，我也来试试！"聪聪看到后，将手中的积木迅速收起来，也尝试用扑克牌进行搭建。轩轩也开始模仿起来，但尝试三次都失败了。她抬起头看看别的同伴，又低头搭建起来，突然发现纸牌可以利用地面的缝隙立起来，于是她将纸牌插到地面缝隙中做支撑，然后开始搭小房子："快来看，还可以这样搭房子呢。我真是个天才！哈哈！"科科和聪聪围过来欣赏轩轩的作品："嗯，这真是个好主意！"三人开始合作搭房子。

几分钟后，科科大喊："气死我了，气死我了，怎么又倒了！谁能来帮帮我呀？"

① 陈晓风，綦乔乔. 扑克建筑师——大班幼儿自主游戏案例［J］. 幼儿教育研究，2021，（1）：7-9.

科科向同伴投去乞求的目光。"我来试试！"轩轩说完，拿起扑克牌摆弄起来，搭了一会儿说："这个还真难呀！想让它立起来真不容易，要不咱们别往上搭了吧！""那不行，我一定要搭个高层的，光搭一层的没意思！"科科拿起扑克牌继续尝试，可小房子就是不听指挥，总是在搭第二层时坍塌。科科和轩轩一脸的失落。见到教师走来，轩轩说："老师，我们的小房子总是倒，是怎么回事呢？我想搭高一点的楼房，可是放上第二层的扑克牌，我想调整一下，就倒了！"教师说："科科，你能再搭一次小房子吗？"科科一边搭房子一边说："就是一放这一张，就全倒了！"教师问："仔细看一看这些牌的距离，你发现了什么？"轩轩说："这两张牌的距离和这两张牌的距离不一样，这个大，那个小！"科科说："我明白了！"科科迫不及待地投入自己的操作。一会儿，科科兴奋地拍手："快看，我的小房子变成楼房了！"

项目二

2

选用游戏资源

学习目标

知识目标

□ 掌握游戏资源的类型与价值。

□ 理解游戏资源开发运用的原则与方法。

能力目标

□ 能够根据幼儿的年龄特点及教育要求选择游戏资源。

□ 能够通过观察和分析游戏，评价游戏资源的利用情况。

□ 能够根据幼儿身心发展的特点及需要，创造性地开发游戏资源。

素养目标

□ 传递环保理念，培养创新精神、探索精神。

项目导图

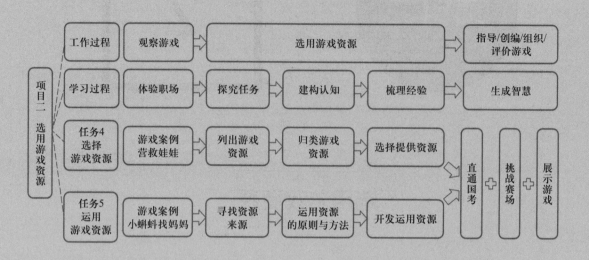

任务4　选择游戏资源

【体验职场】

大班角色游戏：营救娃娃[①]

区域活动时间，角色区来了六个小朋友，他们穿上自己喜欢的衣服，有消防员、警察、医生和护士等，各自拿着工具箱自顾自地忙了起来。

突然，隔壁娃娃家的仙仙大声地打着电话："消防员，消防员，我们家着火了，快来救火呀！"突如其来的一声，本来在角色区内无所事事的小朋友们马上忙了起来。妞妞比画了一个接电话的手势："你们家在哪里？"仙仙说："我这里是娃娃家，快点来救娃娃呀！"妞妞对浩浩说："快快快，我拿上灭火器，你拿上水管，我们快去救人！"（见图2-1）

出门时，妞妞转回头说："不行，得把电话带上！"说完急急忙忙地朝着娃娃家走去。旁边的"小警察"琪琪听到了，也起身对飞飞说："快，我们赶快去帮忙，去维持交通秩序！"琪琪双拳握紧上下摆动，好像握着方向盘开车的样子，带着对讲机也出发了（见图2-2）。

图2-1　消防员拿上消防工具，出发救援

图2-2　警察出发去维持秩序

看见消防员、警察都去帮忙了，"医生"也着急了："你们把人都救出来了吗？救出来了需要把人送到我们医院来检查一下！"娃娃家的仙仙、消防员妞妞和警察琪琪听见了，连忙一起把刚救出来的娃娃送到医院。"医生"和"护士"打开急救箱，先拿

[①]　本案例由广西幼儿师范高等专科学校实验幼儿园提供。

出听诊器听，接着又拿出体温计给娃娃量一下（见图2-3），拿了一个圆形积木告诉娃娃家的仙仙："给，这是药，记得喂娃娃吃药哦！"护士喂娃娃吃了药（见图2-4）。

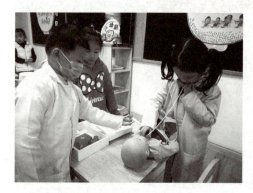

图2-3　医生给娃娃检查　　　　　　　图2-4　护士喂娃娃吃药

拿药之后，仙仙抱着娃娃回到了自己的家里。

在游戏后的分享活动中，老师请妞妞和浩浩来分享今天的游戏内容："今天你们是谁？有什么事情和我们分享呢？"妞妞说："今天我们是消防员，我们在上班的时候听到电话铃声响，拿起电话一听原来是呼救声，我们就赶紧找灭火器和水管去灭火，救了娃娃。"老师问："你们怎么知道娃娃被困在哪里？"仙仙说："我告诉他们我在娃娃家，这样消防员就能快速找到我。"老师问："如果是在火灾现场，消防员没有到来之前，我们可以做什么保护自己？"匀匀说："用湿毛巾捂住口鼻，等消防员来救援。"

【探究任务】

学习任务单如表2-1所示。

表2-1　学习任务单4

项目任务	具体内容
所属项目	选用游戏资源
学习任务4	选择游戏资源
学习目标	1. 掌握游戏资源的类型与价值； 2. 能够根据幼儿的年龄特点及教育要求选择游戏资源； 3. 能够通过观察和分析游戏，评价游戏资源的利用情况
具体任务	请仔细观察上述幼儿角色游戏，回答以下问题（完成任务的过程可参考本书配套的线上课程资源或查阅其他相关资料）

思考问题	你的回答	提示线索
游戏用到了哪些材料？		物品、玩具等
游戏是在什么环境中开展的？		可从物理环境和心理环境两个层面分析

续表

思考问题	你的回答	提示线索
什么样的信息能使游戏得以进行？		为什么会有这样的游戏？ 与生活有什么关系？
游戏中有哪些角色？		
游戏中教师做了什么？		
列出游戏中材料出现的顺序		
游戏是如何结束的？		
你认为还可以提供哪些游戏资源以推进该游戏？		

【建构认知】

一、幼儿园游戏资源的含义[①]

资源是指一个国家或地区内拥有的物力、财力、人力等各种物质要素的总称，可以分为自然资源和社会资源两大类。前者如阳光、空气、土地、森林、草原、动物、矿藏等；后者则包括人力资源、信息资源，以及经过劳动创造的各种物质财富。

幼儿园游戏资源是指在幼儿园游戏过程中，幼儿可以利用的各种物质资源和非物质资源的总称，其中物质资源包括游戏材料、场地、环境；非物质资源包括与幼儿游戏的人、游戏信息、游戏时间、心理环境等。正是这些物质资源和非物质资源的充分结合，保证了幼儿游戏的顺利进行，也使幼儿的游戏内容丰富，充满童趣，更符合幼儿身心发展的需要。

二、幼儿园游戏资源的类型与价值[②]

民族民间资源——跳竹竿

（一）物质资源

Ⅰ．游戏材料

游戏材料是幼儿游戏所用玩具和其他物品的总称。材料是游戏的物质支柱，是幼儿游戏的工具，如果离开了游戏材料，幼儿的游戏就难以进行。因为幼儿的思维具体、形象，而游戏材料同样具备具体、生动、形象的特点，正好符合幼儿思维的

[①] 陈姝娟．幼儿游戏资源的心理学分析［J］．肇庆学院学报，2010，31（4）：64-67.

[②] 郑健成．学前教育学［M］．上海：复旦大学出版社，2005.

特点。幼儿在材料的刺激下，会产生联想，将生活中的经验迁移至游戏中。幼儿在缺乏游戏材料的情境中，很难将已有的经验调动出来。

游戏材料是幼儿进行游戏的重要物质载体，也是幼儿认识客观世界的物质基础。游戏材料是幼儿园游戏开展的物质基础，游戏中的物质材料不仅仅是可供幼儿操作或操纵的物体，更是幼儿的玩伴。游戏材料是支撑游戏开展必不可少的要素，丰富的游戏材料可以促进幼儿的游戏联想和游戏行为，激发幼儿的想象力，丰富游戏的内容。在游戏材料中，成品材料可以帮助幼儿根据自己周围的生活环境进行模仿活动，半成品材料可以帮助幼儿根据材料进行创造性活动。

2. 游戏场地

游戏场地是指幼儿游戏活动开展所需要的空间环境。幼儿的游戏是需要一定的场所和场地的。在幼儿成长的过程中，家庭是最初的游戏场所，家庭中的自由游戏、亲子游戏既让幼儿体验到游戏的快乐，也更好地享受了亲情。随着幼儿的长大，他们已经不满足于只在家庭这样一个较小的范围内活动，于是他们会走出家门，在社区里寻找一定的游戏场所。这些场所为幼儿提供了与陌生人交往的机会，也是锻炼幼儿与他人相处的理想场所。进入幼儿园后，幼儿的游戏场所更大也更完善了。

游戏场地可分为户外游戏场地和室内游戏场地。户外游戏场地是幼儿在户外游戏的空间，户外游戏场地对幼儿充满吸引力，户外有开阔的空间可以跑跑跳跳，有各种物品，如小石头、小树枝、落叶等，可以变成幼儿手中的游戏材料。幼儿园室外游戏场地的规范化要求见《托儿所、幼儿园建筑设计规范》。室内游戏场地主要是幼儿园的活动室。活动室是幼儿在室内进行游戏活动的主要场所。

户外游戏场地是开展户外游戏的载体，游戏场地的大小和结构特征等影响着幼儿游戏活动的进行和质量。户外游戏场地能够提供幼儿与大自然亲密接触的机会，在游戏的过程中可以呼吸新鲜的空气，增强对外界环境的适应能力。室内游戏场地是开展室内游戏活动的必要条件，室内游戏场地的空间密度直接影响幼儿的游戏行为。

活动视频：
纸团变变变

（二）非物质资源

1. 人力资源

幼儿游戏中的人力资源包括幼儿自身、同伴和成人等。幼儿自身和同伴是游戏的重要资源，幼儿喜欢游戏，是出于自己的兴趣和愿望。只有充分尊重幼儿的心愿、发挥幼儿的主动性的游戏才是真正的游戏。成人参与游戏会对幼儿游戏起到重要的作用，成人在游戏中的态度和不同的指导，也会影响到游戏的效果。同伴互动可以推动游戏的进程。

"人是生产力中最活跃的因素"，这是毋庸置疑的，幼儿作为游戏的主体也印证了这一点。无论多么先进的游戏设备、充足的物质资源和丰富的游戏环境，如果没有人的介入必将是一堆没有生命的东西。要检验游戏开展得是否顺利和有效，人的活动是最好的尺度和标准。在游戏中，幼儿全身心地投入，各种资源得到充分的利用，这显然足以说明游戏自身的价值。比如，在幼儿角色游戏中，幼儿可以相互交流信息，相互社会化，同时还有机会在别人出现时尝试新的行为，展示新的观点和技能，尝试发起和控制自己的活动。而且，由于游戏伙伴的相互作用，常常促使游戏情节得到延伸，从而使游戏处于动态的发展过程中。同时，成人（主要是家长和老师）作为游戏的发起者、合作者和促进者，在游戏中密切了亲子关系和师幼关系，可以帮助幼儿学习规则，可以为幼儿提供示范、暗示或控制幼儿的行为活动。成人的高度参与、积极建议和指导，对幼儿的游戏兴趣、想象范围、认知能力、角色变化都有积极的促进作用，成人适当的介入有益于幼儿的游戏。幼儿通过与成人的互动交流，使他们从现有的发展水平达到较高的潜在的发展水平，这是对维果茨基的"最近发展区"理论的有力支持，而成人的指导就是促进幼儿发展的动力。在游戏过程中，幼儿是游戏活动的主体，幼儿可以自行选择和发展自己的游戏情节，获得最大限度的满足；教师是幼儿的同伴和引导者，伴随和引导着幼儿建构知识、发展兴趣和提高自主性，教师在游戏中的言语和行为会使游戏更好地进行。

2. 信息资源

信息资源是仅仅存在于人的头脑中，包括由人所观察到的、记得的和回忆起来的，以及随时通过分析和归纳所得到的东西，是人的观念的输入物和输出物。信息资源是人类社会传播的一切内容，人是通过获得、识别自然界和社会的不同信息来区别不同事物，得以认识和改造世界的。

绘本资源：
这个乐器是
谁呀？

幼儿游戏本身就是幼儿认识和改造世界的一种方式，没有相关的信息资源，幼儿游戏就不可能存在。幼儿游戏是有主题、有内容的，越是主题鲜明、内容丰富的游戏中包含的信息越丰富，相应地幼儿积累的信息量越大，游戏也将越有意义。幼儿游戏的信息有两个来源，一是教师预设的，二是由幼儿自身经验自发的。教师预设的游戏信息或内容，有些是由教育目标引起的，这类信息会有相对固定的范围，易于掌控；有些是由教师自身经验引起的，灵活性较大，在游戏进行中发挥的空间更大。在游戏过程中，幼儿有多种心理需求，如动手操作和兴趣方面的心理需求、获得成功的心理需求、按意愿生成游戏的心理需求、爱和归属的心理需求，幼儿可以利用已有的游戏材料和场地，充分发挥自己的想象来实现自己的需求，这要求幼儿有一定的经验和信息，同样，游戏的结果也会使幼儿的信息量快速地增加，这充分说明游戏就是幼儿学习的过程。

3. 时间资源

时间资源即游戏所需要的时间。游戏是需要占用时间的，充足的游戏时间是幼儿开展游戏活动的首要前提。游戏时间的多少直接影响游戏的数量和质量。有教育家指出：人的生命是以时间来度量的，人的童年是以游戏时间来计算的，剥夺了人幼年时的游戏时间，就是剥夺人的童年。

幼儿的游戏具有即时的特点，在不同的时间，幼儿由于自身生活经验会发起不同的游戏。同一主题的游戏，幼儿可能会经常反复玩，如果仔细观察就会感受到幼儿在反复游戏的过程中不断发展，这是因为通过多次游戏，幼儿在游戏中学到了知识，锻炼了思考能力，深化了自身对游戏主题的理解。因此，游戏时间也是游戏资源的重要组成部分。

4. 心理环境资源

游戏的心理环境主要是指游戏中的人际关系、情绪状态和游戏氛围，包括师幼关系、同伴关系、游戏气氛等。幼儿园的人际关系及游戏氛围对幼儿的身心发展起着潜移默化的作用。[①]幼儿游戏活动需要有一种宽松、自由、和谐的环境氛围，需要受到他人的尊重和鼓励，需要得到他人的关心，感受到他人对自己的理解和信赖，在心理上有充分的安全感，从而可以集中精力去大胆尝试和探索，而不会因为担心做错、出丑而感到压力。良好的心理环境同样是幼儿游戏的前提条件，在良好的心理环境中，幼儿能够充分发挥他们游戏的积极性和主动性，能够更好地在适宜的物质环境中进行游戏，积累起他们早期的生活经验。

三、科学、合理地选择游戏资源

（一）物质资源的选择

1. 游戏材料的选择

（1）要为幼儿提供充足的游戏材料。幼儿是通过使用玩具材料在游戏中学习的。不同的玩具、材料有不同的功能和特点。材料的种类对幼儿游戏的具体选择有着某种定向的功能。如果教师提供的材料单一，幼儿游戏情节的发展就会受到限制。因此，在游戏中为幼儿提供多种材料，有利于幼儿通过探索接受丰富的感官刺激，利用不同的材料去替代和想象，在与材料的互动中促进发散性思维的发展。当游戏材料的品种多样化时，可促进幼儿发散性思维的发展；不同种类和数量的游戏材料摆放在一起，会影响幼儿游戏的主题和性质。研究表明，在活动面积较大和活动材料较丰富的情况下，幼儿表现出来的竞争性、侵犯性和破坏性行为都低于活动空间小、活动材料贫乏的情况下产生的类似行为。

（2）根据幼儿的年龄特点选择游戏材料。无论为哪个年龄段的幼儿选择材料，

---

① 杨丽丽. 幼儿园游戏心理环境创设的思考［J］. 天津市教科院学报，2014，（4）：79-82.

安全、卫生都是首要原则。如何判断游戏材料是否符合标准呢？一方面，可以查看玩具产品的合格认证，不同国家和地区的玩具安全标准有所差异，我国《玩具安全》系列标准是对各类玩具都适用的有效文件；另一方面，可以结合幼儿年龄特点，从材料、大小、形态结构、结实程度等方面判断游戏材料是否安全。例如，玻璃弹珠、嵌插类的小蘑菇钉等，对中、大班幼儿而言，是锻炼精细动作的好玩具，但对3岁前的幼儿，可能就是危险物品。因为3岁前的幼儿，什么东西都喜欢放在嘴巴里咬一咬、尝一尝，这是他们探索世界的重要方式，太小的玩具可能会被吞服，甚至导致窒息。因此，选择游戏材料除了保障无毒无害外，必须考虑幼儿的年龄特点，要可咀嚼、耐摔打、边缘光滑、大小合适，不会因为幼儿可预见的"滥用"而导致不必要的伤害。

　　不同年龄段的幼儿在能力水平、兴趣需要等方面是不同的，因此，要根据幼儿的身心发展水平和特点选择游戏材料。例如，同样是玩"娃娃家"，要为2岁左右的幼儿提供真实化程度高的玩具，因为他们的角色游戏行为是由具体物品引发的，一旦脱离了逼真的玩具，游戏就会中断；为3—4岁的幼儿，可以适当添加一些替代材料，因为这一阶段的幼儿角色扮演和以物代物的意识都有所发展，不仅喜欢逼真的玩具，也喜欢不像真实物品的玩具，比如，他们会拿纸箱当摇篮，用积木当炒锅；5—6岁的幼儿则需要更多开放性的、低结构化的游戏材料和功能多样的废旧物品，因为他们的游戏不再依赖外在玩具，功能单一、固定的成品玩具反而会妨碍游戏的进展。

　　（3）选择与阶段教育目标、内容相匹配的游戏材料。好的游戏材料是无声的教师，能够润物无声地发挥教育作用。无论便宜或昂贵，好的材料都应该能够提供丰富的感知觉刺激，供幼儿在亲身实践、反复操作中感知、学习、探索和发现，让他们在与玩具的互动中吸收知识、感知世界、体验快乐、享受美的艺术。因此，教师要根据幼儿不同的年龄特点，制定适合本班幼儿整体发展水平的阶段教育目标和内容，根据阶段教育目标和教育内容的要求，在不同的活动区有计划、有目的地投放与之相适应、相匹配的游戏材料，最大限度和最大效益地促进幼儿的发展。

　　（4）尽量选择无固定功能的游戏材料。游戏材料的特性与幼儿的游戏行为有密切关系。游戏材料具有象征性，可替代生活中的人与事物。材料特征的不同（模拟物和多功能物）将引发不同水平的游戏经验；游戏材料功能固定、单一，幼儿的游戏行为会受到限制，游戏情节的发展也会受到限制，而无固定功能的游戏材料，往往可以使幼儿按照自己的想象创造出游戏的多种玩法，有利于幼儿通过探索接受丰富的感官刺激，利用不同的材料去替代和想象，在与材料的互动中促进发散性思维的发展。

　　（5）多选择中等熟悉和中等复杂程度的游戏材料。研究表明，游戏材料的复杂程度及幼儿对材料的熟悉程度对幼儿的游戏有一定影响。当游戏材料对幼儿来说完全陌生和比较复杂时可引发幼儿的探究性行为；当游戏材料对幼儿来说是中等熟悉和中等复杂程度时，可引发幼儿的象征性游戏和练习性游戏。根据幼儿的年龄特点，教师可以多为其提供中等熟悉和中等复杂程度的游戏材料。

（6）灵活、动态、有层次地投放、调整游戏材料。游戏材料投放的时机、方式、种类和数量会直接影响游戏的进程与发展。要做到灵活、动态、有层次地投放材料，必须对材料本身和幼儿行为都进行深入的研究与分析。一方面，要深入地分析游戏材料的结构特性，探索游戏材料的可能玩法，思考每种玩法所蕴含的教育价值；另一方面，要细致地观察幼儿操作、使用材料的行为，如选择了什么材料，玩的次数，玩的时间长短，玩的过程中出现了什么具体行为，遇到了什么困难，困难是怎么解决的，这些信息是调整材料、指导游戏的重要依据。幼儿的需要和兴趣是不断变化的，教育目标也是不断调整的，因此，要根据幼儿的兴趣需要、教育目标对游戏材料进行灵活、动态、有层次的调整。

（7）鼓励幼儿自主选择、管理游戏材料。游戏材料不是供参观、欣赏的摆设，它只有在幼儿的手中，与幼儿充分互动，才能彰显其价值。因此，应该鼓励幼儿自主选择、管理游戏材料。实验表明，放在中央位置的游戏材料使用率较高，并容易引起幼儿彼此相互作用的游戏。游戏材料的可见性也会对幼儿使用游戏材料产生影响。如果幼儿的视线被柜子或其他物品阻隔，看不到游戏材料，他们就不知道有哪些材料可以使用。幼儿越能直接看到游戏材料，就会越多地去使用游戏材料。所以，教师在投放游戏材料时，应将其放在中央位置或幼儿能直接看到的位置上。

在自主选择、探索游戏材料的过程中，幼儿会根据自身兴趣需要，运用已有的知识经验操作材料，在操作探索的过程中，又以自己特有的方式获得新经验，建构自己对世界的新认识。自主选择、管理游戏材料还可以让幼儿体验到"当家做主"的快乐，在自由拿取、整理材料的过程中，养成良好的秩序感和责任意识，养成良好的生活习惯。在管理游戏材料的过程中，需要对材料进行各种匹配、分类，这要求幼儿能够对比、感知事物特征，认读不同标记，自制分类标签等，可以有效地提升其认知水平。最后，在管理游戏材料的过程中，原本独立的个体要尝试与同伴合作，需要必要的协商、分工；在管理游戏材料的过程中必然会遇到问题或困难，在发现问题、解决问题的过程中，幼儿的分析思考能力、解决实际问题的能力会得到锻炼。

2. 游戏场地的选择[①]

（1）户外游戏场地上的设施要符合要求。室外的各种使用设施、游戏器械和设备必须结构坚固、耐用，并避免构造上的硬棱角，以保证幼儿室外游戏活动的安全。户外游戏器材的尺度标准应与幼儿的人体尺度相适应。如为幼儿选择的滑梯，其坡度、高度、护栏保护等要符合幼儿的生理特点。户外游戏器材的造型、色彩应符合幼儿的心理特点。根据条件和需要设置游戏的管理监护设施，例如，为幼儿提供的

---

① 王金洪. 学前儿童游戏与指导［M］. 北京：北京出版社，2014.

蹦床，要备有弹性较强的护围等。戏水池最深处的水深不得超过0.3米，池壁装饰材料应平整、光滑且不易脱落，池底应有防滑措施。游戏场内应设置坐凳及避雨、庇荫等设施，宜设置饮水器、洗手池。

（2）户外游戏场地要有利于幼儿身心发展。场内园路应平整，路缘不得采用锐利的边石。地表高差应采用缓坡过渡，不宜采用山石和挡土墙。游戏器械下的场地地面宜采用耐磨、有柔性、不扬尘的材料铺装。场内的设备或器械应适合幼儿的身高和运动能力。

（3）注重游戏场地的结构布局。游戏场地的结构布局是指游戏场地中的各个部分、各种材料与器械构成一个有机整体。这样的游戏场地，不仅能发展幼儿的动作与运动能力，而且能够发展想象力和创造力，满足幼儿的各种不同需要。

（4）提供安全、卫生的游戏场地。地面以坚实的土地或沙地为宜，这种地面适宜做跑跳活动，能减少跑跳活动对脑部造成的震荡，同时也比较安全。户外游戏场地的结构设计，要尽量利用地形地貌的自然特点，减少不必要的人工装饰，让幼儿在接近大自然的环境中愉快地游戏。

（5）室内场地要保证游戏空间。幼儿园室内环境的布置，应充分考虑满足幼儿多种游戏活动的需要。要求桌椅摆放适用、合理，留出固定的地方让幼儿做游戏、摆放玩具，以保证幼儿游戏的顺利进行。要根据幼儿的身心发展目标，因地制宜地规划幼儿活动室的立体空间，分析其基本活动区和各区建筑元素，创设适合幼儿室内游戏的区域。设计室内游戏场地时，不仅要考虑场地环境的宽敞、明亮，还要考虑场地环境是否适合幼儿不同游戏活动的需要，要为幼儿随时参与不同游戏提供便利条件。

（6）设置不同的室内活动区域与游戏材料。根据幼儿游戏活动的需要、兴趣及教育活动内容等，为幼儿设置不同的游戏活动区域，提供不同的游戏材料，满足幼儿多种游戏的愿望。幼儿园可以利用活动室的条件，为幼儿创设多种活动区（或角），如室内的角色区、智力区、结构区和表演区等。游戏空间在外形、大小、位置上可以有很大的变化，可以是封闭的，也可以是开放的，可以依据幼儿游戏的特点而规划。为幼儿提供的游戏材料也要多种多样，以满足幼儿不同游戏的需求。

（二）非物质资源的选择

1. 人力资源的选择

（1）充分发挥幼儿在游戏中的自主性。自主性是幼儿游戏的重要条件，游戏的形式、材料及游戏的开始、结束都应由幼儿自己掌握，按照他们自己的意愿、体力、智力来进行。保证幼儿在游戏中的自主性会消除幼儿的胆怯和距离，使他们能够主动交往、友好合作。正因为游戏是幼儿自主的活动，幼儿在游戏中的态度是积极主动的。反之，如果游戏失去了自主性这一特征，由教师来精心安排和"导演"，幼儿只是在不得已的情况下被动地参加游戏，担任某一角色，从表面上看，幼儿是在参加游戏，实际上幼儿并没有真正地玩游戏，他们认为是在完成教师布置的任务，也就失去了游戏的积极性。所以，只有充分尊重游戏者的意愿，发挥游戏者的主动性，才是真正的游戏。

微课：巧玩花绳

（2）教师是幼儿游戏的支持者。游戏是幼儿最喜爱的活动，但是游戏的进行是需要很多条件性资源的。教师的一部分工作就是为幼儿提供游戏得以进行的资源，创设游戏情境，满足幼儿游戏的需求。幼儿是通过游戏方式直接感知、实际操作和亲身体验获取经验的，这就要求教师在游戏中充分了解幼儿的需求与兴趣，基于幼儿的已有经验，利用幼儿的能力改造环境、引发新的刺激，并借助这些新刺激引导幼儿不断发展各方面的能力。每个幼儿都是多面的，只有从多维度、多层面深入了解，才能够对幼儿有更全面的了解与认知。因此，教师需要正确掌握幼儿的实际状态，在观察幼儿的基础上为幼儿创设适宜的游戏环境、提供适宜的游戏材料，成为幼儿游戏的支持者。

微课：游戏生成有招数，绘本资源这么用

2. 信息资源的选择

信息资源是幼儿进行游戏的基础和源泉。幼儿游戏的信息资源主要来自家庭和幼儿园。教师可以利用幼儿在园一日生活各环节，通过参观实景、欣赏图片、看书、看电影和听老师讲故事等方式，引导幼儿观察周围生活，开阔幼儿眼界；同时，还可以指导家长的教育工作，协助家长安排好幼儿的家庭生活，根据幼儿园的活动计划帮助幼儿了解相应的社会生活。例如，家长在周末可以带幼儿郊游或逛街，从而丰富和加深幼儿对购物和逛街的印象，由此来获得丰富的生活经验。游戏本身是生活经验的一种反映，丰富的生活经验可以为游戏提供充足的信息，从而产生源源不断的游戏。

3. 时间资源的选择

为了保证幼儿游戏活动的顺利进行，一定要保证幼儿每天有相对集中的较长的游戏时间。否则，幼儿的游戏就会受到影响。因为，幼儿设计游戏需要一定的时间，在游戏过程中选用玩具材料、分配角色、构思游戏情节及规则、完成游戏等，都需要一定的时间。如果游戏时间过短，幼儿往往刚开始进入角色就不得不停止，长此以往，他们就会放弃较复杂的游戏而只玩些简单的游戏。所以，教育者一定要保证幼儿每天有足够的时间自由自在地开展各种游戏活动，不能随意侵占幼儿的游戏时间。游戏是需要时间的，在愉快的游戏中幼儿觉得时间过得很快，他们经常会发出"我还没玩够呢"的感慨，因此，可以通过对游戏规则的认知和遵守来培养幼儿的时间观念和时间管理能力。

4. 心理环境资源的选择

（1）教师应建立民主、亲切、平等、和谐的师幼关系。民主、亲切、平等、和谐的师幼关系是幼儿游戏的重要支柱之一。教师要有一颗爱心，"爱一切幼儿""爱幼儿的一切"，树立正确的幼儿观，尊重幼儿的兴趣、爱好，理解幼儿的要求。不因幼儿的年幼而忽视他们的需要，也不把自己的意志强加于幼儿。在幼儿的游戏中，教师既是指导者又是参与者。参与幼儿的游戏，使他们感到教师是他们的亲密伙伴，与教师在一起感到自然、温馨、没有压抑感。

（2）建立互助、友爱的伙伴关系。幼儿之间的伙伴关系是影响其心理发展的一个重要的社会性因素。幼儿之间相互关心、互相帮助、文明礼貌、友好谦让，在游戏中互相协商角色或交换玩具材料，这些都是进一步让游戏深入进行的重要因素，可以提高幼儿游戏的主动性和积极性。因此，教师应加强对幼儿的情感教育和集体教育，引导幼儿建立互助、友爱、和谐的伙伴关系，使幼儿生活在一个轻松、愉快的环境中，在游戏中获得全面发展。

【梳理经验】

1. 幼儿园游戏资源分为哪两种类型？每种类型分别包括哪些资源？
2. 幼儿园游戏资源的价值从哪些方面体现？
3. 如何为幼儿游戏选择游戏材料？
4. 幼儿游戏对场地有哪些要求？
5. 怎样充分利用教师、幼儿自身开展游戏？
6. 幼儿园教师如何为幼儿提供充足的游戏信息？
7. 怎样才能保证幼儿游戏的时间？
8. 如何为幼儿创设良好的游戏心理环境？

本任务概览如图2-5所示。

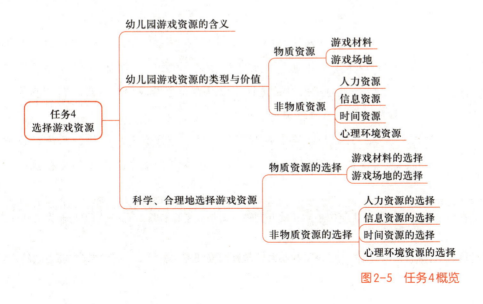

图2-5　任务4概览

【生成智慧】

直通国考

一、单项选择题[①]

为了让幼儿在户外活动中能一物多玩，最适宜的方法是（　　）。

A．教师集体示范　　　　　　B．幼儿自主探究

C．教师分组讲解　　　　　　D．教师逐一训练

参考答案：B

试题解析：依据《幼儿园教育指导纲要（试行）》，在户外活动中，既要高度重视和满足幼儿受保护、受照顾的需要，又要尊重和满足他们不断增长的独立要求，避免过度保护和包办代替，鼓励并指导幼儿自理、自立的尝试。为了在户外活动中能一物多玩，最适宜的方法是在保障幼儿安全的前提下，鼓励幼儿自主探索。

二、材料分析题[②]

在中班角色游戏中，有幼儿提出要玩"打仗"游戏，他们在材料柜里翻出好久不用的玩具吹风机当"手枪"、仿真型灯箱当"大炮"，"哒哒哒"地打了起来，玩得不亦乐乎。李老师看到此情景非常着急，连忙阻止："这是理发店的玩具，不能这样玩。"

问题：

（1）李老师的阻止行为是否合适？请说明理由。

（2）如果你是李老师，你会怎么做？

试题解析：

（1）李老师阻止的行为是不合适的。

游戏是幼儿最喜爱的活动，是幼儿生活的主要内容，幼儿喜欢游戏，还喜欢把他们的一切活动游戏化，这是幼儿学习的主要方式。幼儿游戏具有自发性和自主性。

材料中幼儿按照自己的想法进行游戏，玩得不亦乐乎，体现了幼儿游戏自主性的特点。同时幼儿的游戏是现实生活与想象活动相结合的结果，材料中幼儿将玩具吹风机当"手枪"、仿真型灯箱当"大炮"体现了幼儿在角色游戏中对游戏材料的假想，是典型的"以物代物"行为，这种表征行为值得肯定。

教师对幼儿游戏的介入与指导应在观察的基础上把握好介入时机、角色定位及方式方法等方面，充分保护幼儿游戏的兴趣。题干中李老师能及时发现幼儿在游戏过程

---

① 资料来源：2022年下半年中小学和幼儿园教师资格证考试科目二　保教知识与能力（幼儿园）考试真题。

② 资料来源：2020年下半年中小学和幼儿园教师资格证考试科目二　保教知识与能力（幼儿园）考试真题。

中出现的情况是值得肯定的，但是选择在幼儿快乐玩耍时进行介入，打断幼儿游戏，介入时机不恰当，同时选择了以教师身份进行垂直介入，这容易影响幼儿在游戏过程中的想象，丧失游戏的兴趣。此外，教师没有站在幼儿的角度，给幼儿时间和空间去探索、思考，鼓励试错，仅仅只是简单阻止游戏行为，因此是不恰当的。

（2）在幼儿游戏时教师应提供合理的支持与指导。

首先，在保证幼儿安全的前提下，给予幼儿充分利用材料进行想象的空间，创设自由探索的环境。

其次，为幼儿提供符合"打仗"这一主题的其他材料，推进幼儿游戏的进程；在游戏过程中时刻关注幼儿游戏的进程，选择恰当的时机（游戏出现困难、游戏简单重复、幼儿失去兴趣等）进行介入指导。

最后，游戏结束之后，在班级内的活动区提供丰富的可转化的材料，引导幼儿利用材料一物多玩，促进幼儿在游戏中提升创造力和想象力。

任务 5　运用游戏资源

【体验职场】

表演游戏：小蝌蚪找妈妈[①]

一、小班表演游戏：小蝌蚪找妈妈

某天，小班幼儿集体观看动画片《小蝌蚪找妈妈》，小可说："老师，我早就知道了，小蝌蚪的妈妈是青蛙，我妈妈告诉过我。"小红说："我妈妈带我去公园玩的时候，我们用网在水里捞小蝌蚪。那些小蝌蚪和动画片里的小蝌蚪长得一样。"……孩子们七嘴八舌地说着。教师说："老师发现小朋友们在动画片里、在书本上看见过小蝌蚪，在生活中也见过小蝌蚪，有的小朋友还捞过小蝌蚪回家养，你们都好喜欢小蝌蚪吧！告诉你们一个秘密，我们班的表演区里好像也有小蝌蚪哦！"

教师将绘本《小蝌蚪找妈妈》中的角色，如金鱼、乌龟、大白鹅、青蛙、小蝌蚪等图片、头饰（若干）投放在表演区。

区域活动时间：小可、小红等几个幼儿在表演区拿起上述材料看看又说说。教师走近，幼儿迫不及待地告诉教师自己的发现。教师说："我们玩'小蝌蚪找妈妈'的游戏吧，可要怎么玩呢？"小可说："我们小朋友来当小蝌蚪，老师来当青蛙妈妈吧！"教师说："你们也这样想吗？"幼儿点头。教师说："老师不仅会当妈妈，还会变成金鱼、

---

① 本案例由广西幼儿师范高等专科学校实验幼儿园莫洁华老师提供。

乌龟、大白鹅呢！那我们打扮一下吧！"之后教师引导幼儿去发现动物头饰，幼儿戴好小蝌蚪头饰。教师旁白故事，表演游戏开始了……

二、中班表演游戏：小蝌蚪找妈妈

幼儿园的科学区张贴了青蛙生长变化图，并投放相关图书，透明小水箱里也有几只小蝌蚪。班上幼儿经过了一段时间的观察、讨论。

某天，区域活动时间，纤纤和晴晴在科学区手舞足蹈，时而围着小蝌蚪看看，时而嘻嘻地笑。教师走近问："你们在做什么？"纤纤说："老师，我们在学小蝌蚪游泳。"教师说："哦，能做给老师看看吗？"两个孩子把手贴在身体两边，开始摇头摆脑。洋洋加入，大家一边做一边笑。教师指着其中的一只小蝌蚪说："咦！这只小蝌蚪有点特别。"洋洋说："这只小蝌蚪有四条腿了，快要变成小青蛙啦！"教师说："长了腿的小蝌蚪又是怎样游泳的呢？"三个孩子看了一会儿，屈肘、屈膝，双手五指打开，身体一上一下地做起伏。教师鼓掌，孩子们开心地笑着，动作做得更夸张。教师拿起绘本《小蝌蚪找妈妈》，翻到有金鱼的页面让幼儿看，并说："小金鱼又是怎样游的呢？"三个孩子表演……随后又模仿了绘本中的其他角色。休息时，孩子们翻看绘本，并请教师讲故事。

第二天，教师将装着小蝌蚪的透明小水箱从科学区转移到表演区。区域活动时间，纤纤和晴晴在表演区发现了小蝌蚪，又开展模仿游戏。教师说："原来小蝌蚪这么有趣啊，你们的动作真像两只活泼可爱的小蝌蚪。要不要老师给你们讲《小蝌蚪找妈妈》的故事？我们听到什么动物就变成这个动物的样子来玩游戏。"两个小女孩开心地同意了，角色表演开始。

三、大班表演游戏：小蝌蚪找妈妈

到了区域活动时间，在表演区里，睿睿、阳阳、韵宜、小天、小雨商量选择用哪本绘本做表演游戏，举手表决后大家选择了《小蝌蚪找妈妈》的故事。孩子们取出该绘本的角色资料袋，将角色卡片按角色出场顺序贴在小黑板上，将自己的姓名写在对应的角色卡片旁边。睿睿和阳阳都想当乌龟，睿睿说："我们来比一比，怎么样？"阳阳同意。两个孩子做乌龟动作，阳阳有点害羞，动作没有睿睿放得开。观看的小伙伴选择了睿睿当乌龟，阳阳将自己的姓名写到小蝌蚪后面。其他角色自选分配顺利，最终分配如下：小蝌蚪（阳阳），青蛙妈妈（小雨），金鱼（韵宜），乌龟（睿睿），大白鹅（小天）。孩子们取出相应的头饰戴在头上，睿睿说："我们开始表演啦，大家快站到舞台两边。"睿睿拿着绘本《小蝌蚪找妈妈》站在布帘前报幕："下面，请大家欣赏故事表演《小蝌蚪找妈妈》。"两边的幼儿拉开布帘，小天按下录音机播放故事音频，幼儿们开始了表演……

【探究任务】

学习任务单如表2-2所示。

表2-2　学习任务单5

项目任务	具体内容	
所属项目	选用游戏资源	
学习任务5	运用游戏资源	
学习目标	1. 理解游戏资源运用的原则与方法； 2. 能够根据幼儿身心发展的特点及需要，创造性地运用游戏资源； 3. 在游戏资源运用过程中，传递环保理念，培养创新精神、探索精神	
具体任务	请仔细阅读上述幼儿园游戏，完成以下问题（完成任务的过程中可通过线上课程资源等查阅相关资料）	
思考问题	你的回答	提示线索
游戏分别用到了哪些类型的什么资源？		参考任务4
游戏分别是在什么环境中开展的？		环境包括物理环境和心理环境
什么样的信息能使游戏分别得以进行？		为什么会有这样的游戏？与生活有什么关系？
游戏中有哪些角色？		
游戏中教师做了什么？		从游戏发起到游戏过程探讨游戏与教师的关系
游戏中的资源分别从何而来？		资源的来源渠道，如投放的、自身的、过程中产出的……
同一个名称的游戏应用于不同的年龄段时，所选用的游戏资源有哪些相同之处？哪些不同之处？		

【建构认知】

一、游戏资源运用的原则

（一）安全性原则

安全是一切活动的前提和保障。只有保证幼儿安全地游戏，才能促进幼儿身心健康发展。幼儿游戏资源的安全性涉及自然、社会等方方面面。在物质资源方面，涉及游戏所处的环境空间的安全性，游戏所用道具、玩具的材质、绿色环保性、卫生消毒情况等。在非物质资源方面，人力资源如游戏参与者的情况：是成人还是幼儿，游戏前洗没洗手，玩游戏时是否专注，游戏道具操作流程是否正确，其他游戏同伴之间是否存在风险等；信息资源如游戏内容与幼儿年龄段是否相符等；时间资源如是否有足够的时间保证幼儿游戏的完整性及游戏时间的有效性等；心理资源如游戏过程中师幼、幼幼之间的矛盾冲突，游戏氛围是否合理等。

（二）教育性原则

游戏是幼儿的基本活动，是幼儿的基本学习方式。因此，幼儿游戏资源必须具有教育性。幼儿游戏资源的教育性要从增强幼儿身心素质、发展幼儿基本能力和意志品质、激发幼儿活动兴趣等方面进行考量。幼儿游戏的一个重要特点就是教育目的蕴含其中，而游戏资源是幼儿游戏开展的前提，选择具有教育性的游戏资源能使游戏更好地促进幼儿的发展。比如，在将石头作为游戏资源时，会考虑石头的特征与游戏内容的关系，让石头的特征与游戏内容建立联系，从而实现游戏的教育价值。在选择游戏的人力资源时，也要保证幼儿能从中获得相关经验、得到发展。

（三）层次性原则

层次性原则主要体现在需要为幼儿提供适合其年龄特点和满足其需求的游戏资源。游戏内容选择、环境创设、材料投放、玩法设置等都应立足于幼儿的年龄特点和需求，把适合不同年龄幼儿的游戏资源运用到游戏中，可使不同年龄幼儿和不同需求幼儿通过不同的资源生成不同的游戏，以满足幼儿的发展需求。层次性原则主要包含两个方面，一是纵向层次，即不同年龄段资源的开发运用，幼儿年龄不同，他们的理解能力和认知能力也存在着较大的差异性，所以要依据幼儿年龄的不同来进行资源的开发运用，使其能够始终保持积极的探索欲望；二是横向层次，即同一年龄段资源的开发运用，同一年龄段的幼儿也会存在能力和需求的不同，这就需要教师在提供游戏资源时，对每个幼儿的发展状况和特点有一个全面的分析和掌握，进而能够为每个幼儿提供合理的游戏资源。

（四）趣味性原则

由于幼儿的年龄特点，有趣的资源能激发幼儿活动的兴趣，在游戏中更能让幼儿清晰地感受到资源的动态变化，感受到由资源引发的想象和创作所带来的活动乐趣，从而更乐意深入地开展游戏活动。所以，在开发运用游戏资源时，教师要根据幼儿游戏的天性，开发运用颜色鲜艳、结构简单、形状多变的游戏材料和玩具，能够引发幼儿兴趣的环境，选择具有典型特征的人物或人物形象，能够引发幼儿关注的信息资源，尽量使幼儿的游戏过程变得多姿多彩、鲜活有趣。

二、游戏资源运用的方法

（一）结合自然环境，运用生态资源[①]

微课：大自然里有馈赠，自然资源怎么用？

苏霍姆林斯基认为，幼儿形成世界观的重要途径是与自然互动，他认为训练幼儿认知和表达能力的最好的手段是美化的环境和自然的刺激。幼儿能够在自然环境中发现空间方位的概念或现象，他们利用游戏材料来探索这些概念、现象，而游戏材料又能够激发他们的想象力，增加他们的学习乐趣。现在很多幼儿园在资源开发利用上，充分显示其自然生态性，开发了很多源于自然的自制材料和玩教具，在幼儿园建设了很多类似自然的物质环境，如体现了回归自然的生态文化理念的空中树屋和空中长廊等。

因此，幼儿园必须要创设适合幼儿的园所环境，依靠自然界给我们提供的丰富的游戏资源，开发运用自然游戏资源，让自然资源加入游戏当中来。为幼儿利用自然资源生成游戏，在游戏中接触自然环境，感受自然之美，激发幼儿的好奇心与探索欲望创造条件。

（二）结合园所空间，运用空间资源

微课：园内环境如何创——围墙里面来优化之室内环境

适宜的游戏空间是提高游戏质量的基础。可尝试着从以下几个方面开发运用空间资源。

1. 改建、优化游戏空间、场所

对已有的、幼儿熟悉的游戏空间、场所进行改建、优化。让幼儿成为改建、优化的主体，教师充分听取幼儿的想法和建议，和幼儿一起增减、调整、改建、装扮这些空间、场所，让活动室内、走廊内和专用活动室内的空间更符合幼儿的游戏需要，让更多的幼儿能根据自身的兴趣和需求选择空间开展相应的游戏。

微课：园内环境如何创——围墙里面来优化之户外环境

[①]　夏菲. 利津游戏材料及开发的研究［D］. 重庆师范大学，2019.

2. 将游戏活动与其他活动相融合

打通游戏活动与其他活动空间之间的联系，让幼儿在游戏的过程中自然地与其他活动区域的幼儿开展互动，引导幼儿通过互动拓展游戏情节，扩大、开放游戏空间，促进幼儿各种能力的发展。

（三）结合现有物品，运用材料资源

适宜的游戏材料能激发幼儿参与游戏的愿望，生成各种游戏。幼儿通过对游戏材料的直接感知和具体的操作过程，能发展实践操作能力和创造力，因此，教师要重视发挥游戏材料在幼儿发展过程中的作用。

1. 让幼儿成为游戏材料的收集者

教师要充分调动幼儿收集、准备材料的积极性，教给幼儿收集材料的方法，提供幼儿收集材料的条件。例如，在班级设立材料收集箱，指导幼儿将日常生活中的废旧物品、自然物、矿物等分类摆放在收集箱中，游戏时按需要取放。由于幼儿参与了材料的收集，对材料比较熟悉，应用时更能熟练取放。

2. 让幼儿成为游戏材料的选择者

首先，提供数量适宜的游戏材料。既不能太多也不能太少，要恰到好处。其次，重视替代材料的提供。角色游戏中替代材料越丰富，幼儿的选择余地越大，想象创造的空间也就越大，也越能发展幼儿的想象力和创造力。另外，提供多层次的材料。随着幼儿生活经验和游戏经验的丰富，幼儿以物代物能力的增强，教师可提供层次丰富的原材料，在班级设立一个百宝箱或材料加油站，游戏活动中没有的材料就到加油站中寻找，并对幼儿如何以物代物的情况组织交流，让幼儿了解一种材料在游戏中的不同应用，激发幼儿挖掘和使用材料的创意。

3. 让幼儿成为游戏材料的分期提供者

教师要随时观察幼儿的游戏进程，引导幼儿根据游戏需要，分期适时、适宜、适度地增减或调整游戏材料，保持对游戏的兴趣，激发幼儿的观察和使用愿望，通过与材料的互动，推动游戏的深入，不断发展幼儿的想象力、思考力和创造力，使角色游戏真正成为幼儿自己的游戏[1]。

（四）结合生活实际，运用人力资源

1. 丰富幼儿生活经验，使幼儿成为游戏的主体

游戏源于幼儿已有的生活经验能够理解和想象的事物，以亲身接触过的事件为基础。所以只有不断地丰富幼儿的生活经验，才能保证游戏的生成和顺利开展，才

微课：我是
最好的玩
具 身体变
变变

---

① 周红梅. 幼儿园角色游戏资源开发和利用探析［J］. 现代中小学教育，2018，34（7）：70-73.

能不断丰富游戏情节和内容。

（1）引导幼儿从关注家庭生活开始。家庭是幼儿爱的港湾，在家庭中幼儿是家中的宝贝。可提醒幼儿回家后观察家里的亲人是如何关心爱护自己的，如何为自己做事的，讲讲在家中的所见所闻和亲身感受并把这些体验带入角色游戏中，丰富游戏内容。

（2）游戏化幼儿的在园生活。幼儿园是幼儿生活的重要场所，教师要科学合理地设置幼儿的一日生活，以游戏为基本活动，保证幼儿愉快、富有个性地健康发展。

（3）拓展幼儿的社会生活。家长和教师要带领幼儿走进社会，走进自然，了解自然、社会的神奇和奥秘，积累幼儿的感性认识和经验，支持幼儿在游戏中真实地反映社会生活。

2. 拓展家长资源，支持幼儿的游戏

家长资源是一块富矿，为了促进游戏更加顺畅、生动、丰富、实在地开展下去，必须重视家长的积极有效参与。

（1）让家长成为游戏的支持者。帮助家长树立正确的游戏观，充分发挥家长的支持引领作用，在家庭和社会中引导幼儿多接触生活、多观察生活，丰富幼儿的生活经验，还可根据家长的工作性质，挖掘其中的游戏资源，帮助幼儿丰富有关各行各业的知识，促使游戏不断地向更深层次发展。

（2）让家长成为游戏的参与者。教师引导、鼓励家长来园积极参与幼儿的游戏。家长以游戏中的某种角色身份参与，可调动幼儿游戏的积极性、创造性，培养幼儿的创新思维，增进亲子感情的和谐。

3. 让教师成为幼儿游戏的合作者

（1）教师要尊重幼儿的游戏兴趣和愿望，尊重幼儿的主体地位，将主题确立、内容生成、角色扮演、材料选择、情节发展的权利交给幼儿，让幼儿通过扮演角色在自己喜欢的情境中玩，让幼儿用自己喜欢的方式尽情地演绎自己，积极、主动地去探索、发现，以自己的方式去获得各种生活体验。

（2）教师要观察幼儿的游戏需要，支持游戏的深入。幼儿游戏的发展千变万化，教师要认真观察，并在此基础上支持游戏深入发展。当游戏内容停滞不前时，教师要引导幼儿及时引入新的内容，促进游戏内容更丰富、情节更有趣。当幼儿游戏情节发生价值偏离时，教师要在不影响幼儿兴趣的情况下悄然介入，推动游戏向着健康的方向发展。

（五）以幼儿为中心，运用时间资源

时间是反映幼儿游戏水平的客观指标。幼儿游戏时间越充分，其游戏水平提高就越快，因此，教师要确保幼儿有充足的游戏时间。

1. 保证幼儿充足的游戏时间

游戏是幼儿的基本活动，一天中幼儿开展数量最多累计时间最长的就是游戏。游戏时间的长短是跟具体游戏相关的，有些游戏可能开展三五分钟就结束了，有些游戏幼儿一玩起来情节不断推进和反复，甚至可能会进行一两个小时，只要幼儿保持游戏的兴致，教师都应该给予充足的时间，保证游戏的进行。必须给教师自主的时间调配权，教师能依据幼儿游戏的兴趣，临时做适当调整，保证幼儿有充足的时间完成自己喜欢的游戏，从而提高幼儿的游戏能力和水平。

2. 给予幼儿灵活的游戏时间

除了每天固定的游戏时间外，还应当将日常生活的各项活动进行灵活调整，当发现幼儿有游戏愿望时，教师可灵活引领幼儿试玩，等到固定游戏时间再将此游戏扩大，成为大家喜爱的游戏。

【梳理经验】

1. 运用游戏资源要遵循哪些基本原则？

2. 如何有效运用生态资源为幼儿游戏提供自然环境？

3. 如何有效运用空间资源为幼儿游戏提供保障？

4. 如何结合现有物品，运用材料和玩具促进幼儿游戏的开展？

5. 怎样在实际生活中运用人力资源生成幼儿游戏？

6. 如何运用时间资源保障幼儿游戏时间？

本任务概览如图2-6所示。

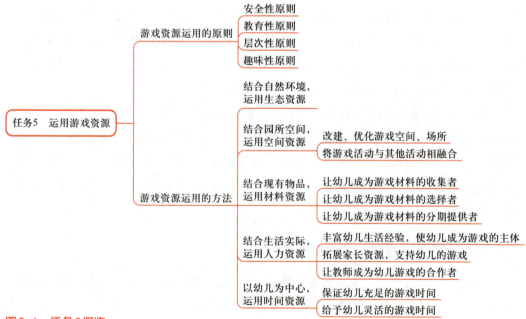

图2-6　任务5概览

【生成智慧】

直通国考

材料分析题[1]

在开展"烧烤店"游戏前，大一班的李老师加班加点为幼儿准备了烧烤架、烧烤夹，以及各种逼真的"鱼丸""香肠"等食材。大二班王老师没有直接投放材料，而是与幼儿商量，并支持他们自己去寻找、收集所需材料，幼儿游戏情境分别见图2-7（大一班）和图2-8（大二班）。

直通国考：典型考题大揭秘

直通国考：用指定材料创编游戏

图2-7　大一班

图2-8　大二班

问题：

（1）哪位教师的做法更恰当？

（2）请分别对两位教师的做法进行评价。

试题解析：

（1）大二班王老师的做法更恰当。理由如下：材料中"烧烤店"的游戏属于角色游戏，大班幼儿角色游戏处于合作游戏阶段，喜欢与同伴一起游戏，能按自己的愿望主动选择并有计划地进行游戏。大二班的王老师没有直接投放材料，而是与幼儿商量，支持他们去寻找和收集材料，这种做法更符合大班幼儿角色游戏的特点，有利于幼儿游戏的开展。首先，王老师的做法有利于发挥幼儿在游戏中的自主性，同时能够培养幼儿的独立性。王老师与幼儿商量，支持他们自己去寻找、收集所需材料，这种做法能够使幼儿更主动、积极地参与游戏，同时通过自己寻找材料的方式培养幼儿的独立性。其次，王老师的做法能够激发幼儿参与游戏的兴趣，同时激发幼儿在游戏中更好地发挥自身的想象力和创造力。材料中王老师并没有直接选择自己认为比较合适的材料，而是让幼儿去寻找，能够使幼儿大胆结合生活经验并且展开想象，从生活中挖掘

---

[1]　资料来源：2019年上半年中小学和幼儿园教师资格证考试科目二 保教知识与能力（幼儿园）考试真题。

和发现合适的材料进行游戏。最后，王老师的做法符合活动区材料投放的启发性、操作性和探索性要求。

（2）材料中大一班的李老师虽然用心准备了游戏材料，但是没有考虑到幼儿的自主性，限制了幼儿在游戏中想象力的发展，因此是不恰当的。首先，角色游戏是幼儿在假想的情境下反映现实生活，具体表现为以物代物、以人代人。大一班的李老师在游戏时为幼儿准备的材料太逼真，缺少了可探索性和可操作性，不利于激发幼儿的想象力、创造力。其次，游戏的本质属性是自主性，游戏中的材料应该根据幼儿的兴趣来提供。大一班的李老师没有了解幼儿的想法而是直接为幼儿提供了材料，这不符合游戏自主性的要求。

挑战赛场

材料分析题[①]

认真阅读下列材料，并回答以下问题：活动区的材料可以共享吗？为什么？你如何看待教师制定的规则？为什么？

幼儿园活动区的材料可以共享吗

在一次区域活动时，一个小朋友拿着美工区做好的"鸡蛋"去"小餐厅"那里烹饪。餐厅"师傅"大显身手，煮鸡蛋、炒鸡蛋，还做了小朋友爱吃的茶叶蛋，吸引不少小朋友前来品尝，一时餐厅的生意红火起来。其中一位"顾客"问："有蛋羹吗？我奶奶做的蛋羹可好吃了！"餐厅"师傅"说："我们现在还不会做，很快就学会，你可以吃其他的吗？"正在他们玩得高兴的时候，老师走过来问："你们那个鸡蛋是从哪儿拿的呀？我不是说过哪个区的东西就在哪个区玩吗？赶紧把它放回去。"于是，幼儿只好乖乖地将鸡蛋放了回去，脸上显出无奈的表情。老师对此的看法是："如果不规定游戏材料的区域，活动室一会儿就乱糟糟了，没法收拾，不利于养成孩子的规则意识，影响班级正常游戏的开展。"

试题解析：自由、自主是幼儿游戏的基本特征，游戏活动的主体是幼儿而不是教师。没有自由、自主就没有幼儿游戏，因此，玩不玩游戏、玩什么游戏都应由幼儿自己决定，尤其是选择什么样的游戏材料更是如此。教师在活动区游戏时间给幼儿自由，幼儿可根据游戏的需要从任何区域选择游戏资源，会玩得更开放，游戏兴趣会持续得更久。

维果茨基指出："游戏必须包括学习规则和遵守规则。"那么，游戏应该制定什么样的规则？由谁来制定游戏规则？很显然，幼儿是游戏的主体，那么规则的制定者应

---

① 资料来源：2018年全国职业院校技能大赛（高职组）"学前教育专业教育技能"赛项试题。

该是幼儿，教师的作用是引导幼儿制定合理的规则。

规则是为游戏服务的，因此，应该注意规则的动态调整。游戏中的规则不是一成不变的，它可以根据游戏的开展情况、幼儿的兴趣需要、发展水平等进行调整和修改。规则调整得灵活、恰当，会更好地激发幼儿的游戏兴趣，提升游戏水平。因此，教师可以考虑调整原有规则。

展示游戏

游戏：沙水变形记

"看，我搭的长城！"一次玩沙游戏中，辰辰突然大声喊道。孩子们听到后都凑过来看，小雨说："有点像，但是真正的长城更长！"小宁说："我觉得有点像城堡。"佳佳说："对啊，长城是弯弯曲曲的，还有像牙齿一样的围墙呢。"俊源和辰辰说："我们也要搭长城。"于是，幼儿有了新的兴趣点——搭建长城。"我去拿砖，我去拿砖！"一个身影从身边闪过，是东东拿了砖块在沙池里建长城，他一块砖接着一块砖地搭建着，还不时地用搅拌好的沙子将砖固定住，他拿起一块砖，变换了三次摆放的方向，终于找到了一个比较平整的面接着搭建，他是想要找一个平整的面，这样可以把长城搭建得更加稳固，有缝隙的地方他用搅拌好的沙子填补，修砌长城期间他还跑去看了自己的设计图，他不但会做计划还能跟踪计划，并坚持完成自己的计划。由于东东组搭建的地方离水池比较近，用一根竹筒和一个漏斗就能取到水，所以他们用比较短的时间就搭建完成了自己设计的长城。每个小组都用了不同的方法来取水，有的用软管直接装水，有的用小的容器盛水。由于小龙组离水源最远，虽然他们搭建的运水管道越来越长，但是还是没能到达沙池，我们都为他们感到着急，这时小龙拿来砖块压在竹筒上，我感到很好奇，为什么不是放在竹筒下面垫高呢？接着，他又找来了与之前不同的材料：一条软管，并和竹筒连接在一起，也用一块砖压住竹筒，看上去是想固定竹筒，他的组员小黄跑过来看了看水管，说："这边都没有水出来！"这时老师回应了他："那怎么办呢？"小黄说："可能是这个弯太大了。"此时，致远组完成了搭建，水源处的智远说："快，加快速度，快来运水呀！"他一边喊着一边不断地把水池里的水加到第一根竹筒里，想帮助小龙组一起运水，他想："如果水多一点，是不是就能流到管子的另一端了？"这时有几个孩子听到致远的呼叫，也一起加入了小龙组，帮忙想办法，他们用一根竹筒竖着搭在第一根竹筒上，再用小的取水器把水盛到小桶里，然后把小桶的水一次性从高高的竹筒顶上往下倒，他们是想利用冲力加快水流速度。

请认真阅读分析上述材料，完成下列任务单（见表2-3）。

表2-3　展示游戏任务单

项目任务	具体内容		
所属项目	选用游戏资源		
任务	请仔细阅读上述幼儿园游戏，回答以下问题		
问题	答案		
游戏分别用到了哪些类型的什么资源？		资源类型	资源名称
以此游戏为基础，为了让幼儿持续游戏，还可以玩些什么游戏？请写出游戏名称和对应需要开发运用的游戏资源，并准备好相关资源，小组进行游戏展示		游戏名称	游戏资源

项目三

3

玩转建构游戏

学 习 目 标

知识目标

☐ 掌握幼儿建构游戏的结构、类型及价值。

☐ 理解幼儿建构游戏的观察要点及指导策略。

能力目标

☐ 能够对不同年龄班幼儿的建构游戏进行评价和指导。

素养目标

☐ 乐于通过建构游戏的观察指导与评价促进幼儿的全方位发展。

项 目 导 图

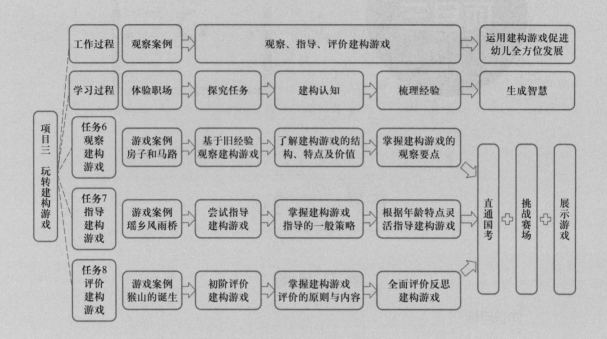

任务6　观察建构游戏

【体验职场】

建构游戏：房子和马路

　　游戏开始前，教师通过呈现图片及相互对话的方式，提出为小动物搭建一间漂亮房子的游戏要求。话音刚落，幼儿就开始按自己的意愿选择各种场内建构材料。飞宇选择了纸筒、纸砖两种材料，利用混搭的方式来搭建房子。他将纸筒放在地上，很随意地将纸砖一块块地叠放上去，但纸砖却不时地滑落下来。此时，他的视线落在恩琪用纸砖、奶粉罐等材料搭建的房子上，恩琪已经稳稳地搭建起三层。教师抓住这个教育契机，对飞宇说："恩琪的纸砖为什么不容易倒呢？你也可以学习她的方法。"在教师的提醒与指导下，飞宇经过多次尝试，用自创的方式完成了漂亮房子的搭建（见图3-1）。

图3-1　宇飞的房子

　　当大部分幼儿在努力搭建大房子时，丝丝要在房子旁边铺条路。于是她去寻找材料，找来找去，发现了塑料软板，丝丝觉得用它来做"马路"非常合适。可这条"马路"又软又长，自己根本拿不动，丝丝开始犯难。教师见状便上前询问："这么长的'马路'，一个人拿会断裂，应该怎么办呢？"于是，丝丝向同伴喊道："谁来帮帮我？"不远处的阳阳和乐乐起身跑过来，与丝丝一起抬，于是他们拥有了一条又软又长的"马路"（见图3-2）。①

图3-2　抬"马路"

---

① 韩美芬. 走进小班建构游戏的行动之旅——"为小动物造房子"教学案例引发的思考［J］. 课程教材教学研究（教育研究），2019，（Z2）：69-70.

【探究任务】

学习任务单如表3-1所示。

表3-1 学习任务单6

项目任务	具体内容	
所属项目	玩转建构游戏	
学习任务6	观察建构游戏	
学习目标	1. 了解建构游戏的含义、类型、结构及特点； 2. 掌握幼儿园建构游戏的观察记录要点； 3. 学会撰写幼儿园建构游戏观察记录	
具体任务	请仔细观察上述建构游戏，回答以下问题	
思考问题	你的回答	提示线索
案例中的建构游戏是否有主题？主题是什么？		搭建的内容是什么？是否围绕着相对固定的主题？是什么主题？
在搭建过程中，幼儿用到了哪些建构技能？		平铺？垒高？架空？围合？……
在游戏过程中，幼儿的社会性水平发展如何？		有没有同伴合作？与同伴之间的交流如何？
幼儿的建构水平如何？		采用的建构技能是否有挑战性？是否完成了建构作品？有哪些部分是未完成的？

【建构认知】

一、建构游戏的含义

建构游戏是幼儿使用积木、插塑、金属结构材料、沙石、泥、雪等建构材料和玩具，创造性地进行建筑和构造，丰富而生动地再现现实生活或假想世界中各种物品的游戏。幼儿的建构游戏常常会与角色游戏、表演游戏相互融合，创造性地反映周围生活，它将操作性、艺术性和创造性融为一体。从游戏材料看，建构游戏属于一种素材玩具游戏，游戏的开展必须要有一定的游戏材料支撑；从游戏行为看，建构游戏是以建筑与构造为基本活动的及物活动；从认知活动看，建构游戏需要游戏者具备一定的空间知觉和象征能力。

二、建构游戏的类型

建构游戏可以根据不同的标准进行分类，常见的分类方式有三种，分别是：按照建构的材料划分、按照建构物造型划分、按照建构游戏的创造程度划分。

（一）按照建构材料划分

1. 积木搭建类游戏

积木搭建类游戏是通过平铺、垒高、连接、加盖等方法操作积木，表现周围的世界，如各种楼房、高速公路、桥梁、火箭发射台等的活动。积木的种类有很多，有单元积木、大型积木、小型桌面积木等。单元积木是由美国教育家卡洛琳·普瑞特设计发明的一套积木，其特色是保持了木质的原色，包括半单元积木、单元积木、双单元积木、四倍单元积木，适合室内搭建。大型积木较适合在户外或者较大的室内空间开展建构游戏，可以为幼儿提供与单元积木不同的建构游戏经验。幼儿可以在搭建物上游戏玩耍，开展各种角色游戏、表演游戏等，同时搬运积木也可以锻炼幼儿的手臂力量和携重物行走的能力。小型桌面积木的体积小、占地小，容易操作，不需要太大的空间，因此更加适合幼儿个体操作，但是如果积木块数较多，同样可以支持2~3个幼儿进行合作搭建。

2. 积塑插接类游戏

积塑插接类游戏是通过插接、镶嵌扣接、齿轮接、组装接等方法操作塑料制作的各种形状的片、块、粒、棒等部件，组成各种物体或建筑物模型的游戏。积塑轻便耐用，便于清洁，可组合性非常强，可建构的范围也非常广。

3. 自然物（或生活用品）建构游戏

自然物建构游戏是指运用沙、水、土、冰雪、木头、竹片或竹筒等自然材料表现建筑物体形象的游戏。自然物随处可寻，幼儿可以随意操作搭建，由此生发的游戏与幼儿生活密切相关，深受幼儿的喜爱。此外，生活中的一些物品，如奶粉罐、包装盒、扑克牌、塑料管、冰棒棍、金属片等也是适合幼儿开展建构游戏的材料。

4. 拼图游戏

拼图游戏是用木板、纸板、塑料或其他材料制成的散块，按规定的方法进行拼摆的游戏，如动物拼图、故事情景拼图、自然物拼图和几何形体拼图等。传统的七巧板就属于这类游戏。

（二）按照建构物造型划分[①]

按照建构物造型，建构游戏可以分为两种：一是单一建筑物建构，二是组合建筑物建构。

1. 单一建筑物建构

单一建筑物建构的作品在功能上、艺术风格上体现得比较单一，如房子、火车、小桥等；或进行一些单一技能的游戏内容，如垒高、平铺等。这种类型的建构游戏主要适合小班幼儿。小班幼儿年龄小，对周围事物的观察及了解能力不足，一般搭建的是单一的物体形象。

2. 组合建筑物建构

组合建筑物建构的作品无论在总体设计上、功能上还是艺术风格上都是综合多元的，组成一个完整的建筑群，各个建筑物之间有机协调、互为补充，成为统一的综合体，一般搭建的作品包含两个或两个以上的物体形象。这种综合可以是造型上的综合，包括一字形、环形、由中心向四边放射形等；也可以是功能上的综合，如房屋与桥梁组合等。这种游戏内容主要适合中班和大班幼儿。

（三）按照建构游戏的创造程度划分[②]

按照游戏的创造程度，建构游戏可以分为自由建构、模拟建构和主题建构。

1. 自由建构

自由建构是幼儿自由自发的建构，幼儿根据自己的兴趣和经验自由建构，无须提前商讨、确定建构主题，也不用设计图纸、制订计划。

2. 模拟建构

模拟建构是指让幼儿看平面图或实际物体结构，从中学习建构的技能，而进行的建构游戏。模拟建构主要分为：对建构作品的模拟；对建构图纸的模拟；对实物、玩具形象的模拟；对照片、图画的模拟。

3. 主题建构

主题建构适合在中、大班开展。建构主题来源于幼儿对周围生活环境的观察和丰富的社会生活经验，可以直接来自幼儿的区域活动，也可以来自近期的主题活动，如"我心中的小学""可爱的幼儿园""我的家乡"等。

[①] 董旭花. 幼儿园创造性游戏区域活动指导：角色区·建构区·表演区［M］. 北京：中国轻工业出版社，2022：56-57.

[②] 董旭花. 幼儿园创造性游戏区域活动指导：角色区·建构区·表演区［M］. 北京：中国轻工业出版社，2022：57.

三、建构游戏的活动内容①

幼儿建构游戏的活动内容来自幼儿的生活、经验、兴趣，一般体现为公共设施、房屋建筑、动植物、交通工具、生活用品等。

（一）公共设施类

建构作品中设计的公共设施包括道路、桥梁、围墙等，如直路、转弯路、彩石路，会转弯的桥、多层立交桥、未来的桥，不同造型的围墙等。

（二）房屋建筑类

幼儿的建构作品经常涉及以下房屋建筑。

（1）社区里的建筑物。幼儿生活或幼儿园所在的社区内的各个建筑物，如幼儿园、小学、居民楼等。

（2）家乡的建筑物。家乡的地标性建筑物，或比较有特点的建筑物，如北京的四合院、上海的东方明珠等。

（3）中国古建筑物。一是体现屋顶造型的四角亭、六角亭、八角亭等，二是中国著名的建筑物，如天安门、天坛、黄鹤楼等。

（4）世界著名建筑物。世界各地的著名建筑物，如悉尼歌剧院、卢浮宫等。

（三）生活用品类

幼儿的建构作品中还会出现幼儿在生活中经常接触到的各种生活用品及常见家具，如电视机、双人床、灶台等。

（四）交通工具类

建构作品中涉及的交通工具主要有三种：一是各种常见的汽车，如小轿车、公共汽车等；二是特殊的车辆，如消防车、警车、花车；三是未来的车，即幼儿根据自己的想象大胆创造出的车。

（五）动植物类

各种为幼儿所熟知的特征比较明显的动植物，如长颈鹿、鳄鱼、大象、大树、花灯，也是幼儿建构作品中的主要内容来源。

---

① 董旭花. 幼儿园创造性游戏区域活动指导：角色区・建构区・表演区［M］. 北京：中国轻工业出版社，2022：57-58.

（六）想象创造类

在建构活动中，幼儿经常根据自己的想象创造出未知的各种物体。

四、建构游戏的结构

建构游戏既是幼儿自主的游戏活动，又是一种造型技能练习活动。建构游戏具有一定的结构，其结构包括以下要素。

（一）对建构材料的选择

对游戏材料的选择是建构游戏的起始环节。小班幼儿往往首先注重物质材料的选择和分配，在获得游戏材料前往往没有形成游戏的主题。中、大班的很多幼儿在获得游戏材料前，也常常没有考虑游戏的主题，没有事先想象最后建构物，很多幼儿是在建构过程中，逐步明确最后的建构物。年龄较大的幼儿在选择建构材料前表现出较为明显的"思考"，他们会根据对最后建构物的假想来有意识地选择材料。此外，游戏材料的丰富程度也影响幼儿对材料的选择。如果材料缺乏，幼儿就会不顾甚至还来不及假想最后建构物就匆忙争取材料，而在材料充足的情况下，幼儿会表现出明显的选择过程，有时还可以见到幼儿的选择更正，即发现自己选择的材料不合适时，会重新调整，作出新选择。

（二）对主题及最后建构物的假想

不同年龄的幼儿对最后建构物假想的起始时间是不同的，有时在材料选择之前就有假想，有时在材料选择之后进行假想，还有时在建构活动过程中逐渐形成和完善假想。此外，幼儿对最后建构物假想的清晰度不但具有年龄差异，还具有个体差异。小班幼儿基本是在建构成形后才能为其命名。有的小班幼儿还会在建构过程中对其作品进行多次命名，不断变更名称，这也是对最后建构物假想不清晰的标志。中、大班幼儿基本能在建构开始前，就对其要建构的作品进行命名。对最后建构物名称的表述水平能反映幼儿对最后建构物假想的清晰度和精致度。表述越详尽，说明假想越清晰，如"我想搭一座桥"与"我想搭一座上面可以骑车、中间可以开汽车、下面可以开火车的钢铁大桥"两种表述方式，反映出幼儿对最后建构物假想清晰度的差异性。有的幼儿在命名假想的最后建构物时，已有丰富的多维空间想象，能描述最后建构物的概貌，有的幼儿则尚无明确的空间想象，对最后建构物不能作空间描述。

（三）对最后建构物功能的假想

对最后建构物功能的假想不等于对最后建构物的假想。有的幼儿对最后建构物功能的假想伴随着对最后建构物的假想，有的幼儿是在建构活动的过程中逐步形成对最后建构物功能的假想的，还有的幼儿则是在最后建构物建成后才假想其功能。对最后建构物功能的实现往往与角色游戏相关联。一般认为，建构游戏与角色游戏关系较为密切，且建构游戏往往会演变为角色游戏，而演变一般出现在对最后建构物的功能使用方面。也可以说，只有当幼儿真正利用其最后建构物时，建构游戏才是完整的。最后建构物的利用可分为即时利用和即时—延时利用等多种，有的最后建构物在建构游戏结束后就拆了，但有的可反复、多次利用。

五、建构游戏的特点

幼儿建构游戏既具有多样性、操作性、创造性、艺术性等一般特点，每个年龄班又呈现出不同的特点。

（一）建构游戏的一般特点

1. 游戏材料的多样性

建构材料能激发幼儿的建构兴趣，不同性质的建构材料对幼儿的建构活动产生不同的挑战。幼儿园常用的建构材料有积木、积塑、积竹、金属材料、泥、沙、水、雪及生活中随处可得的废旧物品等。这些材料种类繁多、质地多样，在建构中可以随意变换、相互搭配，创建出深受幼儿喜爱的作品。建构材料是建构游戏的物质基础，教师应尽可能为幼儿提供多样化的建构材料，并引导幼儿尝试运用各种材料去创造不同的作品。

2. 游戏方式的操作性

建构游戏是幼儿动手操作的造型活动，通过直接动手操作进行构造是建构游戏的主要活动方式。幼儿在与建构材料的互动中将无意义的素材构造成千变万化的形象，来表现自身对周围生活的印象和理解。这种亲自动手操作的构造活动使幼儿的活动需求得到了满足，并获得了身心的愉悦和成功的体验。可以说，幼儿对材料的操作与造型是游戏的支柱。

3. 建构过程的创造性

建构游戏是幼儿在已有建构经验的基础上，充满想象地模拟建造。建构材料的丰富性和建构方式的灵活多变，使游戏者面临各种不确定性和挑战性，这为幼儿的创造性发展提供了契机。幼儿在建构过程中边做边想，想象和操作互相促进，表达自身对周围生活的认知。在建构过程中，幼儿还会选择用相近或者相似的材料组合或改造成可用的建构材料，体现了思维的变通性和概括性。这种思维的变通性和概括性正是幼儿创造性思维的重要体现。因此，在建构游戏中，幼儿不只是简单地模仿，还有创造性地表现与表达。

4. 建构作品的艺术性

建构游戏是一种造型游戏，幼儿在游戏中需要了解物体的造型、色彩、比例、布局等艺术造型的简单原理，构造出物体的形象和轮廓，表达自己独特的审美体验。从作品结果的呈现来看，幼儿拼搭的建构物往往充满奇思妙想，充满自己的想法和思考，有着独一无二的童趣，这也使建构游戏成为幼儿特别钟情的创造性游戏之一，幼儿在游戏中可以体会到表现和表达的快乐。

（二）不同年龄班建构游戏的特点

不同年龄班幼儿的认知、建构水平不同，其建构游戏也呈现出不同的特点，了解不同年龄班幼儿建构游戏的特点，可以帮助教师更好地指导幼儿的建构游戏。

1. 小班幼儿建构游戏的特点

小班幼儿的搭积木是无意识、无目的的，建构游戏更多是以独自游戏和平行游戏的形式开展。该阶段幼儿只对搭的动作感兴趣，而不在乎搭出什么。小班幼儿在建构活动中常常更换建构作品的名称，或是等建构完成后再根据建构作品的某一外部特征来给作品命名，自己也不能明确解释作品的细节，因此，小班幼儿的建构游戏嬉戏性较强。此外，小班幼儿的建构作品所用的材料数量少，结构较简单，多为竖直条状结构（即由基本块层层垒高而成）。

2. 中班幼儿建构游戏的特点

中班幼儿已具有一定的搭建水平，手部小肌肉动作逐渐发展，思维、想象、生活经验更加丰富，对建构的目的性增强，对建构的坚持性也增强，建构水平由单一的搭建向整体布局过渡，例如，中班幼儿可以搭建"大楼"和"公园"等主题。此外，中班幼儿已能运用已有经验进行再现和创作，合作意识开始萌发，但是建构作品大部分不讲究对称和平衡，缺少经验。

3. 大班幼儿建构游戏的特点

大班幼儿已经具有一定的独立搭建能力，掌握一定的搭建技巧，会使用辅助材料，事先能进行一定的设想和规划，并能通过分工、合作完成一件较为复杂的工程。大班幼儿的建构作品多为立体结构，讲究对称和平衡，比较形象，能够搭建出有场景、有情节的较高水平的建筑群。

六、建构游戏的价值

建构游戏是幼儿极喜欢的游戏，也是非常有意义的教育活动，不管是从幼儿身心发展来看还是从教育功能来看，建构游戏都具有重要的价值。

（一）建构游戏利于提升幼儿的身体素质

建构游戏为幼儿提高知觉运动技能、培养手眼协调能力提供了良好的机会和途径，动手操作对幼儿手部肌肉和感知运动能力的发展有促进作用，能够培养动作的精确性和手眼协调能力。具体来说，在游戏的建构过程中，幼儿需要依靠身体各个部位的协调和控制。例如，幼儿用桌面建构材料搭建"高楼"时，就可以让幼儿在对小型建构材料进行抓握、堆积、拼插、整理的过程中锻炼小肌肉的精细动作，进而提高手指和手腕的灵活度，较好地促进幼儿手眼协调、双手协调能力的发展。而如果幼儿是利用大型建构材料开展建构游戏的，就可以通过对大型建构材料的搬运、搭建、排列、堆高等活动，发展其手眼协调、四肢协调、身体平衡等能力，促进幼儿大肌肉运动的协调发展。

（二）建构游戏促进幼儿认知能力的发展

建构材料通过垒高、平铺、围合等建构技能变化出不同的形状与造型，在这个过程中蕴含着大小、形状、面积、体积和构图等科学和数学知识，可以说，幼儿操作建构材料的过程即是一种探究过程。在这个过程中，幼儿运用关于数量、形状、空间等概念知识，进一步发展其观察能力和思维能力，刺激其科学思维的产生与发展。幼儿通过操作建构材料，可以掌握材料的性质、大小、颜色、形状和重量，对上下、高低、前后、左右等空间概念及数学上的序列、对应、互逆、守恒、整体与部分等概念有相应的收获，可以促进幼儿认知能力的发展。例如，幼儿在搭建"桥"的时候，需要估算好"桥面"与两侧"桥墩"的距离，幼儿在不断观察和比较中，能够感知"桥面"和"桥墩"间距离的关系，发展其感知能力和目测能力。

（三）建构游戏促进幼儿艺术审美能力的发展

建构游戏是一种创造性的操作活动，反映了幼儿的认知水平，也反映了幼儿的审美水平。建构游戏的作品较注重形状、颜色、各部分比例的对称、协调及美化，有利于提升幼儿的审美感受和艺术鉴赏能力。首先，建构游戏为幼儿提供了感受美和欣赏美的机会。幼儿在欣赏建构作品时，不仅直接感知到建构材料本身的色彩美、形状美，还会被建构作品的各种造型美所吸引。其次，建构游戏激发了幼儿表现美和创造美的欲望，在这种内驱力的驱使下，幼儿会想方设法建构出符合其审美标准的作品，表现和创造着自己独特的审美观。建构游戏是幼儿艺术创作的过程，也是提升幼儿表现美和创造美的过程。例如，幼儿在建构时关注到同伴的作品呈对称型，更美观，那么他也会想办法搭建出具有对称美和平衡美的新作品。

（四）建构游戏促进幼儿社会交往能力的发展

幼儿园组织建构游戏，不仅可以让幼儿参与游戏，促进动手操作能力和解决问题能力的发展，还可以促进幼儿与同伴之间的交流、合作、互助等社会交往能力的发展。在游戏过程中，幼儿出现较多与搭建内容相关的同伴交流，会主动或积极配合同伴的搭建活动，为了更好地完成搭建任务还会与同伴进行分工、协商、合作，在游戏结束后，幼儿会向同伴介绍、解释和说明自己的搭建作品。在这个过程中，能力强的幼儿可以带动能力弱的幼儿，在活动中为社会交往能力较弱的幼儿提供学习和模仿的机会，从而促进他们交往水平的提高。

（五）建构游戏促进幼儿学习品质的发展

学习品质是在幼儿阶段开始出现并发展的、对幼儿未来学业有重要影响的、与学习密切相关的一些基本素质，包括主动性、目标意识、坚持性、抗挫折能力、想象和创造力、专注性、好奇心、独立性等方面。建构游戏对3—6岁幼儿学习品质的发展有着积极的促进作用。在建构过程中，幼儿首先需要在自己生活经验的基础上，发挥想象力和创造力，对经验表象进行加工和改造，在头脑中形成一幅建构蓝图，为自己的建构活动提供支持。接下来，幼儿会沉浸在建构游戏的情境中，通过现有的建构材料，主动思考、尝试，自觉地去发现和利用建构材料，主动学习和获得新的认知经验，将其想象出来的事物变成新奇的现实建构作品，在这个过程中，其主动性、好奇心、坚持性等学习品质得以发生和发展。

七、建构游戏的观察要点

对建构游戏的观察解读需要从幼儿基本建构技能的掌握情况、建构中的象征性行为、建构中的社会交往行为、建构兴趣及学习品质、辅助材料的选用情况、建构作品的完整性和复杂性等方面入手。

（一）建构技能的掌握情况

建构技能是指幼儿在建构过程中选用建构材料，运用垒高、平铺、围拢、围合、架空、加盖等建构技能，搭建各种建筑物、交通工具、用具等，将物体的主要特征表现出来的技能。随着幼儿年龄的增长，幼儿的搭建行为变得日益复杂，由单一的建构行为逐步发展为多种单一行为组合而成的复合建构行为。这反映了幼儿思维和动作技能的发展，也意味着不同年龄阶段幼儿在建构能力的发展上有较大的差异。

1. 小班幼儿应掌握的建构技能[①]

（1）平铺、垒高和重复。平铺、垒高和重复是幼儿早期建构活动的突出特征，这种简单的建构活动在很长的时间内吸引着幼儿。观察表明，2—3岁幼儿在接触积木一个月之后，就能平铺和垒高。例如，首先幼儿会将积木一块接一块首尾相接地放在地上，变成一条马路。逐渐地，将积木一块接着一块紧紧地挨着放的"紧密平铺"的方法被"有间隔的平铺"的方法所取代，他们试图让每块积木之间保持相同的距离来努力表明他们在空间距离意识上的进步。这些建构技能的出现，标志着幼儿在认知事物之间关系（相同或相似）上的进步。

常见建构技能：平铺

对于一些幼儿而言，"平铺"要比"垒高"更容易。因为平铺是在一个平面上，而垒高有一定的空间感，掌握起来稍难些。逐渐地，平铺和垒高会结合在一起使用。

常见建构技能：垒高

（2）围封。围封是指至少用四块积木形成一个包围圈，把一块空间完全地包围在里面。围封对于幼儿来说，并不简单，需要幼儿有一定的空间意识。幼儿的许多建构活动可以因为围封技能的掌握而变得丰富、复杂起来。他们往往会在被包围的空间里放进"娃娃"或"动物"而将其命名为"娃娃的家"或"动物园"。

常见建构技能：围封

（3）加宽。加宽是指在原有的搭建结构上重复运用加宽技能使之前的结构变宽。例如，幼儿用一块积木平铺拼搭了一条马路（宽度只有两条积木宽的和）后，又感觉马路太窄，于是便用其他积木在两旁平铺扩宽。

2. 中、大班幼儿应掌握的建构技能

中、大班幼儿的建构游戏中涉及综合运用架空、排列、组合、插接、镶嵌、编织、黏合、旋转等技能，建构较复杂、精细、匀称的物体形象。

（1）架空。架空是用一块积木盖在相互之间有一定距离的两块积木上，从而把它们连接起来的搭建方式。例如，搭建"小桥"或为房子加盖"房顶"往往需要使用"架空"的技能。对于幼儿来说，掌握"架空"的技能需要经历在试误中学习的过程，在反复试误中，不同幼儿会有不同的行为表现。

常见建构技能：架空

（2）插接、镶嵌。插接，顾名思义就是将一块积木的一端插入另一块积木，使之连接在一起成为一个整体。镶嵌是把一个物体嵌入另一物体。利用插接、镶嵌的方式进行建构活动的玩具有齿型积塑、雪花片等。这类玩具的结构元件上有凸出的

常见建构技能：叠高拼插

① 叶小红. 幼儿园游戏与指导［M］. 南京：江苏教育出版社，2014：160-162.

"头"和凹进的"孔",或者开有"槽"（缺口）。"头"与"孔"，"槽"与"槽"之间的大小、深浅一致，所以可互相插接、镶嵌组合成一个结构体。建构游戏中搭建台阶、滑梯、长城等经常用到这两种建构技能。

（3）排列、组合。排列是指将建构材料按一定的规律排放在一起。例如，首先把一块一块的长积木"平铺"成一辆"火车"，然后在每一块长积木上放上一块长积木和短积木的"堆垒"就构成了这一建构模式的基本元素，或者在放一块红积木之后放两块黄积木，然后重复这种组合，"红—黄—黄"就构成了一种颜色模式。在建构游戏中出现有规律的排列、组合的建构技能，标示着幼儿对事物之间关系（相同或相似）的发现。对中、大班幼儿，教师要有意识地引导他们掌握结构分析技能，学会看平面图纸，能将平面结构变为立体结构。

（二）建构中的象征性行为

象征性行为是指幼儿在建构游戏过程中，理解建构材料及其建构物作为"符号"的象征意义，运用想象，利用建构材料、表情、语言、动作等，表现和创造自己想要的"生活"或游戏"情节"的行为。象征性行为的发展和类型大致可以分为如下四个方面。

1. 主客体不分化的象征性游戏阶段

主客体不分化的象征性游戏阶段是指幼儿将自己的身体、建构材料和象征物三者融为一体，并且以自身的动作作为象征的媒介或手段，从而表示出某种事物的阶段。此时一般没有发生搭建行为，幼儿往往直接把手边的某些建构材料想象成为某种物品。例如，一个幼儿在积木区拿起一块长方形积木，觉得像蛋糕，于是拿起来"啊呜啊呜"地吃，边吃还边说"蛋糕真好吃啊"，这就说明幼儿自己、象征蛋糕的积木和象征物蛋糕三者融为了一体，只有通过幼儿本身的动作和语言才能判断发生了"吃蛋糕"的象征性行为。

2. "物-我关系"的分化和"逼真性"要求的产生

在该阶段，幼儿开始用建构材料搭建出一个象征物，并且尽可能搭得"像"。这个时候，幼儿自身和搭建的象征物之间分化开来，不需要再通过观察幼儿的动作就能够判断出幼儿究竟搭了什么。这一阶段对建构技能提出了较高要求，建构主题也逐渐丰富。例如，幼儿搭建了一艘"大轮船"，有船身、船帆，还有"波浪线的大海"，一下子就能看出幼儿搭的是船。幼儿会兴致勃勃地跟教师或同伴交流自己在船上的经历或要做的事情。

3. "人-我关系"的分化和对社会角色的理解

在该阶段，幼儿不仅能搭建出逼真的建筑物或其他物品，还能借助建构材料或辅助材料玩更为复杂的角色游戏，按照自己对角色的理解来导演这些建构材料或辅助材料的活动，表征不同角色之间的相互关系，建构主题更加丰富。例如，幼儿搭建了一幢小房子，并且用2块长条形的小积木代表自己和姐姐，用2个积木小人代表爸爸和妈妈，在自己搭建的小房子里玩起了"过家家"的游戏，一会儿扮演爸爸说话，一会儿扮演妈妈说话，一会儿扮演姐姐说话，一会儿扮演自己说话，并且还伴随相应的动作和表情。

4. 合作建构与"集体的象征"

合作建构与"集体的象征"是更为高级的象征性行为，建立在幼儿相互合作与交往的基础之上。在合作建构和游戏的过程中，幼儿彼此之间的象征物或象征行为发生了联系。在该阶段，大量的协商、合作、交流等行为发生，幼儿个体的"智慧"得以共享，成为"集体的智慧"，建构主题和行为都更加多样。例如，幼儿一起商量搭建自己的城市，有的搭建公园，有的搭建医院，有的搭建马路，有的共同完成了幼儿园的搭建，并且在搭好的城市里玩起了有趣的游戏。

（三）建构中的社会交往行为

游戏是幼儿社会性发展的重要途径，因此，建构游戏中幼儿的交往互动、合作能力、主动性等也是教师应该关注的。教师应该通过观察幼儿在游戏中的行为来分析幼儿能否主动与同伴协商建构主题和建构方案；能否分工合作，完成建构作品；在合作中是否有自己的主张和见解，是否能耐心地倾听和尊重别人的意见，是否能通过主动沟通来解决游戏中的问题和纠纷等。

（四）建构兴趣及学习品质

幼儿是否主动参与建构游戏，游戏中是否表现出积极、主动的态度，建构过程中是否专注投入，能否持续地完成建构作品，是否敢于尝试有一定难度的建构任务并能坚持完成；建构过程中遇到困难，是否能够积极想办法解决、不轻易放弃等都是教师应该关注的重点。

（五）辅助材料的选用情况[①]

在建构游戏过程中，对辅助材料的选择和使用也能体现出幼儿建构游戏的水平。建构游戏的辅助材料一般分为建构性辅助材料和情境性辅助材料两大类。建构性辅助材料是指一些可以替代建构材料起到建构作用的材料，像纸盒、奶粉桶、易拉罐、饮料瓶、木板等。情境性辅助材料是指能够与建构材料相结合，从而营造更富有游戏情境的材料，如玩具汽车、塑料的动植物、毛绒玩具、娃娃及一些废旧的丝巾、

---

① 董旭花. 幼儿园户外环境创设与活动指导［M］. 北京：中国轻工业出版社，2019：126.

床单等。

　　教师在观察幼儿使用辅助材料的情况时，可以关注幼儿是否喜欢选择辅助材料，经常选用哪一类辅助材料；在使用时是否能够关注到辅助材料的特点，比如，能否选择适宜的辅助材料（如用纱巾做门帘、用塑料植物装饰道路等），能否判断出辅助材料与基本建构材料之间的关系（如高度相同、粗细相同等），从而巧妙地利用辅助材料；在户外开展的建构游戏中，幼儿能否随机发现和利用一些自然物作为辅助材料来搭建（如用鹅卵石铺路、用树枝和树叶搭建屋顶等）。

（六）建构作品的完整性和复杂性[①]

　　幼儿建构作品的完整性和复杂性不仅能够体现出幼儿的建构技能和水平，而且能够反映出幼儿在建构过程中思维能力、想象力及意志品质的发展水平，因此，教师在幼儿建构游戏中不仅应关注幼儿的建构兴趣、建构活动中的积极情感体验，还应关注幼儿作品呈现的情况。

　　建构游戏中会出现幼儿作品不完整的情况，教师应该通过观察、交流来了解原因：有的幼儿是因为着急想进入角色游戏，有的幼儿是因为游戏过程中没了兴趣，有的幼儿是因为时间不够，有的幼儿是因为在建构过程中遇到了困难……因此，教师应在了解真实情况后，有针对性地进行指导。

　　幼儿建构作品的复杂程度一般是与幼儿的观察、分析、概括、抽象思维能力、想象力及建构能力成正比的，因此，透过幼儿作品的复杂程度，教师可以对幼儿的相关能力作出基本的判断。教师在提升幼儿建构能力的同时，还可以通过对经典建筑及优秀建构作品的赏析，引导幼儿提升观察、概括等能力，激发幼儿的想象力及挑战复杂作品的兴趣，引导幼儿运用多种技能搭建出更完整、更复杂、更有创意的作品。

　　为了更好地观察与解读幼儿建构游戏，教师可以根据具体情况，尝试设计建构游戏观察流程表（见表3-2）。

表3-2　建构游戏观察流程表

典型工作过程	职业要求	注意事项
制订观察计划	1. 明确观察目的	根据建构游戏的观测点，了解幼儿的发展水平，满足幼儿成长的需求
	2. 选择观察对象	明确数量、性别组成、年龄等

---

① 董旭花. 幼儿园户外环境创设与活动指导 ［M］. 北京：中国轻工业出版社，2019：127.

续表

典型工作过程	职业要求	注意事项
制订观察计划	3. 确定观察内容	包括幼儿表现、教师表现、游戏环境与材料等，需根据观察目的进行选择
	4. 选择观察地点	室内/户外
	5. 确定观察时间	观察次数不宜过少，每次观察的时间不宜过短
	6. 选择观察方法	一般有扫描观察法、定点观察法、个案追踪观察法等，需注意各类方法的特点和适用情况
准备观察材料	1. 选择计时工具	记录幼儿某种行为表现持续的时间
	2. 制订观察记录表	可使用相关游戏观察量表或自制相关表格
	3. 准备记录工具	通过录音、拍照、录像等，尽量保持真实的原始数据
	4. 与相关人员沟通	如需他人协助，需事先让助手明确观察目的、内容，学会操作观察仪器，掌握相关理论，了解相关注意事项
选择观察位置	1. 非参与式观察时的位置选择	选择距离幼儿较远或较隐蔽的位置，不对幼儿的行为造成干扰，同时保证清晰地观察到目标幼儿
	2. 参与式观察的位置选择	近距离参与，但不要过多干扰幼儿的行为
进行观察记录	1. 用描述法进行记录	各类记录法各有优点，应根据具体情况有针对性地选取一种或几种记录方法
	2. 用表格进行记录	
	3. 用仪器进行记录	
分析观察资料	分析幼儿在建构游戏中的表现	能找出影响幼儿建构游戏发展的内部、外部因素
得出结论	判断幼儿的游戏发展水平	为支持建构游戏的进一步发展做铺垫

【梳理经验】

1. 幼儿建构游戏有哪些类型？
2. 举例说明建构游戏对幼儿发展的价值。
3. 不同年龄班幼儿应掌握的建构技能分别是什么？
4. 不同年龄班建构游戏分别具有哪些发展特点？
5. 幼儿建构游戏的观察记录要点有哪些？

本任务概览如图3-3所示。

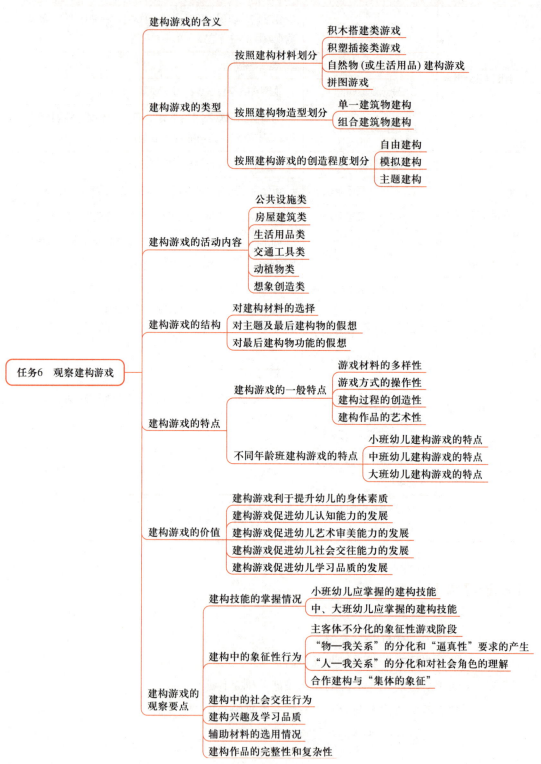

图3-3 任务6概览

【生成智慧】

直通国考

一、单项选择题

幼儿以积木、沙、雪等材料为道具来模仿周围现实生活的游戏是（　　　　）[①]。

A. 表演游戏

B. 建构游戏

C. 角色游戏

D. 规则游戏

参考答案：B

解析：建构游戏是幼儿使用各种建构材料或玩具（如积木、沙石、泥、雪、金属材料等）进行建构活动的游戏。这种游戏对训练幼儿手的技能和发展幼儿思维能力有积极的作用，被称为是"塑造工程师的游戏"。

二、简答题

1. 简述几种幼儿建构游戏中积木建构的技能[②]。

参考答案：

（1）垒高。垒高是在平面上先放一块积木，再垂直放上一块积木，重复同一动作模式。

（2）平铺。平铺是把积木一块接一块首尾相接地平放在桌面上，变成一个平面。

（3）围封。围封就是用多块积木围成类似方形的封闭空间形状，搭建物与单块积木等高。

（4）组合围封。组合围封是在搭建时，运用多种形状的积木，围成封闭的空间形状。

（5）间接排列。间接排列是将积木按照一定的间距进行排列。

（6）桥式。桥式就是把一块积木横向搭在两块纵向竖立的积木上，其中，要估计、调整三块积木的空间距离，使这一模型稳定。

（7）塔式。塔式就是利用桥式叠高的技术，建构纵向中空的模型。

（8）组合。组合就是搭建建筑物时，将三角形、长方形、圆形等多种形状积木，运用对称和规律排序等方法，运用多种建构技能进行组合。

常见建构技能：组合围封

常见建构技能：间接排列

常见建构技能：桥式

常见建构技能：塔式

[①] 资料来源：2015年下半年中小学和幼儿园教师资格证考试科目二 保教知识与能力（幼儿园）考试真题。

[②] 资料来源：2015年上半年中小学和幼儿园教师资格证考试科目二 保教知识与能力（幼儿园）考试真题。

2．简述积木游戏对幼儿发展的影响。[①]

参考答案：

（1）促进幼儿精确动作和手眼协调能力的发展。

在积木游戏中，幼儿动手操作有利于发展手部动作的协调性和灵活性，使动作变得准确、协调，促进其手眼协调能力的发展。

（2）促进幼儿智力的发展。

幼儿在对积木进行堆砌、排列、组合的过程中，可以认识积木的大小、形状等特征，发展空间知觉，学习分类、排序、配对等，进而获得观察力、记忆力、想象力和创造力方面的发展。

（3）培养幼儿良好的意志品质和合作精神。

在积木游戏中，幼儿往往会遇到许多困难（如倒塌、不成形等），这有助于培养幼儿勇于克服困难、坚持到底的意志品质。在共同搭建的游戏中，幼儿需要与同伴协商、分工、合作，协调彼此的关系，这有助于培养幼儿的集体观念和合作精神。

（4）提高幼儿的审美能力和美的创造力。

积木游戏是一种造型艺术活动，要求对称、协调、美观。积木游戏可以培养幼儿的艺术兴趣和审美情趣，提高幼儿感受美、表现美和创造美的能力。

（5）促进幼儿语言表达能力的发展。

在积木游戏中，幼儿可能有不同的意见和想法，需要和同伴交流经验想法、分享建构成果，这有助于促进幼儿语言表达能力的发展。

三、材料分析题[②]

大班幼儿在玩积木时，出现了自发探究行为，其探究过程与结果如图3-4、图3-5所示。

图3-4　探究过程

图3-5　探究结果

---

① 资料来源：2022年上半年中小学和幼儿园教师资格证考试科目二 保教知识与能力（幼儿园）考试真题。

② 资料来源：2015年上半年中小学和幼儿园教师资格证考试科目二 保教知识与能力（幼儿园）考试真题。

问题：

（1）图中的幼儿在搭建中可能会遇到什么问题？

（2）在解决问题的过程中幼儿能获得哪些学习经验？

（3）该游戏中材料有什么特点？这些特点对幼儿的学习活动有什么影响？

试题解析

（1）图3-4中幼儿在搭建过程中可能遇到的问题：① 两头的积木难以达到平衡；② 积木频繁倒塌。

（2）在解决问题的过程中幼儿能够获得以下经验。① 获得有关物体平衡条件的学习经验：垒高是幼儿早期就获得的基本的积木搭建方法，但随着幼儿建构技能的发展，他们开始追求垒高的高度、形式及稳定性。在解决这些问题的同时，自然地进入探究物体平衡规则的过程中。② 有关形状认知的学习经验：积木本身就是一种低结构的材料，加之形状各异、大小不一，所以为幼儿提供了广阔的操作空间。幼儿在建构时经常会遇到这样的问题：某一种形状的积木不够用。他们通常的解决方法就是用其他形状的积木替代，于是在替代的过程中就出现了形状组合的新问题。③ 有关几何形体特征的学习经验：各种形状的积木就是各种形状的几何形体。幼儿操作积木的过程实际上就是感知几何形体特征的过程。幼儿在解决积木的匹配问题时，往往会根据自己的需要主动比较各种不同几何形体的异同，从而选择最能表现建筑物特点或最符合现实比例要求的积木。

（3）该案例中幼儿使用的材料属于低结构材料，具有操作性、可变性、多功能性等特点。该类材料可以充分发挥幼儿的想象力和创造力，可以培养幼儿的动手能力和团结协作能力。

任务7　指导建构游戏

【体验职场】

建构游戏：瑶乡风雨桥[①]

一次区域活动中，米米在积木区搭建了一座特别的桥。坷锦看到后，问："为什么你的桥上有房子呀？"米米说："这是我在民族博物馆那里看到的风雨桥。"承骏插话道："我看到的风雨桥上有像寺庙一样的房子，屋檐还有翘起的角，桥下还有桥墩，两

_____

① 该案例来自广西壮族自治区卫生健康委员会幼儿园。

边还有楼梯呢。"听到孩子们的讨论，教师提出问题："风雨桥到底是什么样的呢？怎么才能搭建一座漂亮的风雨桥呢？"教师引导孩子们探究关于风雨桥的奥秘（见图3-6），讨论可以使用哪些建构材料进行搭建。

图3-6　讨论如何搭建风雨桥

经过一段时间的讨论，孩子们纷纷开始尝试。一开始，孩子们尝试用简单的泡沫积木搭建风雨桥（见图3-7），后来，又开始尝试用图书、纸砖块搭建风雨桥（见图3-8），但是无法用这些材料搭建风雨桥的护栏。

图3-7　尝试用泡沫积木搭建风雨桥

图3-8　尝试用图书、纸砖块搭建风雨桥

慢慢地，孩子们不再满足于室内搭建了，他们将搭建风雨桥的场地由室内转向了室外。户外的建构区有各种形状的积木，孩子们将长方形的积木竖放，与横放的积木架空成一个桥的形状，同时在桥面上放置窄一点的长方形积木，作为风雨桥的护栏，桥的两边做了引桥，一座完整的风雨桥就做好了（见图3-9）。

尽管孩子们搭建了不同造型的风雨桥，但是他们的风雨桥只能欣赏，不能在上面行走。教师看到后，先对他们的风雨桥大加赞赏并提出问题："这些风雨桥真的很漂亮，看了以后真想在上面走一走呢！不知道你们能不能搭一座真正的风雨桥，一座可以在上面行走的风雨桥？"教师的一番话激起了孩子们的斗志，说干就干，孩子们决定搭建一座可以行走的风雨桥（见图3-10）。

图 3-9　用积木搭建风雨桥

图 3-10　商量搭建可以行走的风雨桥

很快，他们一起找了很多长条形的积木堆放一起，可是，毫无章法地堆放，导致整座风雨桥歪歪扭扭，根本无法在上面行走，怎么办？大家一起商量怎样才能把积木平铺，而且要能在上面走得比较稳。于是，他们尝试减少积木的数量，选择形状、长度相似的积木放在一起，边调整边试着在上面走。乐乐站在搭好的桥面上（见图 3-11），试了试说："不行，还是太摇晃了，我们要把它再摆得平整一些。"俊杰、浩然等跟着乐乐一起调整桥面，让桥面变得更平整。接着，孩子们在桥面上增加积木，用多块长条形的积木围成了一个正方形，并不断往上架空（见图 3-12）。

图 3-11　调整桥面

图 3-12　将长条形的积木围成正方形

经过不断的探究，孩子们的风雨桥搭建得更加完善了，原本用积木搭建的桥面，变成了更加牢固的桌子，桥面的护栏采用了奶粉罐和木条进行有序排列，桥上的房子用 6 个奶粉罐进行垒高架空，桥体的长度有 6 米，能自由地在桥面上行走（见图 3-13）。大功告成！孩子们邀请教师一起在风雨桥上开展唱山歌的活动，看，他们唱得多开心多投入啊！（见图 3-14）

图3-13 完善后的风雨桥

图3-14 在风雨桥上唱山歌

【探究任务】

学习任务单如表3-3所示。

表3-3 学习任务单7

项目任务	具体内容	
所属项目	玩转建构游戏	
学习任务7	指导建构游戏	
学习目标	1. 掌握指导幼儿建构游戏的一般策略； 2. 掌握幼儿建构游戏不同阶段的指导要点； 3. 能够对不同年龄班幼儿的建构游戏进行指导	
具体任务	请仔细观察上述幼儿园的建构游戏，回答以下问题	
思考问题	你的回答	提示线索
提供的材料是否多样？是否能满足幼儿游戏的需求？		建构游戏中的材料是否有2种及以上？材料的数量是否能满足幼儿的建构需求？
建构的时间是否充裕？		建构游戏的时间大概有多长？幼儿是否有多次建构的机会？幼儿是否有充足的时间完成作品？
幼儿掌握了哪些建构技能？		架空、平铺、组合……
案例中的教师是如何指导幼儿开展建构游戏的？		提供了哪些材料？有无适时介入？介入时使用了哪些语言？
幼儿在建构游戏中是否表现出了计划性？		建构前是否有明确的目标？建构中能否按计划开展？
幼儿在游戏中碰到哪些困难？是如何解决的？		
教师介入游戏的具体策略有哪些？		可以从游戏前、游戏中、游戏结束时三个阶段进行分析

【建构认知】

一、建构游戏指导的一般策略

（一）游戏前的准备

I. 创设适宜的建构环境

微课：缤纷世界我来建——建构游戏组织

适宜的建构环境不但能激发和维持幼儿的建构兴趣，而且会直接影响建构质量。建构环境包括建构材料的投放和游戏空间的规划。

（1）提供丰富、适宜的建构材料。建构材料是开展建构游戏的物质保障，也是丰富建构内容的基础。在建构材料投放方面，教师要考虑所需材料的类型和数量，例如，提供由基本几何形体构成的大、中、小型成套积木，金属的、木制的、塑料制的各种可装拆的积塑、胶粒、插片、积铁等，以及各种颜色、形状的串珠、插板、拼板等。多样的材料可以丰富幼儿建构游戏的主题，增强幼儿对社会生活的表现力，激发他们的创造欲望与潜力。

除了提供主要的建构材料外，还需要提供各类辅助材料。例如，投放人物、动物、交通工具、花草树木、家庭物品模型等辅助材料。辅助材料可以启发幼儿确定建构主题与内容，如幼儿看到小动物会想到为小动物搭建一个家，看到汽车会想到搭建公路或停车场。辅助材料还可以引发幼儿搭建物体后开展角色扮演，发展游戏情节，因此，应根据幼儿搭建及搭建后角色游戏的需要，不断填充、变化相应的辅助材料。

生活中一些未成型的材料通过清洁和必要的消毒处理也可以被用于建构游戏，它们既可以充实游戏内容，又能发展幼儿的想象力。例如，废旧的包装盒、塑料管、卷纸芯、冰棍棒、火柴杆，经过卫生和色彩加工，幼儿通过奇思妙想能用它们拼出蝴蝶、小花、房子、卡车、飞机、帆船等各种形象逼真的图形。只要进行适当的启发，随处可见的沙石、泥土、树叶、秸秆等自然材料，也能成为经济实用的建构材料，用来构筑小山、山洞、桥梁、动物园、公园、农村等。

材料的提供需要考虑幼儿的年龄特点。对于小班幼儿，教师可以提供一些体积大、重量轻、形状简单、色彩鲜艳的建构材料；对于中班幼儿，教师则可以提供多样的建构材料，如积木、积塑、金属玩具、穿编玩具、泥塑等材料，规格可以是大、中、小型建构材料的组合；大班幼儿已经不满足于常规的建构游戏玩具，教师应为他们多提供一些新颖、富于挑战的建构材料，建构模型和建构图纸也是非常必要的。

除了提供丰富、适宜的建构材料，教师还需要引导幼儿识别和选择合适的建构材料。例如，引导幼儿认识建构材料的颜色、形状、大小等特点，根据造型的目的选择运用材料，如下面大、上面小，才能搭建得更高，更稳固、结实；选用相同颜色的、成对的材料搭建，能使建构物保持对称，且更加美观；还应注意引导幼儿比较、分析和鉴别材料，如长短、宽窄、厚薄、体积大小等，从而运用到相适宜的建构造型中。

（2）合理规划建构空间。建构区空间应当较为宽敞，至少能够同时容纳3个幼儿同时搭建；同时，需要相对独立、封闭，可用橱柜区隔等与其他区域作明显的划分，如果不作区隔，一方面，在其他区域活动的幼儿经常跑来跑去，穿越区域而干扰建构活动，导致幼儿的建构作品被踢倒或使幼儿游戏不专注；另一方面，建构区的幼儿也可能会将作品搭到其他区域或教室中间，影响其他区域幼儿的游戏。此外，不要将建构区设置在安静区域（如图书区）旁或设置在通道上，建构区可以安排在和角色游戏区相邻的地方，以促进两个区域的幼儿共同开展象征性游戏。有条件的话，最好能铺设地垫或平整的地毯，降低建构材料掉落时产生的噪声。

建构区的墙面创设要随着幼儿建构兴趣与内容的转移进行及时调整。小班初期可以在建构区的墙面上贴一些简单的图例，给幼儿明显的、简单易懂的提示，也可提供一些简单的建构图例手册（如图书、照片、卡片等）。将幼儿建构的作品用照片或画图形式进行保留和展示，以启发、提示、建议玩法等方式，激发幼儿对建构活动的兴趣并引导幼儿学习、掌握建构技能。

当幼儿有了一定的建构基础后，教师可将幼儿的建构成果画成图画或者拍成照片放大布置在建构区中，以激发幼儿的兴趣，增强他们的自信，并供其他幼儿借鉴。此外，教师可以根据建构主题提供相关的图片，有目的地引导幼儿共同收集与主题相关的资料（照片、挂图等），拓展幼儿的前期经验。也可设置"建构小明星"栏目，张贴积极参加建构游戏的幼儿照片，激发幼儿参与的热情。

2. 丰富幼儿的感性经验

建构游戏的成功开展对幼儿的认知水平有一定的要求，即幼儿需要有一定的"以物代物"的认知能力，要理解建构材料和建构物作为"符号"的象征意义，同时在头脑中还要有关于建构对象的清晰表象。

一般地说，幼儿乐于建构的内容是那些自己记忆清晰的形象或者是已有的比较生动的表象经验。如果幼儿的建构缺少新内容、缺乏创造性，幼儿对建构游戏的兴趣就会逐渐消退。只有对周围生活环境中的物体和建筑物有较细致的了解，并形成丰富深刻的印象，幼儿才会产生去建构的愿望。因此，教师要有意识地引导幼儿多观察不同物体、建筑物的形状、颜色、结构，周边环境的布局及位置关系等，积累丰富的感性经验，为建构游戏的顺利开展奠定思维上的基础。

（1）可以给幼儿一定的观察任务。引导幼儿从物体的造型、结构、数量、用途及与其他物体的联系等方面进行观察、思考。教师要培养幼儿仔细观察日常生活中的物体，从幼儿园的座椅、吃饭的桌子、睡觉的小床、操场上的跷跷板、滑滑梯、独木桥、爬杆、转椅等经常接触的、熟悉的物体入手，逐渐发展到生活中的其他物体。

（2）引导幼儿学会观察物体的主要特征，能够区分同类物体明显的和细微的区别。例如，椅子和凳子都是四条腿，一个有靠背，一个没有靠背；公共汽车的车身长而高，小轿车的车身短而低等。对物体特征的仔细观察分析，不仅有利于幼儿通过构造活动真实地再现周围生活中的物体，而且能促使幼儿触类旁通地进行加工和创造。此外，对于同一个物体，教师可以让幼儿从不同的方位和角度去观察，这样既有助于幼儿全面了解物体，也能帮助幼儿更新已有的表象经验，形成新的经验。

（3）指导幼儿多渠道观察。教师在日常活动中要引导幼儿注意观察周围生活中的各种建筑，感知建筑各部位的名称、形状、结构特征、组合关系等。在观察活动中，教师可以带幼儿实地观察，也可以利用影像、图片资料等，帮助幼儿积累丰富的表象经验。观察活动可以为幼儿的建构活动积累表象经验，使幼儿在建构活动中能真正将自己的印象与材料互动，建构出各种物体的造型。

（4）引导幼儿学会系统观察。在观察前，教师要帮助幼儿明确观察的目的和任务，让观察成为幼儿有意识的活动。在观察过程中，教师利用语言等提醒幼儿有目的、有顺序地进行观察。例如，观察房子时，可以从远到近、从外到内地进行观察，先观察房子的整体特征，再观察房子的内部结构，增强幼儿观察的全面性和系统性。总之，幼儿脑海中积累的感性经验越丰富，他们进行建构时的表现力、创造性也就越强。

（二）游戏中的支持

1. 引导幼儿明确建构主题和计划

（1）确定建构主题。基于幼儿的需要和兴趣，教师可以提议建构的主题，也可以引导幼儿结合自身经验与同伴共同确定建构主题，如医院、邮局、火车站、城堡、迷宫、立交桥、马路等，教师可支持幼儿的这些想法，鼓励他们大胆地按照自己的想法确定建构主题。

（2）讨论建构计划。建构主题确定后，引导幼儿讨论怎么搭建，并制订出相应的计划或方案，可以提出"搭建成什么样子""怎么搭建，需要哪些建构材料""需要了解哪些信息"等问题，支持幼儿深入思考。一般来讲，小班的计划和方案可以由师幼共同完成，中、大班的计划和方案，教师鼓励幼儿与同伴商议完成。计划和方案的形式多样，既可以采用文字、绘画记录的形式表达，也可以通过粘贴、泥塑作品等形式表达。

2. 引导幼儿掌握建构知识与技能

掌握一定的建构知识与技能，是顺利建构的保证。但建构技能不能单独教，否则会使幼儿感到枯燥无味，失去建构的兴致。对小班幼儿，教师可以用游戏口吻示范讲解建构技能或以游戏伙伴的身份指导幼儿掌握建构技能，并注意由浅入深、循序渐进。例如，学习搭建火车，教师对幼儿说："我们一起来造一列火车好吗？我拿一块长方形的积木做车厢，请婷婷拿一块圆形的积木做轮子，再请一个小朋友拿一块圆形的积木做轮子……"对中、大班幼儿，教师要重点帮助他们学会看建构图纸并大胆尝试、探索新的建构技能。教师要在观察了解幼儿原有技能水平的基础上进行有针对性的引导和点拨。

幼儿建构游戏的基本知识和技能主要包括以下三方面。

（1）识别材料的能力。能认识各种建构材料，如木质的、塑料的、金属的，懂得它们的作用和性能。

（2）操作的技能。会运用排列与组合、插接与镶嵌、串套与编织、黏合、旋转螺丝等建构方法构成物体；会灵活选用结构元件和辅助材料表现物体的基本特征，如会用两个三角积砖替代正方积砖，用小纸做成彩旗布置轮船等；会根据实物和平面图进行建构游戏。

（3）设计构思的能力。能设计建构方案，按计划有目的、有步骤地进行建构活动，并能在实践中修改、补充方案。例如，用积塑插孔雀时，要用到什么形状、颜色的材料，要怎样组合等。

3. 细致观察，捕捉介入时机

观察是教师介入幼儿游戏的前提。通过观察幼儿在建构游戏中的种种表现，教师可以对幼儿已有的经验进行基本判断，便于计划自己下一步应该采取的指导策略。观察不仅仅是用眼睛"看"，更重要的是用脑袋去"思考"，只"看"不"想"等于什么也没有"看到"。教师要对自己所看到的现象进行思考，多问"为什么"，在此基础上分析：是否干预？采用什么方式干预？例如，在小班后期建构游戏中，教师提供了小汽车，启发幼儿搭建公路和立交桥。在一段时间里，教师发现幼儿搭建立交桥时不是直接用在立柱上搭长条积木延长的方法，而是先连成一条公路然后上面再摆立柱，立柱之上再搭长条积木连接。在教师以往的带班经验中还没有过这样搭建的情况。为什么幼儿会这么玩呢？在观察的基础上，教师通过与幼儿交谈了解到，在前期搭房子的过程中，打地基给他们留下了深刻的印象，所以出于使立交桥更稳固的考量，幼儿也想到了先在下面摆好一长排再立桥墩。找到原因后，教师首先尊重幼儿的想法和行为，肯定他们这样的建构作品。同时带他们去参观中班哥哥姐姐的建构作品，还收集了各种角度的立交桥图片投放在环境里，进一步丰富幼儿的感官经验。两天后，班里的立交桥有了新变化，没有地基也很稳固，桥墩不但有积木还有替代的材料，立交桥之间有了连接和简单的穿插。

教师只有通过耐心、细致的观察，才能判断不同幼儿在建构游戏中的优势和问题，才能在此基础上给予针对性的支持与指导。这里的"问题"更多是指幼儿在搭建过程中遇到的困难。由于理性思维发展本身的限制，游戏中遇到困难时，幼儿很少会主动停下来分析困难产生的原因，长期下去，困难得不到解决就可能产生挫败感。面对这样的情形，教师可以通过"提问"和"建议"的方式帮助幼儿分析问题产生的原因，从而解决困难。例如，幼儿不断地通过垒高的方式搭建高楼，但是因为地基不稳，高楼总是盖到一半就塌了，几次反复，幼儿就容易有挫败感。这个时候，教师如果能够适时引导幼儿思考："房子为什么总是搭不上去呢？""能不能换一种积木试试？"简单的提问可以帮助幼儿注意到"问题"，从而换一种思路，问题就会迎刃而解，幼儿也会从中获得建构的成就感。总之，幼儿建构水平的提升离不开教师在细致分析基础上的准确判断和巧妙支持。

4. 根据需要参与到幼儿游戏中

教师在指导幼儿游戏时，应根据需要参与到幼儿的游戏中去，机智地引导游戏进程，提升幼儿的建构技能和游戏兴趣。例如，在"我们的城市"主题建构中，几个幼儿在搭建楼房。但教师发现，幼儿搭建楼房时选择的材料、搭建的方法很相似，所以搭建出来的楼房雷同度很高，于是教师问幼儿："你们的城市好漂亮啊，我能不能一起加入城市建设中？"幼儿欣然同意。教师不动声色地添加了新材料，在垒高等基础上运用了围合、架空等方法，搭建了一栋不一样的楼房，有的幼儿注意到教师的楼房后，也开始变换自己的楼房。最后，城市中出现了各种各样不同风格的楼房。

5. 鼓励幼儿进行创造性建构

创造性是建构游戏水平的一个重要标志，教师应重视培养幼儿的创新意识，引导和鼓励幼儿在建构游戏中充分发挥创造性，提高游戏水平。对幼儿而言，改变某一物体的局部就是创造。例如，改变建构物某一部分的颜色、形状，或改变某一建构主题的布局、造型，撤换辅助材料等，就成了幼儿创造的新作品。教师列出可以改变的项目，为幼儿提供创造的思路。在建构游戏中，教师可以引导幼儿通过变换颜色、变换体积、变换形状、变换材料、增减某一属性、重新组合原有属性、重新设计等方式进行创新。例如，建造房子时，教师鼓励幼儿想办法造出与别人不同的房子，有的幼儿使用不同颜色、形状的材料；有的幼儿在房子的大小、宽窄、高矮上做文章；有的幼儿则想出门窗、屋顶的不同造型。于是造型各异的房子就这样造出来了。

教师可以通过提问的方式激发幼儿在建构游戏中的创造性。例如，幼儿建造好一个井架后不知该干什么，教师便走到他旁边，边表扬边启发道："你真能干，建造的井架像真的一样。有了井架打好了井眼后，该用什么往外抽油呢？"幼儿忽有所悟："噢，用抽油机！"幼儿沿着这条思路想下去，建造了抽油管道、储油库、工人值班楼等一系列的井场建筑物。教师也要注意到，幼儿在大胆想象创造时，往往会忽略想象创造的合理性。对此，教师应及时给予正确引导，既要保护幼儿大胆想象的积极性，让他们敢于异想天开，又要引导他们想得合情合理。

教师要善于利用建构游戏中出现的问题与困难，灵活运用材料添加法、平行指导法等多种策略引导幼儿解决问题，进行创造性建构，丰富和提升建构经验。例如，在大班的建构游戏"奥林匹克公园"中，鸟巢的建构成为幼儿面临的一个难点。在设计上，鸟巢没有常见建筑的规律可循，利用现有的积木材料也不好表现，如何解决这个问题呢？教师首先组织全班幼儿讨论"鸟巢"要怎么建、屋顶怎么搭的问题，幼儿积极地开动脑筋，动手尝试。随后，教师作为幼儿的游戏伙伴，和幼儿共同建构。在没有可利用的积木材料的情况下，教师启发幼儿选择树枝、木棍、纸棍等材料拼搭。为了对"鸟巢"这一建筑形象有更深刻的了解，教师还发动家长和幼儿一起尝试用其他材料来制作，如有麻绳编织的、铁丝盘的、剪纸拼刻的、树枝组装的……这些作品都被投放在建筑区中，幼儿在建构时有了更多的借鉴，于是"鸟巢"成功建成。[①]

（三）游戏结束阶段

幼儿从专注的游戏状态到结束游戏，需要一定的时间进行心理转换，因此，教师应该巧妙运用音乐、沙漏、计时器等提醒幼儿，帮他们做好活动转换的心理准备，从而愉快地结束游戏。在游戏结束后，教师要注意做好以下工作。

1. 引导幼儿反思

在游戏结束后，教师有必要组织幼儿共同赏析作品，在赏析的过程中引导幼儿进行反思。反思是一种元认知能力，幼儿由于年龄特点和思维发展的局限，反思意识和能力都不足。教师可以让幼儿描述和解释自身的行为、解决问题的过程等，帮助幼儿提高元认知能力，从而促进他们建构游戏水平的提升。比如，搭建的作品是什么？有什么用途？怎么想到要搭建这个作品？如何搭建的？搭建中遇到了什么困难？是怎样解决困难的？这样的讲述有利于幼儿回忆、整理、提升经验，提高自我

---

① 曹艳芬. 幼儿建构游戏中教师有效指导策略的研究 ［J］. 潍坊学院学报，2017，17（6）：61-64.（有改动）

意识水平。教师还可以运用照片、录像等手段记录幼儿搭建的过程，帮助幼儿回忆和再现自己的搭建过程，进行更有针对性的反思。在幼儿介绍作品的基础上，教师还可以从材料运用、建构形式、专注力、坚持性、合作水平、游戏常规、创造力等方面引导幼儿对整个游戏的过程进行反思、总结与评价。

2. 审慎对待建构作品

由于幼儿园活动安排的计划性和整体性，不能无限延长幼儿的建构时间，加上室内空间的有限性，不能长久保存幼儿的建构作品。这就需要教师思考一些问题：当日没有搭建完成的作品，第二天还想继续搭建怎么办？想围绕自己的建构作品，进一步开展游戏怎么办？比如，大班的王老师发现平日非常喜欢建构游戏的君君和丘丘最近一段时间不喜欢去建构区了，经过询问，王老师了解到，他们想要建太空舱和超级宇宙飞船，但每次游戏时间一到，还没建好就得拆掉，几次下来，两个幼儿的积极性严重受挫，不愿再去玩了。在游戏时间无法任意延长的情况下，怎么保证建构活动的持续、深入发展呢？后来，王老师和幼儿商议，用蓝色地垫开辟出一块作品保留区，该区域的作品可以保留几天，保留期间可以继续加工完善作品。经过这样的调整，君君和丘丘又回到了建构区，如愿以偿地完成了他们的太空舱和超级宇宙飞船。

因此，在建构游戏结束时，教师切忌自作主张让幼儿拆掉建构物，应了解幼儿的想法，尊重他们的意见，和幼儿商讨如何对待自己的建构作品。建构完成后，如果幼儿想保留作品，但因场地受限必须拆掉时，可以建议幼儿以照片或视频的方式保留作品，或者建议幼儿将建构作品画下来。这些做法可以向幼儿传递教师对他们建构成果的尊重与欣赏。

3. 指导幼儿整理建构材料

收拾和整理建构材料是组织建构游戏的重要环节。材料的收拾整理应当成为一种快乐而有益的教育活动，一方面，它可以增强幼儿对建构环境的熟悉感、控制感和责任感；另一方面，可以使幼儿获得诸如分类、排序、配对等有益的经验。建构材料的收拾整理需要足够的时间来进行。教师应根据幼儿建构活动的复杂程度为该环节留有充裕的时间，让幼儿在收拾和整理中体验到责任感和劳动的快乐。

二、不同年龄班建构游戏的指导策略

游戏是幼儿心理发展水平的反映，不同年龄阶段的建构游戏呈现出的特点自然有所不同，教师在指导建构游戏时，应结合不同年龄班的特点，以提高指导的针对性和有效性。

（一）小班幼儿建构游戏的指导策略

1. 通过创设情境激发幼儿的建构兴趣

小班幼儿在建构之前通常缺乏明确的建构目的和建构主题，在选择材料方面也比较盲目，因此教师可以通过示范或与幼儿一起建构，引导幼儿观察材料的组合变化，进而激发幼儿的建构兴趣，使幼儿产生初步的建构目的。

2. 提供适量的游戏材料和宽阔的游戏场地

小班幼儿对建构游戏的兴趣更多是自己玩，和同伴合作水平较低，大多处于平行游戏阶段，因此，教师在准备游戏环境时，要为幼儿提供较多数量的同类型游戏材料和宽阔的游戏场地，避免幼儿因为材料不足或空间碰撞而产生冲突。

3. 帮助幼儿提高建构技能

小班幼儿的建构技能较为简单，在建构时更多运用垒高、平铺等简单技能，教师可以通过示范、讲解、练习、语言提升等方法帮助幼儿掌握更多的建构技能。

4. 引导幼儿形成良好的游戏常规

3—4岁是游戏常规养成的重要时期，在指导幼儿进行建构游戏时，教师也要关注幼儿在游戏过程中行为习惯的养成。例如，正确使用各类建构材料，学习整理和保管建构材料，引导幼儿学习采取协商等方式和同伴交换材料等。

（二）中班幼儿建构游戏的指导策略

1. 提供多种建构材料，增强游戏的计划性和目的性

随着思维水平的提高，中班幼儿在建构游戏前，开始能确定建构主题，有了初步的建构计划，但建构主题较为单一，建构计划性不强。教师可以为中班幼儿提供更多种类的建构材料，引导幼儿认识、感知游戏材料，并鼓励幼儿按计划建构。例如，在游戏开展前，引导幼儿观察材料的类型和数量，与同伴讨论可以建构出什么作品；或者是带领幼儿进一步了解、分析建构主题，引导幼儿思考如何利用已有建构材料实现主题的建构。

2. 丰富幼儿的感性经验，提高幼儿的表征能力

幼儿需要在其已有的生活经验的基础上进行想象和建构，教师应多途径、多形式地丰富幼儿的感性经验，加深幼儿对事物的认识。在感知过程中，教师要重视引导幼儿进行细致、全面的观察，鼓励幼儿说一说所观察物体的形状、结构特点。同时，教师还应进一步提高幼儿的建构技能，帮助幼儿掌握一些复杂的建构技能，如间接排列、桥式、塔式等，有助于将幼儿头脑中的表象转化为现实的建构作品。

3. 引导幼儿合作建构，促进幼儿社会性的发展

中班幼儿处于联合游戏阶段，具有初步的合作意识。教师可以通过组织小型集

体建构活动，鼓励幼儿与同伴共同讨论来制订游戏计划和方案。在游戏过程中，教师引导幼儿进行分工和合作，如搬运所需的建构材料、讨论建构细节等，并帮助幼儿解决一些合作中遇到的问题，让幼儿体验到合作游戏的乐趣。这样既能培养幼儿的协作意识和集体观念，促进幼儿的社会性发展，又能让幼儿在与同伴互动中提高建构游戏水平。

（三）大班幼儿建构游戏的指导策略

1. 培养幼儿的独立建构能力

大班幼儿建构的目的性、计划性都有所增强，在建构前能够明确建构主题，能够自主选择游戏材料。教师在建构活动中注重培养幼儿的任务意识，要求幼儿在建构前做好建构计划，按计划有序开展建构活动，正确使用建构材料和辅助材料，让幼儿学习什么是合理的组织和规划。

2. 提高幼儿的游戏合作能力

大班幼儿合作意识和合作能力都得到进一步发展，教师应为幼儿提供适宜的有序材料，组织开展大型建构活动，引导幼儿共同设计游戏方案、确定游戏规则、分工合作，提高合作水平。对于游戏过程中可能出现的同伴冲突和存在的困难，教师应允许和鼓励幼儿自主解决，不要急于干预，以提高幼儿解决冲突和问题的能力，发展幼儿的独立性。

3. 培养幼儿的游戏评价能力

在游戏评价环节中，教师可以引导幼儿欣赏自己和同伴的建构作品，体验建构的乐趣和成就感。教师还可以引导幼儿对自己和同伴在游戏中的表现进行评价，鼓励幼儿进行经验分享，例如，建构中材料不足，是如何解决的，如何做到让"桥面"不塌陷等，既能发展幼儿的自我评价和评价他人的能力，又能帮助幼儿梳理提升游戏经验。

【梳理经验】

1. 幼儿建构游戏指导的一般策略有哪些？
2. 在建构游戏开展前要做哪些准备工作？
3. 在建构游戏开展过程中要注意哪些指导要点？
4. 在建构游戏结束阶段需要做哪些工作？
5. 举例说明不同年龄班幼儿建构游戏的指导重点。

6. 指导建构游戏的基本流程有哪些？你可以制作思维导图或流程表帮助自己记忆吗？（表3-4）

表3-4 建构游戏指导流程表

项目任务	具体内容		
所属项目	玩转建构游戏		
学习任务7	指导建构游戏		
学习目标	1. 掌握指导幼儿建构游戏的一般策略 2. 掌握幼儿建构游戏不同阶段的指导要点 3. 能够对不同年龄班幼儿的建构游戏进行指导		
典型工作过程	基本步骤	职业要求	注意事项
游戏准备阶段	1. 创设适宜的建构环境	提供丰富、适宜的建构材料；合理规划建构空间	需要考虑幼儿的年龄特点；引导幼儿识别和选择合适的建构材料。空间要宽敞、相对独立、封闭；随着幼儿建构需求与内容的变化及时做调整
	2. 丰富幼儿的感性经验	给出明确的观察任务；引导幼儿学会观察物体的主要特征，会多渠道进行系统观察	观察任务要尽可能具体，有可操作性，观察难度循序渐进
游戏开展阶段	1. 引导幼儿明确建构主题和计划	确定建构主题；商议建构计划	教师可以提议建构主题，也可以引导幼儿与同伴共同确定主题
	2. 引导幼儿掌握建构知识与技能	培养幼儿识别材料的能力、建构的基本操作技能、设计构思的能力	会灵活运用游戏的方式示范讲解建构技能或以游戏伙伴的身份指导幼儿掌握建构技能
	3. 细致观察，捕捉介入时机	能够准确判断是否介入幼儿游戏，采用什么方式介入游戏	准确把握介入游戏的时机
	4. 根据需要参与到幼儿游戏中	根据需要参与到幼儿的游戏中去，灵活运用多种策略指导游戏推进	掌握多种介入游戏的策略
	5. 鼓励幼儿进行创造性建构	运用提问、添加材料等多种方式激发幼儿在建构游戏中的创造性	

续表

典型工作过程	基本步骤	职业要求	注意事项
游戏结束阶段	1. 引导幼儿反思	引导幼儿回顾建构过程、解决问题的过程等	灵活运用提问、作品再现等方式帮助幼儿反思整个建构过程
	2. 审慎对待建构作品	分析建构作品完成情况，根据幼儿的意愿适当保留作品	灵活运用场地规划、照片、绘画等形式保留幼儿的作品
	3. 指导幼儿整理建构材料	充分意识到整理环节对幼儿成长的价值	根据建构活动的复杂程度为该环节留有充裕的时间

本任务概览如图3-15所示。

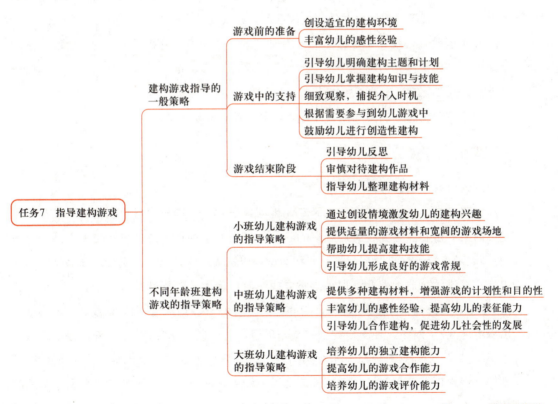

图3-15 任务7概览

【生成智慧】

直通国考

阅读材料，回答问题①。

在建构游戏中，可可将多块积木进行垒高，当垒高到一定的数量时，可可又突然把积木推倒，接着，又开始重新垒高，继续推倒。教师走到可可跟前，对她说："你怎么老是喜欢破坏自己的作品呢？你再这样，就不要玩了。"可可听后，放下手中的积木，离开了建构区。

问题：请结合你对教师指导幼儿建构游戏的理解，分析教师的这一做法是否适宜，并提出建议。

试题解析：

（1）教师的做法不妥当。

（2）教师虽然看到可可小朋友"重复垒高、推倒"的行为，却没有认真分析行为背后的原因，就简单粗暴地对幼儿进行批评，导致幼儿中断游戏。

（3）当幼儿出现"不合理"的行为时，应该先观察、分析行为背后的原因：是缺乏建构技能还是建构材料过于单一？或者"不断垒高、推倒"本身就是幼儿进行的一种特殊游戏？

（4）在分析原因的基础上进行有针对地介入与指导。

挑战赛场

阅读材料，回答问题②。

大班初期，男孩东东在积木区专注地摆弄积木，平铺积木搭建道路，一连几天重复玩得不亦乐乎。看到在旁边观察的我，他便滔滔不绝地讲述他设计的火车站和火车道："老师您看，这是北京南站。我和爸爸妈妈推着行李从这儿过安检，然后从这儿上电梯，在这个机器上取票。取完票还要找站台，等到了时间就能进站了。那个火车头是尖尖的，我爸爸说那是子弹头，跑得飞快。"他一边滔滔不绝地讲给我听，一边继续用积木搭建。"对了，在安检的地方有一个门，人一通过就会响。"说着，他用三块长条积木搭了一个门。"还有一个卖票的地方，有好多人在排队。老师，就是这样的。"他想用积木搭，又不知怎么搭，于是找了笔和纸，画了一个火车站。我发现，东东的想法极富创意，但是搭建的内容及水平却呈现出小班建构的特点。

_____

① 资料来源：2017年上半年中小学和幼儿园教师资格证考试面试真题。
② 资料来源：2018年全国职业院校技能大赛高职组学前教育专业教育技能赛项B赛项材料分析赛题。

问题：你如何看待东东的重复搭建行为？如何看待东东呈现出的"不符合年龄发展水平"的游戏状态。

试题解析：

（1）根据《3—6岁儿童学习与发展指南》，教师要尊重幼儿的学习方式和游戏意愿。教师在评价东东的建构行为时，不能看到"重复"就认为是一种低水平的游戏行为，应该具有儿童视角，将幼儿作为评价的主体之一，关注幼儿在游戏中的状态。重复也是幼儿学习的一种方式，如果幼儿在游戏中是积极投入的状态，那么很可能成人以为的低水平重复，其实是幼儿在重复中内化、小步递进的学习过程。

（2）针对东东"不符合年龄发展水平"的游戏状态，教师在指导时需要意识到建构游戏对于幼儿的发展是多方面的，不能单一地以建构技能来评判幼儿的游戏水平，还应该关注幼儿的想象力、创造性、学习品质等方面的发展。

（3）教师可以通过材料支架、平行式示范等策略引导东东掌握更多的建构技能，进一步提高建构水平。

任务8　评价建构游戏

【体验职场】

建构游戏：猴山的诞生[①]

收到广西博物馆的邀请，孩子们一起去参观了"白头叶猴摄影展"。参观完后，孩子们对白头叶猴产生了浓厚的兴趣。一鸣小朋友嘟囔着："要是能把白头叶猴的猴山搬到我们幼儿园，大家就都能看到白头叶猴了。"于是小朋友们就投入了猴山的制作中。孩子们首先开始绘制猴山的设计图（见图3-16）。

图3-16　绘制猴山设计图

猴山很高，由很多的石头组成，猴山上还要有许多猴子。那需要用什么材料搭建猴山呢？孩子们将建构区的奶粉罐和纸箱堆在一起，可是奶粉罐垒高到一定的数量就开始掉落，这可怎么办呢？大家一起想办法。君羽说："看，这里有很多的胶水，用这

---

① 该案例来自广西壮族自治区卫生健康委员会幼儿园。

个试试？"子敖说："我帮你扶着，你来粘。"他们试了很久，但胶水并没有把奶粉罐粘在一起（见图3-17）。大家又在美工区里找到双面胶，这次成功了，双面胶很好地将奶粉罐黏合在一起，这样奶粉罐就不易掉落了。在他们的努力下，终于把山洞固定住了（见图3-18）。

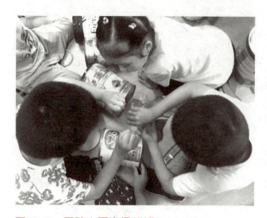
图3-17　用胶水固定奶粉罐

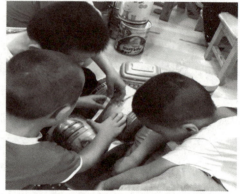
图3-18　用双面胶固定奶粉罐

另一组的孩子们在美工区用超轻黏土制作猴子和树叶，小羽说："白头叶猴是灰色的，我们用灰色的胶泥来做，就跟白头叶猴的颜色一样了。"（见图3-19）看到孩子们的创意，教师继续启发："猴山上除了有白头叶猴，还有什么呢？我们还可以做一些什么让猴山变得更漂亮呢？"一鸣说："我们还要做一些山上的树，让白头叶猴在山上能够自由地玩耍。"大家同意一鸣的想法，说干就干，开始用树枝和黏土为猴山制作漂亮的树（见图3-20）。

图3-19　用超轻黏土制作白头叶猴

图3-20　用树枝和黏土制作树

后来，大家一起讨论：猴山这么漂亮，可是教室的空间太小了，没法把猴山一直保存在里面，怎样才能让更多的小朋友看到猴山呢？经过讨论，孩子们最终找到了一楼的"美食馆"，那里有一块较大的空间，可以在那里建一座可以长久保留的猴山。于是，大家决定换个场地，继续建猴山。经过多次的试验，孩子们发现积木比奶粉罐更为牢固，有了前期搭建猴山的经验，他们用积木搭建时更加得心应手，他们将方形的积木放在底层，上面放半圆形和三角形的积木（见图3-21）。主体建好后，他们把之前在教室里做好的白头叶猴、木棉花和树放在上面进行装饰，一座漂亮的猴山呈现在大家面前（见图3-22）。

图3-21　用积木搭建猴山　　　　　　　图3-22　猴山作品完成

【探究任务】

学习任务单如表3-5所示。

表3-5　学习任务单8

项目任务	具体内容
所属项目	玩转建构游戏
学习任务8	评价建构游戏
学习目标	1. 掌握建构游戏评价的含义及原则； 2. 能从游戏水平、各领域关键经验、建构表征水平、学习品质四个维度评价幼儿的建构游戏； 3. 愿意不断反思、推进建构游戏的发展
具体任务	请仔细观察上述幼儿园的建构游戏，回答以下问题

思考问题	你的回答	提示线索
建构区的布置是否合理？如不合理，应该如何调整？		可从活动空间的规划、大小、墙面等方面综合考虑
提供的材料是否多样？是否能满足幼儿游戏的需求？		是否提供了建构的材料，如积木、雪花片、自然材料等
还可以为幼儿提供哪些建构材料？		从主要材料、辅助材料、墙面装饰等方面综合考虑
建构的时间是否充裕？		可结合幼儿建构作品的完成情况、幼儿游戏时的情绪与兴趣水平等方面综合判断

续表

思考问题	你的回答	提示线索
幼儿运用了哪些建构技能？		垒高、平铺、架空等
幼儿参与建构游戏时所表现的社会性交往如何？		有无同伴合作的行为，采用了哪些语言和行为与同伴进行建构游戏？
幼儿在建构游戏中的想象力、创造力具体是如何表现出来的？		
幼儿在建构游戏中是否表现出计划性？他们的计划是什么？		幼儿是否按照计划中的安排进行建构游戏？建构的计划步骤有无逐一完成？
是否能养成有序收拾建构材料的习惯？		幼儿是否能自觉、独立地完成建构材料的收拾与整理？
教师是否对幼儿在游戏中遇到的困难进行指导？指导效果如何？		可以从教师的语言、行为等方面进行分析

【建构认知】

一、建构游戏评价的意义

　　游戏评价是游戏活动实践的重要内容和重要环节，是活动组织者对游戏的价值实践水平进行判断的基本手段。全面且有效的游戏评价不仅可以促进幼儿对游戏活动的参与，同时也可以更好地优化教师自身的教育理念，强化教师的专业意识和理论自觉[1]。建构游戏作为一种深受幼儿喜爱和欢迎的游戏，能极大地满足幼儿的心理需要，发展幼儿的想象力和创造力，锻炼幼儿的动手能力，提高幼儿对建构造型的审美能力。幼儿在操作不同的建构材料时，能理解整体与部分的概念，增强对数量和图形的认识，促进幼儿感知觉的发展。开展建构游戏评价有助于教师了解幼儿建构游戏的适宜性、有效性和科学性，及时调整和改进建构游戏中存在的问题，促进幼儿建构游戏水平的发展。

---

[1] 欧赛萍. 游戏印记：幼儿游戏评价的可视化［J］. 学前教育研究，2021，（12）：86.

二、建构游戏评价的原则

（一）发展性原则

发展性原则是指教师在评价幼儿建构游戏的过程中，坚持发展取向而不是问题取向，教师应把注意力放在发现并挖掘幼儿的潜能和向上发展的动力上，关注幼儿能做到什么，肯定幼儿的能力，关注幼儿的游戏行为与未来发展的关系。

（二）开放性原则

开放性原则是指在建构游戏评价中，教师要尊重幼儿的建构游戏意愿和兴趣，能够以开放的心态欣赏幼儿的建构作品。建构游戏的目的是发散幼儿的思想，提升幼儿的想象力和创造力，教师要从欣赏者的角度看待幼儿的建构作品，鼓励幼儿大胆创作，不拘泥于教师给予的建构主题，同时还要打破常规的建构思维，运用不同的生活化材料、自然类材料等，自由进行建构游戏。

（三）形成性评价与总结性评价相结合的原则

教师在评价建构游戏时，不仅要评价分析幼儿最终的建构作品，还应关注幼儿建构游戏过程中表现出的游戏状态和心理品质。建构游戏的主题、游戏玩伴、游戏时间、游戏材料、幼儿的情绪状态、已有经验等都会影响建构游戏的过程和效果。因此，在对建构游戏进行评价时，教师应以多次的形成性评价为基础，形成性评价与总结性评价相结合。

三、建构游戏评价的内容

教师对建构游戏进行评价，可以帮助教师理解幼儿的游戏行为，了解幼儿的兴趣和需求，及时发现存在的问题并给予适当的调整，更好地促进幼儿的游戏发展。建构游戏的评价内容包括建构环境、建构游戏中的教师、建构游戏中的幼儿三个方面。

（一）建构环境

（1）建构区空间是否宽敞、地面是否平整？

（2）建构区是否相对独立、安静，既不干扰其他活动，又有助于幼儿建构活动的开展？

（3）建构区的材料是否丰富多样？是否既有专门的建构材料，又有废旧物品、自然物品及各类辅助材料？

（4）建构区的墙饰是否能够根据幼儿的游戏需要及时进行调整？

（二）建构游戏中的教师

（1）是否能关注到幼儿的建构技能、材料使用、交流合作等，并能根据现场需要提供适宜的支持？是否能根据游戏开展情况灵活调整区域环境？

（2）是否有合适的方法帮助幼儿确定建构游戏的主题和内容？

（3）当幼儿出现冲突时，是否有适宜的方法引导幼儿自主解决冲突？

（4）是否能帮助幼儿螺旋式提升建构技能？

（5）是否能对幼儿的游戏状况进行引领性评价？

（6）幼儿遇到困难时，提供的支持性策略是否有效？

（7）教师介入游戏的时机是否合适？

（8）教师是否能够根据幼儿的游戏情况进行针对性的指导？

（9）游戏结束的时机是否恰当？结束的方式是否合适？

（10）是否能够审慎地对待幼儿的建构作品？

（11）是否能够引导幼儿积极、愉快、有效地整理建构材料？

（12）游戏结束后的总结是否做到了帮助幼儿梳理游戏经验，提升游戏水平？

（三）建构游戏中的幼儿

建构游戏中幼儿的行为表现是开展建构游戏评价的重点。一般而言，建构游戏中需要关注幼儿的建构技能水平、建构游戏中的学习品质、建构游戏中各领域关键经验的生长、建构游戏中的社会性发展水平等。

1. 建构技能水平

评价幼儿的建构技能水平可以从幼儿基本的建构技能及作品结构两方面进行。积木类的主要建构技能包括排列组合、平铺、延长、对称、加宽、加高、间隔、盖顶、搭台阶、连接、围合、架高、空心搭层、组合建构等；积塑类的技能包括一字插、十字插、米字插、环形拼插、花形拼插、镶嵌、整体组合拼插、端点连接、围合连接拼插、镶嵌、填平等；塑料或木制螺丝系列的技能包括捶打、敲击、旋转等。作品结构主要包括单维结构、二维结构、三维结构、三维水平围合结构。以积木建构游戏为例，美国学者Casey和Andrews基于空间维度和层级整合两个因子编制了幼儿积木建构水平测查工具，认为在幼儿积木建构中，拥有内部空间比没有内部空间的结构水平要高，拥有封闭空间比拥有开放空间的结构水平要高，据此将幼儿积木建构作品分为单维结构、二维结构、三维结构、三维水平围合结构四个层级和多个水平，详见表3-6[①]。对幼儿的建构技能水平进行评价时，可以利用绘图、拍照、摄像等方式记录建构过程，并在建构活动结束后引导幼儿共同分析建构作品的结构。

常见建构技能：花形拼插

常见建构技能：一字插

常见建构技能：十字插

常见建构技能：米字插

常见建构技能：环形拼插

常见建构技能：组合

常见建构技能：围合连接拼插

① 程超. 幼儿园建构游戏的综合评价研究［J］. 早期教育，2022，（25）：44-48.

常见建构技
能：整体组
合拼插

常见建构技
能：几何形
体拼插

表3-6 幼儿积木建构水平测查工具

水平	描述	图例
0	随意摆放积木	
1	单维结构：水平排列或垂直垒高	
2	二维结构（没有内部空间）：墙状、平面或塔状结构	
3	二维结构：有垂直的内部空间，即拱形	
4	二维结构：初步搭建成一个单位积木高度的围合，有水平的内部空间	
4.5	二维结构：有规则的围合，或封闭围合	
5	三维结构：没有内部空间的三维垒高	
6	三维结构：在二维结构的基础上，再加一定深度，搭建成三维结构。例如，一块或多块积木放置在拱形结构的前面或后面；由一块或多块积木连接的两个单位积木高度的墙状结构	
6.5	三维结构：一系列的拱形结构（如隧道）	
7	三维水平围合结构：一个单位积木高度的围合（或不完全围合）、覆顶、加高；一个单位积木高度的围合、覆顶，不规则，搭建比较无序或积木之间有空隙	
7.5	三维水平围合结构：一个单位积木高度的围合、覆顶，有规则且积木之间没有空隙	
8	三维水平围合结构：两个单位积木高度，不规则，搭建比较无序且积木之间有空隙	
8.5	三维水平围合结构：两个单位积木高度，有规则且积木之间没有空隙	
9	三维水平围合结构：两个单位积木高度的围合、覆顶，有独立的内部空间	

2. 建构游戏中的学习品质

《3—6岁儿童学习与发展指南》指出，幼儿在活动过程中表现出的积极态度和良好行为倾向是终身学习与发展所必需的宝贵品质，主要包括好奇心和学习兴趣、积极主动、认真专注、不怕困难、敢于探究和尝试、乐于想象和创造。[①]因此，在评价幼儿建构游戏时，必须重视建构游戏中幼儿学习品质的发展。例如，幼儿在游戏中是否有兴趣？游戏时长是多少？能否坚持？游戏前是否有计划？计划的执行度如何？游戏过程中是否遇到困难？遇到困难时是否能想办法解决？游戏结束后能否对自己的建构作品作出恰当的评价？能否对整个建构过程进行反思？在建构游戏中，幼儿主要学习品质的具体行为表现可以参考表3-7[②]。

表3-7 幼儿主要学习品质评价表

主要品质	行为表现指标	具体行为表现
好奇心与兴趣	幼儿对人、事物、周围环境及学习感兴趣	1. 对新事物感兴趣，愿意在游戏中尝试新经验； 2. 对学习和讨论中的新主题、新想法和新任务感兴趣，乐于去尝试； 3. 对他人或他人的工作、行为感兴趣，同时拥有自己比较稳定的兴趣爱好； 4. 自愿参与建构游戏，表现出较强的自主性、计划性和创造性
	愿意尝试新挑战	1. 能够选择并乐意参与到更有难度与挑战的游戏中； 2. 活动中乐于尝试使用不熟悉的材料
	喜欢提问	1. 能够对自己感兴趣的、质疑的现象提出问题，或能补充自己的想法； 2. 能够向成人或同伴提出问题，并寻求解释
主动性	能够在活动、日常生活和游戏中表现出自我导向	1. 能够独立自主地作出选择与决定； 2. 能够独立地参与到活动中； 3. 能主动遵守规则和常规
	能够积极地进行探索活动	1. 能够运用丰富多彩的材料进行探索与尝试； 2. 能够用多种感官进行探索； 3. 能够积极探索环境中事物与活动材料的工作方式
	主动与他人互动	1. 能够主动加入他人或小组活动中； 2. 能够主动邀请同伴加入游戏中； 3. 能够主动向他人分享自己的想法和经验

---

① 李季湄，冯晓霞.《3—6岁儿童学习与发展指南》解读［M］. 北京：人民教育出版社，2013：293-294.

② 明慧. 主题游戏背景下幼儿学习品质提升策略实证研究［D］. 湖北师范大学，2017.（有调整）

主要品质	行为表现指标	具体行为表现
专注力	能够集中注意力	1. 能够集中注意力在一项任务上一段时间，或集中注意力于任务上的时间逐渐提高； 2. 能够集中注意力，全身心地参与到活动中，坚持完成任务； 3. 能够集中注意力于人、物或活动上
坚持性	能够接受适当的挑战，表现出坚持不懈的精神	1. 在面对困难与挫折时，能坚持进行自己的活动或任务； 2. 在被干扰或受到影响时，能坚持进行自己的活动或任务； 3. 能结合已有的技能和经验，运用多种手段方法解决问题
想象力与创造性	能够在活动中运用想象力，产生多种想法	1. 能够运用想象力创造新的"作品"，具有创编能力； 2. 能够运用想象力来理解信息，解释或说明自己的想法； 3. 能够运用自己的建构作品进一步开展象征性游戏

3. 建构游戏中各领域关键经验的生长

建构游戏是一种跨学科性质的综合性游戏，可以促进幼儿的全面发展。例如，在开展建构游戏之前，幼儿需要调动已有经验，制订建构计划。在该阶段能够发展幼儿的语言表达能力和美术表征能力。在建构过程中，幼儿会运用间隔排列、对称等建构技巧，能够发展他们的数学和科学领域经验。如果幼儿是在户外进行大型建构，还可以在搬运材料过程中发展身体力量和耐心，以及发展和同伴的合作能力，促进其社会性的发展。在建构过程中的同伴交流、建构结束后的作品介绍环节，幼儿需要使用语言来表达思想与需要，这可以促进幼儿语言能力的发展。因此，在评价幼儿建构游戏时，教师可以关注建构游戏过程中幼儿表现出的各领域关键经验，了解幼儿各领域的发展水平。黄菲等（2022）研究表明，幼儿的户外建构游戏涵盖了8个领域的16条核心经验，分别为学习方式领域的主动性、计划和专注，社会交往与情感领域的效能感、建立关系和合作性游戏，身体发育和健康领域的肢体运动技能，语言领域的理解和口头表达，数学领域的数数和模式，艺术领域的艺术和艺术欣赏，科学技术领域的观察和实验，社会学习领域的社会角色[①]。

4. 建构游戏中的社会性发展水平

在建构游戏评价中，幼儿的社会性发展水平也是需要关注的内容。小班幼儿以

---

① 黄菲，林朝湃，王秋. 户外建构游戏中幼儿核心经验的评价与促进 [J]. 学前教育研究，2022，（327）：91-93.

独立游戏和平行游戏为主；随着年龄的增长和能力水平的提升，中、大班幼儿会自发地开展联合游戏和合作游戏，游戏水平在操作和实践中不断提高。也就是说，在评价幼儿的建构游戏水平时，不能只看幼儿最后的建构作品，还应关注幼儿游戏过程中表现出的社会化水平，是独自游戏、联合游戏，还是与同伴进行的或简单或高水平的合作游戏？游戏过程的开展是否呈现出计划性和目的性？是否能够有意识地讨论建构主题？能否合作完成对建构材料的整理与保管？等等。例如，在搭建"风雨桥"活动中，小班幼儿会更多以平行游戏水平搭建简单的"桥"，与同伴交流较少。而大班幼儿则倾向于与同伴一起搭建大型的、可以行走的"风雨桥"，活动前的协商主题、活动中的合作建构、活动后的共同游戏都体现了较高的社会性发展水平。

四、建构游戏评价的方式

建构游戏的评价不仅要考虑评价的内容，还应思考评价的方式。不同的实践主体对游戏有不同的价值诉求和评价标准，因此从不同视角开展游戏评价，可以更为全面和客观地展示幼儿游戏过程状态及幼儿游戏水平。根据评价主体的不同，有研究者将幼儿园建构游戏评价分为教师评价、幼儿评价、家长评价[①]。结合幼儿园教育实际，程超（2022）认为应从幼儿、教师、同伴三个角度开展建构游戏评价[②]，采用幼儿自评、教师评价和同伴评价三者结合的方式全面了解幼儿的游戏水平。

（一）幼儿自评

幼儿自评包括个人建构记录本、小组建构记录本及幼儿运用语言进行自我反思等。幼儿自评包括在游戏前的计划和在游戏后的反思。在游戏前，教师可引导幼儿对整个游戏进行计划，包括游戏材料、游戏同伴、游戏场地、建构方法、人员分工等。在游戏后，教师鼓励幼儿对整个游戏过程进行回顾，运用语言或绘画的方式介绍自己的作品，包括材料选择、作品内容、细节表现、建构过程中和同伴发生的问题及问题解决方法。教师也可引导幼儿拓展自评范围，不仅关注作品的结构和建构方法，也要关注自己和同伴的合作情况；不仅关注自己在游戏前的计划，也要关注计划是否有改变及为什么要改变。这个过程有助于培养幼儿的反思能力和元认知能力。

《幼儿园保育教育质量评估指标》强调，重视幼儿通过绘画、讲述等方式对自己

---

① 欧赛萍. 游戏印记：幼儿游戏评价的可视化［J］. 学前教育研究，2021，（12）：86.

② 程超. 幼儿园建构游戏的综合评价研究［J］. 早期教育，2022，（25）：44-48.

经历过的游戏、阅读图画书、观察等活动进行表达表征。但是，幼儿的自我评价是一个从低级到高级、从简单到复杂的变化过程。教师要理解并给予适度引导，支持幼儿自我评价能力的发展。在开展自我评价的初期阶段，幼儿时常会遇到困难，教师可通过不断追问的方式，帮助幼儿拓展自我评价维度，引导他们运用语言、绘画等多种方式表达内心所想，重点关注游戏过程中的新发现和新收获，并鼓励他们在群体中分享。

（二）教师评价

教师评价手段包括观察记录、专门的评价工具、儿童成长手册、课程故事、多媒体等。其中，观察记录是幼儿建构游戏过程性评价的重要方式，教师可利用便签条、自制观察记录表或专门的建构游戏观察记录表等进行记录。幼儿园建构游戏的评价还需要借助专门的评价工具，以《幼儿园保育教育质量评估指南》中各年龄段的关键经验为基准，评价幼儿各领域的发展情况，也可使用各种成熟的量表对幼儿建构作品水平进行评价。儿童成长手册中的成长故事有助于呈现其建构水平的持续性发展，以图文结合的形式清晰地呈现出幼儿在建构游戏中的变化。课程故事是教师以讲故事的形式述说课程事件并诠释其中的意义，可用夹叙夹议或先叙后议的方式呈现幼儿在建构游戏中的成长过程。此外，教师还可以借助多媒体技术，利用图片、视频的方式记录幼儿在游戏中的建构全过程，并结合图片编辑软件或视频编辑软件呈现出幼儿在建构游戏中的发展轨迹。

（三）同伴评价

《幼儿园教育指导纲要（试行）》提出："幼儿同伴群体及幼儿园教师集体是宝贵的教育资源，应充分发挥这一资源的作用。"陈鹤琴先生在其"活教育"理论中也提出"儿童教儿童"的教学原则。在建构游戏中，幼儿与同伴之间的模仿时有发生，他们通过观察同伴的建构行为及其建构作品，能够模仿或启发自己的建构行为。建构游戏中的同伴评价，可锻炼幼儿的倾听能力、观察能力、审美能力、语言表达能力、探究分析能力，培养幼儿的自信、自主表现，促进幼儿的发展。例如，在建构游戏之后，教师可引导幼儿对同伴作品好的方面进行赞扬，肯定他人好的做法，还可以尝试用绘画的方式记录下来。其实，同伴评价不仅存在于游戏之后，更多的是在幼儿游戏的过程中。他们在游戏中针对某些问题进行交涉，同伴评价能够潜移默化地影响幼儿建构游戏的行为、状态，促进其高阶思维的发展。

【梳理经验】

1. 幼儿建构游戏评价的原则有哪些？

2. 幼儿建构游戏评价的内容有哪些？

3. 如果从不同主体对建构游戏进行评价，需要注意哪些问题？

4. 建构游戏评价的基本流程有哪些？你可以制作思维导图或流程表帮助自己记忆吗？（表3-8）

表3-8　建构游戏评价流程表

项目任务	具体内容		
所属项目	玩转建构游戏		
学习任务8	评价建构游戏		
学习目标	确定学习目标		
典型工作过程	基本步骤	职业要求	注意事项
评价准备阶段	1. 确定评价对象	了解评价对象的性别、年龄等基本情况，为评价做准备	保护评价对象的隐私，不出现评价对象的姓名
	2. 选择评价内容	明确要评价的内容，例如，在建构游戏中幼儿的建构技能如何？幼儿有无与同伴共同建构的行为？教师在幼儿建构过程中有无指导？	评价内容可以是一方面也可以是多方面，明确评价的目的是什么
	3. 选择评价方法	观察法、文字描述法等	评价方法要与评价内容相融合
评价实施阶段	1. 客观评价游戏	不能以个人主观意愿评价幼儿的建构游戏	运用科学的方法评价幼儿的建构游戏
	2. 记录评价过程	采用多种形式记录评价的过程，如文字记录、表格记录等	详细记录评价的过程，为评价总结做准备
	3. 撰写评价总结	梳理、分析收集到的数据，撰写评价总结	评价总结能更好地帮助教师改进对幼儿建构游戏的指导

本任务的概览如图3-23所示。

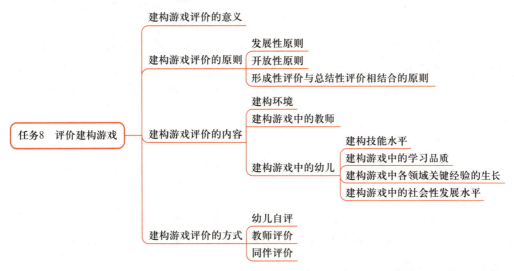

图3-23 任务8概览

【生成智慧】

直通国考

阅读材料，回答问题①。

几个幼儿正在玩游戏，他们把竹片连接起来（见图3-24），想让乒乓球从一头开始沿竹槽滚动，然后落在一定距离外的竹筒里。在游戏过程中，他们遇到了很多困难。如球从竹片间掉落（见图3-25）；竹片连成的"桥"太陡，球怎么也落不到竹筒里……他们通过不断努力，终于让球滚到了竹筒里。

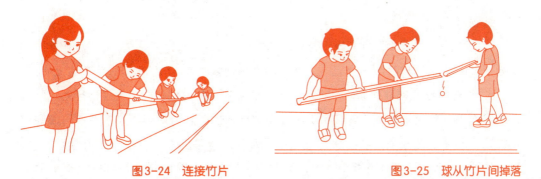

图3-24 连接竹片   图3-25 球从竹片间掉落

① 资料来源：2019年下半年中小学和幼儿园教师资格证考试科目二 保教知识与能力（幼儿园）考试真题。

问题：幼儿可以从上述活动中获得哪些经验？请结合材料分析说明。

试题解析：材料中的幼儿有共同的游戏目的，在游戏过程中采取了分工合作的形式，说明他们进行的是合作游戏。在此游戏中幼儿可获得如下经验。

（1）社会性方面的经验。例如，幼儿可以获得合作、协商、观点采择能力的发展。因为在上述游戏中，抬竹片的幼儿需要进行交流、协商合作，对竹片的间距、竹槽的坡度发表自己的观点并听取同伴的意见和建议，以保证竹片与竹片之间连接紧密及竹槽的坡度合适。

（2）认知方面的经验。例如，幼儿可以获得对高低、远近等概念的认识，以及问题解决能力的发展。因为在上述游戏中，幼儿需要把握好竹片的间距及坡度，以解决球从竹片间掉落、"桥"太陡等问题。

（3）身体动作方面的经验。例如，幼儿可以获得身体协调、控制等能力的发展。因为在上述游戏中，幼儿需要控制自己身体的动作，使自己的动作协调、稳定。这样才能保证竹槽的稳定，从而使球落在竹筒中。

（4）获得坚持性的品质。在游戏过程中，幼儿遇到了很多困难，但他们通过不断努力，解决了困难，最终成功地让球滚到了竹筒里，获得了坚持性的品质。

（5）获得成就感和自信心。幼儿的成就感和自信心可以从成功完成某件事情中获得。材料中的幼儿通过不断努力，克服了重重困难，最终取得了游戏的成功，感受到了成功的喜悦，增强了自信心。

挑战赛场

幼儿园保教活动分析：中班幼儿建构游戏"土楼"

观看中班幼儿建构游戏"土楼"的活动视频，回答以下问题。[①]（参见本书配套活动视频：中班幼儿建构游戏"土楼"）

1. 撰写幼儿游戏观察记录。

2. 分析幼儿的建构游戏水平，并对教师的指导行为进行评价。

试题解析：

1. 视频呈现的是中班幼儿建构游戏，在撰写幼儿游戏观察记录时，可以使用实况详录的方式将幼儿的游戏行为一一记录，也可以选择视频中有价值的片段进行观察记录。

2. 在分析幼儿的建构游戏水平时，可以从游戏中的建构技能、象征性行为、社会性发展水平、游戏中体现的学习品质等方面进行，例如，游戏中幼儿主要使用哪些建构技能，幼儿在游戏中表现出联合游戏还是合作游戏等。在评价教师的指导行为时，可以从游戏环境的创设（包括游戏材料和游戏场地、游戏时间的提供）、游戏经验的铺垫（如教师在游戏前引导幼儿感知土楼建筑的特点）、游戏过程中的指导是否适宜有

---

① 资料来源：2022年全国职业院校技能大赛高职组学前教育专业教育技能赛项B赛项。

效、游戏结束环节的总结评价是否到位等方面来进行。

展示游戏

认真阅读分析以下案例，分析教师在幼儿游戏时三次介入的时机是否适宜，并说明原因。

最近班上正在开展主题活动"我爱我家"。在建构区中，小贝说："我想搭个房子。"乐乐说："我想搭个滑梯。"王老师说："那你们就搭个幼儿园吧！"孩子们迟疑了一下说："好吧。"于是，他们为搭建"幼儿园"而忙碌起来。不一会儿，大家就用大积木搭出了高高的"幼儿园"墙体，就在屋顶将要建成的时候，由于孩子们的身高不够，屋顶的积木没放好滑了下来，整个墙体都垮塌了。孩子们反复尝试几次后还是没有成功，非常沮丧。正当他们想放弃时，王老师走上前说："你们想想班上有什么东西可以让我们迅速'长高'呢？"乐乐左看看、右看看，突然惊喜地说："我们可以搬凳子垫脚。"于是，他们迅速搬来了两个凳子，搭好墙体后，站在凳子上准备搭屋顶。这时，王老师微笑着走过来帮忙扶稳凳子，孩子们终于成功了。

玩味角色游戏

学 习 目 标

知识目标

☐ 理解幼儿园角色游戏的特点。

☐ 掌握角色游戏的观察记录要点。

能力目标

☐ 能够对角色游戏进行比较客观、全面的观察。

☐ 能够在观察的基础上运用多种策略进行角色游戏指导。

素养目标

☐ 善于对角色游戏的整个过程进行评价反思。

☐ 乐于通过评价反思不断优化角色游戏，提升幼儿的角色游戏水平。

项目导图

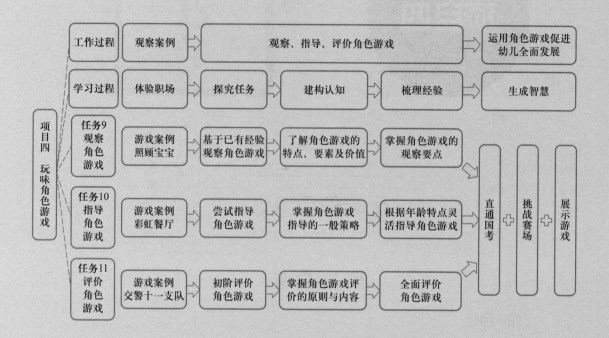

| 工作过程 | 观察案例 | 观察、指导、评价角色游戏 | 运用角色游戏促进幼儿全面发展 |

| 学习过程 | 体验职场 | 探究任务 | 建构认知 | 梳理经验 | 生成智慧 |

项目四 玩味角色游戏

任务9 观察角色游戏：游戏案例 照顾宝宝 → 基于已有经验观察角色游戏 → 了解角色游戏的特点、要素及价值 → 掌握角色游戏的观察要点

任务10 指导角色游戏：游戏案例 彩虹餐厅 → 尝试指导角色游戏 → 掌握角色游戏指导的一般策略 → 根据年龄特点灵活指导角色游戏

任务11 评价角色游戏：游戏案例 交警十一支队 → 初阶评价角色游戏 → 掌握角色游戏评价的原则与内容 → 全面评价角色游戏

直通国考 + 挑战赛场 + 展示游戏

任务9 观察角色游戏

【体验职场】

角色游戏：照顾宝宝[①]

　　娃娃家里，孩子们在忙碌着。涵涵拿着草莓的手指偶给躺在床上的娃娃喂饭，她发现娃娃盖的被子是医生的衣服，于是一边拿起医生的衣服一边说："这是医生穿的衣服，不能给宝宝盖的。"说完她打开洗衣机的门，拿出一条黄色的被子，给躺在床上的娃娃盖上被子："被子洗干净了，可以盖啦！"这个时候，悠悠把药箱拿来了，她打开药箱说："我觉得我应该戴上口罩进来。"紧接着，悠悠拿出红色的药瓶递给涵涵。涵涵拿过药瓶后直接放到娃娃的嘴里，给娃娃喂药并说："宝宝生病了，给她吃药吧！"（见图4-1）悠悠说："那我给她打一个针吧！"说着拿出针筒，在娃娃的小臂上打了一针（见图4-2）。

图4-1　拿药箱，给娃娃喂药　　　　　　图4-2　给娃娃手臂打针

　　悠悠又拿出听诊器说："那我给娃娃的妈妈打电话。"涵涵听到悠悠要打电话，赶忙站起来，拿起电话："喂，哦，知道了。"挂了电话后，涵涵又用手指头按了一下电话按键（见图4-3）。

　　悠悠戴上听诊器说："我是医生，我是医生哦！"说着把听诊器放在娃娃的肚子上，然后转身把听诊器放下说："你的宝宝好像病得很严重。"涵涵听到后说："好吧，那我给她吃药吧！"涵涵拿起超市用的硬币放到娃娃的嘴里（见图4-4）。

---

　　① 本案例由广西幼儿师范高等专科学校实验幼儿园蒙姣妮老师提供。

图4-3　给医生打电话

图4-4　用硬币当药喂娃娃

晴晴拿出体温计放在娃娃的脖子上，然后拿起体温计看着上面的数字说："这是32 ℃。"（见图4-5）悠悠又拿出针筒在宝宝的肚子上打了一针（见图4-6）。

图4-5　给娃娃测体温

图4-6　给娃娃肚子上打针

悠悠又有了新的发现，她说："这些是什么呀？"涵涵看了一眼，不说话。悠悠说："这些是本子呀，那铅笔呢？"说完悠悠把本子递给涵涵："给你，等一会儿要写字。"

晴晴走过来说："你拿我的宝宝干吗呀！"说完后，她和涵涵拿起本子翻来翻去。

悠悠走到烹饪区，拿起勺子学着炒菜，然后说："煲粥咯。"接着她去拿了茶壶和杯子过来，走到宝宝跟前说："给她喝点水吧。"晴晴走过来，和涵涵拿起杯子给宝宝喝水。悠悠转过身看着正在给娃娃喝水的涵涵和晴晴说："这是凉茶，不是水。"（见图4-7和图4-8）

图4-7　煲粥

图4-8　给娃娃喂水

涵涵和悠悠站在烹饪台上，涵涵说："煮菜了。"悠悠说："我也要煮菜。"晴晴拿来了砧板，她先是看了看，然后把砧板放在灶台上，这时候，涵涵拿着锅铲把锅放在洗菜池上玩炒菜的游戏，她翻炒了两下，晴晴说："涵涵，我来煮吧。"话音刚落，就把锅拿到了娃娃旁边。

晴晴和悠悠跑到另一边，拿起鼓不停地敲打。

涵涵说："你们影响到宝宝睡觉了，宝宝生病了，不能吵，放回去。"晴晴拿着沙锤跑到娃娃身旁不停地摇晃。涵涵不耐烦地说："吵到我娃娃睡觉了"！……

教师播放《摇篮曲》的音乐，说："天黑了，宝宝生病需要休息，我们也收拾玩具早点休息吧！"

悠悠和晴晴拿着鼓和沙锤放回原来的位置……

【探究任务】

学习任务单如表4-1所示。

表4-1 学习任务单9

项目任务	具体内容
所属项目	玩味角色游戏
学习任务9	观察角色游戏
学习目标	1. 理解幼儿园角色游戏的特点与价值； 2. 掌握幼儿园角色游戏的观察记录要点； 3. 能够结合角色游戏相关理论分析角色游戏，撰写观察记录
具体任务	请仔细观察上述幼儿园角色游戏，回答以下问题

思考问题	你的回答	提示线索
游戏是如何开始的？		谁发起的？怎么加入的？
游戏发生在什么地方？		在建构区、表演区、角色区，还是其他区域？
游戏主题是什么？		娃娃家主题？美食店主题？医院主题？等等
游戏中有哪些角色？		厨师？老板？收银员？等等
有哪些主要情节？		
游戏中使用了哪些材料？		

思考问题	你的回答	提示线索
幼儿使用了哪些语言？		
幼儿有什么样的表情和动作？		
游戏规则是什么？		哪些行为需要受角色的制约？
游戏是如何结束的？		

【建构认知】

角色游戏是幼儿最典型、最有特色的游戏，是幼儿园区域活动中极常见的游戏形式之一，幼儿在游戏中扮演各种社会角色，学会与同伴相互理解和帮助，学会相互协商和合作，学会对同伴让步及被同伴接纳，对幼儿的社会性发展、认知发展、情绪情感发展等方面有重要的价值。

一、角色游戏的含义

角色游戏是幼儿在虚构的情境中扮演角色，通过创造性地模拟角色的行为方式及角色之间的关系，自主地表现、表达自己对社会生活和环境的认识与体验，从而潜移默化地学习社会准则、适应社会生活的一种象征性游戏。

二、角色游戏的特点

角色游戏从幼儿游戏行为方面较易识别，主要具有以下特点。

（一）角色游戏的多样性

在角色游戏中，有丰富的主题区角，如娃娃家、餐厅、医院、理发店等，幼儿所扮演的角色很多样，可以是"爸爸、妈妈""顾客、服务员""医生、病人"等。幼儿所扮演的角色可以分为以下几种。

（1）机能性角色，这类角色多有自己的"工作"，如服务员是为顾客点餐、端餐的；警察是为市民抓坏人的。

（2）互补性角色，这类角色的两位"演员"在游戏行为上是互补的，如商店里的老板和顾客，娃娃家的爸爸妈妈和宝宝等。

（3）虚幻性角色。这些角色多是幼儿想象的，在现实生活中并不存在，如白马王子、白雪公主、魔法仙女等。

（二）角色游戏的象征性

在角色游戏中，幼儿虚构各种生活情境，装扮现实生活中的各种人物，对人际关系进行模拟。例如，扮演妈妈、警察、医生等生活中熟悉的人物。幼儿通过语言、表情、动作表现自己对角色的认识和体验，这过程体现了"以人代人"的象征功能。此外，幼儿在游戏中经常以一种简单的游戏材料替代真实的物品，例如，用积木来替代真实的电话，用串珠来替代给娃娃吃的"药丸"。有时，幼儿会在不同的时间、不同的环境中使用相同的材料替代多种不同的真实物品，例如，小椅子一会儿被当成娃娃的床，一会儿被当成小汽车，这种以一种物品替代另一种物品的做法也叫"以物代物"，也是角色游戏象征性的体现。

（三）游戏动作和情境的概括性

幼儿在角色游戏过程中会有真实生活的影子，会表达真实生活的体验和情感。但这些经历、体验和情感不是真实生活情境的完全复刻，而是概括的。例如，有的幼儿会把生活中不同的人的动作或不同场景中的片段整合起来，让游戏充满想象，并能在各种条件下自由开展，不受真实生活情境的限制。

幼儿角色游戏最核心的成分就是模仿。模仿是幼儿的天性，一直伴随他们成长。幼儿从最开始的模仿表情、动作，到模仿真实生活的情节，用以表达真实生活的体验和情感。幼儿的模仿并不是一比一的复刻，而是在模仿的基础上进行创造。在角色游戏中，幼儿不受真实生活情境的限制，他们糅合、交织自己的直接经验和间接经验，将几个不同的事件进行连接，在自由的条件下，按照自己的意愿进行创造性游戏。

（四）游戏规则的内隐性

所谓规则，是指大家都必须遵守的行为准则，对人的行为具有一定的约束作用。我们通常认为角色游戏中应给予幼儿最大的自主的、创造性表现的空间，不应对其赋予过多规则，但规则是构成游戏的因素之一，角色游戏也不能没有规则，只是它的规则更多的是一种内隐性的规则，被限定在角色之中，往往依托于某个具体的游戏情境，由当下游戏参与者共同决定。如在"娃娃家"游戏中，参与者规定或默认"爸爸做饭、妈妈喂宝宝"；在"医院"游戏中，规则就是"医生须看病、病人须打针"。

（五）游戏主题的社会性

角色游戏的主题丰富多样，但是这些主题的共性特征便是社会性。幼儿在选择角色游戏的主题时，常从自己的已有经验和兴趣爱好出发，在角色扮演过程中，幼儿往往也需要调动有关"主题"和"角色"的经验，以确保游戏的顺利进行。而当前社会普遍关注的一些热点问题和现象自然便成了角色主题。例如，疫情期间，幼儿经常讨论"病毒"的问题，而戴口罩的医生和护士便成了幼儿纷纷模仿的对象。

三、角色游戏的结构

（一）角色扮演

角色扮演即"以人代人"，指的是游戏者通过模仿真实生活中各种人物的言行举止，来表现角色的身份、职业、个性特点等。角色是角色游戏的核心，在游戏中，幼儿所扮演的角色往往是他们熟悉的、崇拜的、印象深刻的现实生活中的人物，如扮演妈妈、老师、警察、医生等。与现实生活中的真实人物相比，幼儿所扮演的角色具有高度概括性，表现的是任务的典型特征，即某一类任务的一般行为和态度倾向。这需要幼儿对头脑中已有的人物表象进行重新组合，创造新形象，而不是他（她）自己，从而给自己创造某种新地位，在游戏中表现自己对这些角色的认识、体验。这种对周围生活和成人世界的反映过程充满了想象性、创造性。幼儿一般通过模拟现实人物的典型动作、语言和行为方式来扮演角色。例如，将体温计放到娃娃腋下，说："来，给你量个体温，呀，发烧啦！需要打针！"

（二）对物品的假想

幼儿在游戏中利用一种物品替代、象征另一种不在眼前的物品，这种对物品的假想叫"以物代物"。在角色游戏中，替代物的选择可以是实物、模拟物、形状相似但功能不同的物品、功能相似但形状不同的物品、形状和功能都不同的物品、多功能物品。替代物的使用使物体本身与物体的意义相分离，例如，用积木当饼干，就是将"饼干"这个词与真实的饼干相分离，并将"饼干"这个词转移到积木上。这种替代正是幼儿创造性想象活动的结果，游戏中的"以物代物"要求幼儿想象力发展到一定水平，能从过去感知的东西中分析出个别特性，并结合在一起，形成表象。维果茨基认为，幼儿在游戏中以物代物是具体思维向抽象思维发展的过渡环节，正是"以物代物"，促进了具体思维向抽象思维的过渡。替代物的使用体现了幼儿表征思维发展水平：有时幼儿会用一种材料替代多种物品，例如，小椅子一会儿当马，一会儿当火车，一会儿又当娃娃床，这体现了其思维的发散性、变通性和灵活性；有时幼儿会用多种材料替代某一种物品，体现了其思维的聚合性。因此，在角色游戏中，给幼儿提供的材料不能全都是真实物品，应该根据幼儿的年龄特点和思维发展水平，不断调整高结构材料和低结构材料的比例。

（三）对游戏动作和情境的假想

游戏中的角色扮演是以动作、语言等来表现的。在角色游戏中，幼儿不是单纯地摆弄、操作玩具，而是通过使用玩具的动作来表现假想的游戏情节，并且假想各种游戏情境以表达自己的思想、感情和体验。例如，幼儿把活动室的一角假想成医院，通过玩听诊器、针筒等表现医生给病人看病的情境，表达自己对医生的崇拜之情或者宣泄对打针的恐惧情绪。对游戏情境的假想也叫"情境迁移"，就是将现实生活中的真实情境迁移到一个假想的情境中，使动作脱离原来的真实情境而具有象征性。例如，在活动室开辟一个角落，通过环境布置和材料提供，就可以再现真实世界中的车站、商店、医院等生活场景，在地面上画两条线，就可以代表独木桥。受游戏环境和材料的暗示，游戏中的玩伴就能将共同理解的真实生活情境迁移到这个假想的情境中，通过人和物两大因素构思出诸如"乘车""购物""看病""过独木桥"等情节。

（四）内部规则

幼儿在游戏中对角色、材料、动作、情境等的假装或假想的过程中，有真诚的体验，追求逼真的表演。他们尽管是在虚构，却不愿违背真实生活的逻辑、原则，即自始至终在遵守蕴含在角色关系中的内在规则，游戏中的假装活动要符合角色身份的要求。例如，现实中爸爸妈妈是如何操持家务、照顾孩子的，医生是如何给病人看病的，服务员是如何为客人服务的，幼儿在角色游戏中，必须按照相应社会角色的行为及人物之间的社会关系展开游戏，这种规则来自现实生活中的角色定义，是内隐的。幼儿虽然知道这是"假装"的、是在玩儿，但仍然要尽可能地遵守这些规则。因此，角色游戏是虚构性和真实性的独特结合，是在想象的条件下，创造性地反映真实生活。

四、角色游戏的价值

（一）角色游戏能促进幼儿的社会性发展

角色游戏使幼儿的角色意识和社会角色规范得到强化，是幼儿自己教育自己承担社会角色、遵守社会角色规范的一种自我教育活动。在角色游戏中，幼儿通过模拟社会交往，获得对角色规范的认同感。角色游戏的全过程都蕴含着培养幼儿的协作意识，造就协作能力的契机。在游戏开始前，幼儿需要相互商量游戏的内容、分配角色、规定幼儿角色规范、准备玩具和游戏材料；在游戏中，幼儿必须注意各个角色之间的关系，保持双方的协调一致；在游戏结束后，幼儿间还会就角色之间的行为是否协调进行一番评论。总之，通过游戏，幼儿懂得协作是游戏获得成功的保证。

此外，角色游戏有助于提高幼儿的自我控制能力，培养幼儿的意志品质。在角色游戏中，规则是内在的，一定的角色只能做一定的"事"，并且也只能做他"职责"范围内的事，因此，幼儿在游戏中会更加积极主动地调整、控制自己的行为，哪怕是非常不愿意的，例如，扮演"警卫"，就必须精神抖擞、坚守岗位，扮演"服务员"，就必须主动询问"客人"的需求，耐心为"客人"服务，扮演"乘客"，即使在游戏中不想玩了，也必须控制自己的不耐烦情绪，一定要坚持到汽车停稳后才能下车。

（二）角色游戏能促进幼儿的认知发展

角色游戏中对物品的假想促进了幼儿想象力和创造力的发展。在角色扮演中，幼儿"以人代人"，将自己假扮成某个角色，在需要时"以物代物"，根据物体的相似特点选择替代物，替代不在眼前的物品，有助于培养幼儿思维的抽象性、变通性、灵活性。在游戏过程中，幼儿在扮演一定角色时身份要保持一致，如扮演妈妈，只要游戏还在进行，就要一直以妈妈的口吻说话做事，履行妈妈照顾宝宝的职责，这有助于幼儿对守恒概念的理解。

（三）角色游戏能培养幼儿积极的情绪情感

角色游戏既是幼儿建立积极情感的途径，也是他们表露或发泄情感的渠道。在游戏中，通过模仿生活中各种角色的言行，幼儿体验到成人的情感，获得不断增长的自信与自我认同感，从而丰富和发展了同情心和道德感等高级情感。角色游戏还为幼儿创造了一个能接受的、安全的情境，宣泄焦虑、害怕、气愤和紧张等消极情绪，从而使心理保持平衡。例如，幼儿害怕打针，但在游戏中却喜欢玩"打针"的游戏，通过再现痛苦的体验，减轻了害怕的程度，体验到战胜恐惧的愉快；在游戏中还能转换角色，扮演"医生"给别的"小孩"打针，宣泄了对医生和打针的恐惧情绪。在游戏中，幼儿可以用比较妥当的方式表现自己的情绪，设法控制自己不良的情绪。

（四）角色游戏能促进幼儿的语言发展

《幼儿园教育指导纲要（试行）》指出：发展幼儿语言的关键是创设一个能使他们想说、敢说、喜欢说、有机会说并能得到积极应答的环境。角色游戏为幼儿提供了许多语言交往的机会。在游戏前，游戏主题的确定、角色的选择等都需要幼儿用语言进行协商；在游戏中，游戏情节的发展、替代物的选择都离不开角色之间的语言交流；在游戏结束后，关于游戏过程的分享也是幼儿练习语言的好时机。此外，有了扮演"妈妈""警察""医生"等角色的经验后，幼儿就会有下次将角色扮演得更好的内心动机，也就会在平时的生活中有意识地去听、去模仿这些角色原型的说话方式，语言学习会更加主动、有效。

五、角色游戏的观察要点

观察角色游戏是认识幼儿的重要途径。一方面，通过观察，教师可以搜集大量关于幼儿在身体、认知、语言、情绪、社会性、意志品质、社会生活经验等方面的发展信息。通过对角色游戏的观察，教师可以发现幼儿的优势能力和相对薄弱的能力，并由此判断需要提供给幼儿的学习支持。另一方面，通过观察，教师可以了解幼儿游戏主题与内容、角色扮演需求与水平、人际交往需求与水平，由此推断幼儿与亲人、同伴的关系，分析幼儿的心理需求，为幼儿提供恰当的引导。

角色游戏的观察要点包括幼儿对角色游戏的兴趣、游戏主题的选择与确定、角色的分配与扮演情况、游戏的内容与情节、游戏材料的选择与使用、社会参与水平及同伴交往情况、对游戏规则的遵守及其他习惯的养成等方面。

（一）幼儿对角色游戏的兴趣

幼儿对角色游戏的兴趣是角色游戏顺利开展的前提条件，它直接决定了幼儿能否在游戏中获得积极的情感体验。教师可以通过观察幼儿的投入程度，游戏持续的时间、动作、表情、语言等来判断幼儿的游戏兴趣。

角色游戏兴趣的激发方式有很多，一般而言，教师可以通过创设丰富的游戏环境、提供适宜的游戏材料来激发幼儿的游戏兴趣。此外，还可以通过组织谈话，同伴互动交流，利用图片、视频等直观的方式展示相关生活场景，播放幼儿曾玩过的游戏等方式，激发幼儿的角色游戏兴趣。

（二）游戏主题的选择与确定

幼儿选择与确定的角色游戏主题有娃娃家、小超市、电影院、菜鸟驿站、鲜花店、美食街等，不同的主题反映出幼儿不同的生活经验与兴趣点。游戏主题是如何确定的？是依据个人经验自然而然确定的，还是受角色游戏材料的启发确定的？是自己做决定确定的，还是依从于同伴的决定？是协商确定的，还是独自一人确定的？教师可以通过对这个过程的多次观察，来了解和判断幼儿行为的主动性、自主意识能力、与同伴合作交往的能力、社会经验范围与水平等。在观察的基础上，教师可以有针对性地对幼儿进行帮助与指导，例如，当某些幼儿经常犹犹豫豫无法确定主题时，教师可以通过谈话鼓励他们果断做出选择，当某些幼儿"独断专行"将自身喜好强加给其他幼儿时，教师可以引导他们学会倾听他人的想法，与同伴交流协商，共同确定主题。

生活经验是幼儿角色游戏主题的主要来源，也是决定幼儿游戏主题的重要因素。教师可以通过组织参观、访问、亲子活动等方式拓展和丰富幼儿的生活体验，通过共读图画书、谈话、材料投放等方式激活、唤醒幼儿的已有经验，帮助幼儿更快、更好地确定游戏主题。

（三）角色的分配与扮演情况

角色扮演是角色游戏的核心，一般而言，角色越多，角色游戏的内容与情节就越丰富。幼儿如何分配角色？角色扮演水平如何？是否能够分清真实的我和游戏中扮演的角色？幼儿的行为指向哪些对应的角色？幼儿在角色游戏中的语言、动作、表情与角色原型的行为、职责一致性程度如何？这些方面反映了幼儿的自我意识水平、社会关系认知水平、社会角色认知能力等，可以非常直接地体现角色游戏的水平。

如何丰富角色游戏中的角色？教师通常可以通过分享他人的游戏、谈话、提建议、回顾生活场景等方式予以指导。关于游戏角色的分配问题，教师可以在观察的基础上有针对性地进行指导。例如，对总喜欢自己说了算的幼儿，教师可以启发他们多听听别人的想法；对总是听别人安排的幼儿，教师可以鼓励他们说说自己的想法；建议每个幼儿都积极地发表自己的看法，然后共同确定角色的设置与分配。教师还可以通过适时的语言提醒，提供直观形象、特色鲜明的游戏材料等方式，如在医院游戏中为低龄段幼儿提供护士服、听筒等逼真形象的游戏材料，帮助低龄段幼儿建立起比较牢固的角色意识，还可以通过游戏前后的交流分享环节，与幼儿共同分析、了解游戏中角色的特点，帮助幼儿更专注、投入地以角色身份推进游戏。

（四）游戏的内容与情节

角色游戏的内容丰富程度、情节推进情况可以很好地反映幼儿的社会经验范围，体现幼儿对社会生活的观察力、感受力及模仿能力，反映幼儿的社会关系认知能力、社会角色认知能力、想象力与创造力等。因此，角色游戏的内容与情节也是教师观察指导的重点工作：角色游戏中的情节是单一的，还是复杂的？情节与情节之间是否有内在的联系？游戏中是否有大胆的创造与想象？幼儿是预先设计好情节，还是边玩边随机推进情节？遇到矛盾与冲突时，幼儿是如何继续丰富游戏内容、推进游戏情节的？

一般而言，低龄段幼儿的角色游戏情节简单，缺乏目的性和计划性，游戏内容更多的是重复操作、摆弄玩具，他们很少预先设计游戏情节，往往在确定游戏主题后，就开始游戏了，情节的进展有很大的随机性。例如，在开展娃娃家游戏时，一开始的情节往往是做饭、喂娃娃、哄娃娃睡觉，在游戏过程中，有可能某个幼儿看到一辆小汽车，就提议"开车带娃娃去逛公园"，这样，情节就向前推进了；随着年龄的增长，幼儿的社会生活经验更丰富，游戏的内容也会逐渐丰富，能反映复杂的人际关系，幼儿能有意识地设计比较丰富的游戏情节，在遇到问题时，能想办法尝试解决问题，创造新的游戏情节，丰富游戏内容，推进游戏发展。

（五）游戏材料的选择与使用

角色游戏中幼儿对材料的选择与使用情况，能够很好地反映幼儿的想象力、创造力和思维水平。通过观察材料的选择与使用情况，教师可以很好地判断幼儿表征思维的发展状况，了解他们思维的抽象性程度、变通性与灵活性程度。幼儿在选择材料时是主动的、有目的的，还是盲目的、随机的？游戏过程中"以物代物"的水平如何？是否在同一情境中使用多种替代物？替代物与原型之间的相似程度如何？是否用同一种物品替代了多种物品？或者用不同物品替代同一种物品？创造性使用材料的水平如何？能否主动、灵活地就地取材？有没有根据游戏需要自发地设计和制作游戏材料？一般而言，低龄段的幼儿选择材料比较随意，更喜欢选择那些简单、形象逼真的材料，游戏过程中也以简单操作、摆弄材料为主，2岁左右逐渐出现"以物代物"的行为。随着思维水平的提升，幼儿能有目的地选择材料，创造性地使用材料，能够紧紧围绕游戏主题，根据游戏情节与需要，灵活自如、富有创造性地利用身边的物品开展游戏。

教师不需要手把手去"教"幼儿如何使用材料，而应该把这个空间留给幼儿。当教师为幼儿提供了适宜的游戏材料，并真正给了幼儿自由和自主的空间时，会发现幼儿创造性地使用材料的能力是非常强的。当然，教师可以通过观察，发现幼儿在材料使用上的个体差异，并有针对性地加以引导。例如，当发现个别幼儿有创造性的做法时，教师可以在交流分享环节请该幼儿进行展示和分享，实现同伴间的互相学习、互相影响；当缺乏支持游戏的现场材料时，教师不妨适当留白，引导幼儿讨论、协商，共同解决问题。例如，幼儿提出想在餐馆里给客人做鱼吃，但没有鱼，怎么办？这时可以请幼儿讨论，一起想办法，是否可以用树叶、树皮来替代，或者用彩笔画一些鱼……

（六）社会参与水平及同伴交往情况

从游戏主题的选择与确定、角色分配、游戏情节推进，到角色游戏的结束，整个过程都能体现幼儿的社会参与水平及同伴交往情况。一般而言，低龄段幼儿更喜欢独自游戏，他们主要与玩具发生作用，与其他角色的交往互动较少；随着年龄的增长，与人交往的意愿增强，但一开始缺乏交往技能和沟通技巧，常与同伴发生纠纷，在教师引导下能够与同伴协商解决问题；慢慢地，同伴交往水平进一步提升，在角色游戏中能够多方互动，有一定的合作意识与能力，在确定主题、分配角色、设计情节、遇到问题时能听取同伴的想法，主动沟通、协商，较快地解决问题。在游戏中，教师需要观察幼儿是处在从属地位，还是积极主动地表达意见？在需要协商时，幼儿是耐心地倾听别人的意见、适当妥协，还是固执己见、任性霸道？在遇到问题时，是积极主动地想办法解决，还是直接放弃？

这些游戏中的表现在很大程度上与幼儿在平时生活中的表现相一致。因此，一方面，游戏中，教师应该多放手，给幼儿更多的空间，让他们在游戏中放松地表现自我，自由自主地与同伴交流，尝试解决冲突，提升同伴交往水平；另一方面，教师应积极与家长沟通，共同促进幼儿的发展。

（七）对游戏规则的遵守及其他习惯的养成

角色游戏中的规则一般包括外在的基本规则和角色游戏本身的内在规则。外在的基本规则指所有角色游戏中都应该遵守的基本规则，例如，角色区有人数的限制，不破坏角色区的环境和材料，不伤害自己和他人，爱护玩具，物归原位，参与别人的游戏要征得他人同意等。对于基本规则的遵守，教师需要提前引导，明确要求，让幼儿达成共识，在游戏中要随时关注、提醒、鼓励，发现问题时及时指出；不同的角色游戏其内在规则也有所不同，例如，在医院游戏中，负责挂号的医生要坚守岗位，不能乱跑，在公共汽车游戏中，上车要刷卡或投币等。

角色游戏中可能会出现幼儿的行为表现与真实生活中的习惯、规则不一致的情况，例如，医院游戏中出现不挂号就看病、医生不问诊就给病人打针、病人不缴费就离开等情况。对于这样的问题，教师不必过于干涉，应适当允许这种情况的存在，因为游戏是幼儿自己对现实生活的观察与反映。出现这样的情况，可能是幼儿关于医院方面的社会经验不足，对生活的观察不够细致，再现不够到位，也可能是其他原因。教师需要先观察，在此基础上，有意识地引导幼儿回忆去医院看病的经历，还可以特意录制相关视频，请幼儿观看，或者请社区医生进班级分享等，丰富幼儿的社会经验，提升游戏水平。

【梳理经验】

1. 角色游戏是什么？
2. 角色游戏的基本要素有哪些？
3. 角色游戏有哪些特点？
4. 角色游戏有哪些基本价值？
5. 观察角色游戏时要注意哪些要点？
6. 观察角色游戏的基本流程有哪些？你可以制作思维导图或流程表帮助自己记忆吗？（表4-2）

表4-2　角色游戏观察流程表

项目任务	具体内容	
所属项目	玩味角色游戏	
学习任务9	观察角色游戏	
学习目标	1. 熟悉幼儿园角色游戏观察实施的一般程序； 2. 掌握幼儿园角色游戏观察记录的方式与技巧； 3. 能够结合角色游戏相关理论分析角色游戏，撰写观察记录	
典型工作过程	职业要求	注意事项
制订观察计划	1. 明确观察目的	根据角色游戏的观测点，了解幼儿的发展水平，满足幼儿成长需求
	2. 选择观察对象	明确数量、性别组成、年龄等
	3. 确定观察内容	包括幼儿表现、教师表现、游戏环境与材料等，需根据观察目的进行选择
	4. 选择观察地点	室内/户外
	5. 确定观察时间	观察次数不宜过少，每次观察的时间不宜过短
	6. 选择观察方法	一般有扫描观察法、定点观察法、个案追踪观察法等，需注意各类方法的特点和适用情况
准备观察材料	1. 选择计时工具	记录幼儿某种行为表现持续的时间
	2. 制订观察记录表	可使用相关游戏观察量表或自制相关表格

续表

典型工作过程	职业要求	注意事项
准备观察材料	3. 准备记录工具	通过录音、拍照、录像等，尽量保持真实的原始数据
	4. 与相关人员沟通	如需他人协助，需事先让助手明确观察目的、内容，学会操作观察仪器，掌握相关理论，了解相关注意事项
选择观察位置	1. 非参与式观察时的位置选择	选择距离幼儿较远或较隐蔽的位置，不对幼儿的行为造成干扰，同时保证能清晰地观察到目标幼儿
	2. 参与式观察时的位置选择	近距离参与，但不要过多干扰幼儿的行为
进行观察记录	1. 用描述法进行记录	各类记录法各有优点，应根据具体情况，有针对性地选取一种或几种记录方法
	2. 用表格进行记录	
	3. 用仪器进行记录	
分析观察资料	分析幼儿在角色游戏中的表现	能找出影响幼儿角色游戏发展的内部、外部因素
得出结论	判断幼儿的游戏发展水平	为支持角色游戏的进一步发展做铺垫

本任务概览见图4-9。

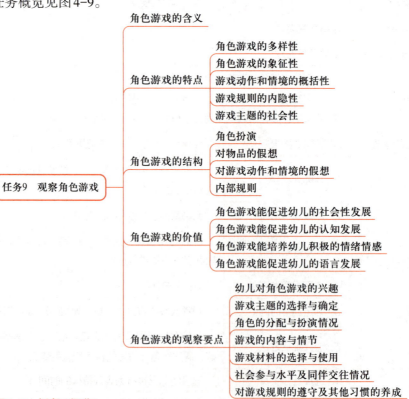

图4-9 任务9概览

【生成智慧】

直通国考

一、单项选择题

幼儿拿一根竹竿当马骑，竹竿在这个游戏中属于（　　　）。①

A. 表演性符号　　　　　　　　　　B. 工具性符号

C. 象征性符号　　　　　　　　　　D. 规则性符号

参考答案：C

试题解析：幼儿把"竹竿"当成"马"来骑，竹竿在这个游戏中是替代的"马"，这是典型的利用一种物品替代、象征另一种不在眼前的物品，这种对物品的假想叫"以物代物"，属于象征性符号。

二、简答题

简述角色游戏活动中教师的观察要点及其目的。②

试题解析：观察角色游戏可以很好地把握幼儿的已有经验，了解他们的发展水平和现状，捕捉恰当的教育时机，为适时、适度地指导角色游戏、促进幼儿进一步发展做好准备。

教师对角色游戏的观察是多维的。

从角色游戏的典型特征来看，观察的要点有：幼儿对角色游戏的兴趣、游戏主题的选择与确定、角色的分配与扮演情况、游戏的内容与情节、游戏材料的使用情况、游戏中幼儿的社会参与水平及同伴交往情况、对游戏规则的遵守情况等。

对不同年龄班的幼儿，观察的要点和目的有所不同：小班角色游戏的观察要点是幼儿是否具有角色意识，游戏内容是否为重复操作、摆弄玩具，主题是否单一等，旨在引导幼儿增强角色意识、逐步独立开展游戏；中班角色游戏的观察要点是游戏主题是否稳定，是否能与同伴合作，是否能遵守游戏规则等，旨在引导幼儿不断丰富游戏内容和情节，提高游戏的合作性；大班角色游戏的观察要点是幼儿是否能合理计划游戏并组织实施，是否能创造性地解决问题，旨在丰富幼儿的游戏经验，进一步提升游戏水平。

---

① 资料来源：2014年上半年中小学和幼儿园教师资格证考试科目二 保教知识与能力（幼儿园）考试真题。

② 资料来源：2015年上半年中小学和幼儿园教师资格证考试科目二 保教知识与能力（幼儿园）考试真题。

任务 10　指导角色游戏

【体验职场】

活动视频：
彩虹餐厅

角色游戏：彩虹餐厅[①]

20平方米的彩虹餐厅划分了"厨房""西点操作间""用餐区""玩具区"四个区域（见图4-10），各个区域利用材料柜进行隔断。

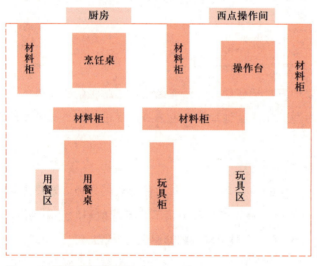

图4-10　游戏场地平面图

厨房里，身穿厨师服、头戴厨师帽的主厨涵涵和帮厨轩轩，在烹饪桌上制作"杂粮粥"，较深的不锈钢烹饪锅里有少量的红豆、黄小米、丝苗米及自来水。

主厨涵涵拿来两个木铲，将其中一个递给帮厨轩轩，大声吩咐道："这是你的，搅拌。"

帮厨轩轩听从指示接过木铲，和主厨涵涵一起用木铲方向一致地画圈搅拌锅里的"杂粮粥"。

突然，主厨涵涵灵机一动，立即停止动作并说道："等一下，这些食材好像不够啊，必须加点红豆。"

说罢，主厨涵涵将木铲放于桌面上，拿起烹饪锅旁的红豆储存罐，一只手固定罐子底部，另一只手拧开盖子后，双手捧罐往锅里倒入了些许红豆（见图4-11）。

---

① 本案例来自广西壮族自治区文化和旅游厅幼儿园。

主厨涵涵添加食材的动作并未影响帮厨轩轩的烹饪，他单手持续搅拌，预防食材"糊底"。

"厨师，她说要这个，还有这个，这个，这个，这个……"身穿绿色围裙的服务员翔哥来到主厨涵涵跟前，指着自制的菜单进行下单（见图4-12）。

图4-11　主厨往烹饪锅里倒入红豆

图4-12　服务员进入厨房下单

主厨涵涵仅看了一眼菜单，又专注地往烹饪锅里陆续倒入丝苗米，并未在乎服务员翔哥的所说所指。相反，在一旁的帮厨轩轩一直敬业地查看、倾听下单详情，时而一只手将过长的大袖子挽起防止其碰到锅具，另一只手不停歇地用木铲搅拌锅里的食材。

服务员翔哥观察了厨师们的动作后，提醒道："怎么搅拌？对了，还有锅呀，你们怎么忘了锅？"

忙忙碌碌的两名厨师未作答。

随后，主厨涵涵又将黄小米倒入锅中，帮厨轩轩惊呼："得了得了！"主厨涵涵听取建议，停止了添加的动作并将黄小米储存罐的盖子盖紧。

"加水。"帮厨轩轩拿起烹饪台上的不锈钢水壶，往锅里倒入少许自来水（见图4-13）。

图4-13　帮厨往烹饪锅里加水

主厨涵涵看到后，提议："加水，加多一点嘛，都不够。"

"那你们倒完呗。"在旁观看的服务员翔哥附议。

主厨涵涵拿起水壶欲添水，帮厨轩轩迅速按住倾斜的水壶阻止道："得了，不需要的呀。"

主厨涵涵只好将水壶放下，拿起木铲和帮厨轩轩一起继续搅拌的动作。

用餐区的顾客琳琳坐在椅子上等待许久，常常探头关注着厨房的动静，时而冲着厨房喊："这是草莓汁！""能不能给我来好（快）点？"尝试吸引大家的注意。

教师见状，便以顾客琳琳妈妈的身份加入了游戏，引导道："服务员翔哥，可以点菜了吗？"

服务员翔哥回头回答："还没得。"

教师说明现状："我们等了很久啰。"

服务员翔哥继续解释着："我们还在煮，还要煮。"

教师提出疑义："可是我还没点菜呢，你们煮啥呀？"

服务员翔哥终于从厨房走出来，走到用餐区开始接待。他笑盈盈地向教师递上菜单，问道："那您要什么？"

教师接过菜单后将其竖向摆放于餐桌中间，暗示众人一同观看（见图4-14）。

"这个是什么呀？"教师指着菜单第一行第三个的图案问道。

一直默默地在西点操作间用超轻黏土制作点心的老板偲偲闻声走出来。

"薯条。"顾客琳琳、老板偲偲、服务员翔哥三人齐声回答。

教师接着问："其他的呢？你能给我介绍一下你们有什么特色美食吗？"

穿着蓝色围裙的老板偲偲积极地抢答："还有鸡翅和蛋炒饭呗。"

顾客琳琳笑眯眯地问："没有甜品吗？"

老板偲偲指了指菜单上的一个图案，示意道："这个。"

"没有甜甜圈吗？"顾客琳琳询问。

服务员翔哥指着菜单上第三行的第一个图案说："还有咖啡。"

教师接受了服务员翔哥的推荐，确认下单："那我要一杯咖啡。"

顾客琳琳立即质疑："这不是咖啡，这是花甲螺青菜汤。"（见图4-15）

图4-14 顾客看菜单点菜

图4-15 顾客质疑服务员

"啊……那到底是什么呀？服务员你给我讲一下吧。"教师等待服务员翔哥的说明。

"呃……"服务员翔哥看着菜单，眉头一皱，略微思索后便计上心头，"啊！你们没有看到这个蘑菇吗？"

"这是花甲螺好吗！服务员！"顾客琳琳不耐烦地再次否定服务员翔哥的答案。

"不管了。"服务员翔哥不在乎图案所代之意，大步走进厨房逃避与顾客琳琳的对话，指着菜单上的两个图案对专心搅拌食材的帮厨轩轩说："这个要，还有这个，这两个都要。"

老板偲偲跟随其后，帮忙补充："还有这个薯条和鸡翅。"

顾客琳琳突发奇想，冲着厨房大声喊道："还有我的红豆馒头。"

"红豆馒头！"主厨涵涵逐一举高双手，将较长的袖子利用重力自然下垂收短，拿起木铲准备大秀厨艺。

老板偲偲背手叉腰，催促道："你们快点，红豆馒头！"（见图4-16）

用餐区的教师看到厨房里众人麻利地工作后，对着顾客琳琳说："干杯，中秋节快乐！"

顾客琳琳开心地举起水杯与教师碰杯，随之仰头而笑，畅谈起中秋的见闻。

期间，教师对服务员翔哥提问："等得太无聊了，在等菜时我们可以玩些什么？"

服务员翔哥便提供玩具区的益智玩具来满足顾客等候时段的娱乐需求。

过了好一阵，主厨涵涵烹饪完毕，呼唤道："服务员，上菜！服务员，上菜！"

正用剪刀捅开超轻黏土密封膜的老板偲偲听闻后，无奈地放下手中的材料，赶到厨房，见到服务员翔哥到位后，又摆摆手作罢，转身回到原岗位。

服务员翔哥主动说："我来上菜。"

"拿碗！"主厨涵涵厉声指挥道。

服务员翔哥用大拇指按压横放在碗上的儿童辅助练习筷，双手捧起盛有黄小米、红豆、花甲壳的"花甲螺青菜汤"的碗，快步端至顾客琳琳桌前。

"开饭啦！"教师高呼，并提出问题："我准备要吃饭了，那这个玩具怎么办呀？"

"嘿嘿，收好。"服务员翔哥将玩具收走（见图4-17），一边思考一边说："你们……你们……"

图4-16 老板催促

图4-17 服务员端走玩具

顾客琳琳熟练地用筷子翻弄着碗里的杂粮，问道"水呢？"

服务员翔哥的思路被她打断，马上反应道："哦！忘了加水了，等我一下哦。"

服务员翔哥使用水壶添加"青菜汤水"后陆续端来"红豆糖水"和"杂粮粥"，两名顾客用筷子快乐地"进餐"。

少顷，主厨涵涵在厨房里着急地直跺脚，双手乱舞，高喊："上菜呀！你要做很多事情。"

"我马上！我马上！"服务员翔哥赶忙回应，一边急步上菜一边长叹："唉……"

"这一份是打包的吗？"教师接连提问，"可是它没有盖子的话，是不是很容易洒出来？我怎么拿呢？"

图4-18 主厨找来打包盖

"来，来，盖上盖子。"主厨涵涵淡定地拿来透明盖子在打包碗上比画（见图4-18）。

众人笑着指出："太小了。"

"太小了，怎么办？"教师追问。

主厨涵涵回身寻找新材料，建议道："用这个（大）碟呗。"

"有了，有了！"服务员翔哥顿时有了灵感，小跑至厨房将食物储存罐的盖子拧下后又小跑回餐桌前比照。

教师摇摇头说："还是小。"

服务员翔哥把盖子盖入，卡在上宽下窄的斗笠打包碗中间："这样子不就行了吗？"

对于服务员翔哥的解决办法，教师提出新问题："我直接这样拿吗？有塑料袋吗？"

"塑料袋，没有。"在柜子前翻找材料的主厨涵涵回答。

教师提示："或者环保袋也行。"

"有了！"服务员翔哥一边说一边蹦跳至柜旁。

主厨涵涵看见服务员翔哥选择了和自己手中一样的纸碗，说："我已经拿了。"

"用这个。"主厨涵涵用纸碗罩住了装有"红豆糖水"的塑料碗。

顾客琳琳在一旁感叹："碗？！"（她以为他们去拿塑料袋装）

教师赞同："哇，这个好像蛮合适的，但是有点大。"

帮厨轩轩悠闲地走来，双手搭在头顶，说："你吃不完就收啦。"

教师更换提示语和提示对象，对帮厨轩轩说："对，我们已经吃饱了，但是我们需要打包这份回去，需要一个手提袋。"

帮厨轩轩并没有理会教师提出的手提袋需求，而是直接自顾自地收拾桌面上的花甲壳后离去。

"这个，把它放进去。"服务员翔哥拿来口径较大的纸碗和纸碟，将"杂粮粥"装入纸碗。

教师问："然后呢？"

主厨涵涵模仿服务员翔哥的动作，将原本罩在"红豆汤"上的纸碗拿起，叠放在"杂粮粥"打包纸碗之下，说："然后放在这里面。"

"盖上盖子。"服务员翔哥将纸碟盖在最上面（见图4-19）。

"冰激凌来了。"老板偲偲笑容灿烂地从西点操作间走出来，向教师递上了用超轻黏土塑形而成的"紫色冰激凌"。

"哇，这么多层啊，是为了什么呀？"教师摸着双层打包纸碗，又看了看碗里新放入的冰激凌，问"这个冰激凌（我没有点），是为了什么呀？"

服务员翔哥思考片刻，解释说："是为了……是为了送给你。"

图4-19　餐厅人员为顾客准备双层打包碗

"送给我的呀，谢谢！"教师收到冰激凌赠品后表达了谢意，又认可了双层打包碗的创意，"我觉得它还有保温的作用。"

看见经营餐厅的众人陆续离开，教师暗示："那我走了，我吃完我就走啦？"

"那你（的）宝贝呢？"服务员翔哥指了指全程微笑观看的顾客琳琳。

图4-20　顾客买单

"宝贝，我们就走了哦？"教师又暗示顾客琳琳，琳琳笑着点点头。

"交钱！"主厨涵涵反应过来，从厨房冲出来伸手要钱。

教师哈哈大笑："哦！还要交钱！帮我算一下这一餐花了多少钱？"

"四块钱。"主厨涵涵点数桌面的餐具，伸出五根手指说。

服务员翔哥一手托着下巴，另一手横在腰间支撑，考虑了一会儿，伸出四根手指后接话："有四个碗，就是四块钱。"（见图4-20）

"我想手机支付。"教师提出，"可以扫码吗？"

主厨涵涵、服务员翔哥、顾客琳琳指向餐桌垫下的自绘二维码，说："在这儿。"

"扫一下就行了，是吧？"教师拿出手机"扫码支付"，用拟声词模拟支付宝提示音，"滴，支付成功！"

【探究任务】

学习任务单如表4-3所示。

表4-3　学习任务单10

微课：角色游戏的组织——我们一起来装扮

项目任务	具体内容
所属项目	玩味角色游戏
学习任务10	指导角色游戏
学习目标	1. 熟悉各年龄班角色游戏呈现出的基本特点； 2. 掌握角色游戏组织中各工作环节的指导策略； 3. 能对各年龄班幼儿的角色游戏进行指导
具体任务	请仔细观察上述幼儿园角色游戏，回答以下问题

思考问题	你的回答	提示线索
在游戏开始前教师做了哪些准备？		可以从游戏环境布置、游戏材料提供、游戏经验铺垫等方面思考
游戏过程是怎样的？		梳理从游戏开始到游戏结束的过程
游戏主题是怎样确定的？		谁确定的？通过什么方式确定的？
游戏角色是谁分配的？怎样分配的？		幼儿完全自主分配的？教师分配的？教师引导下幼儿自主分配的？
游戏中出现了哪些冲突点？		争抢角色？争抢材料？发生其他争执？
冲突是怎么解决的？		幼儿自主解决的，还是教师解决的？具体通过什么方式解决的？说了什么？做了什么？
教师在游戏开展过程中做了什么？		说了什么话？做了什么事？用了什么动作、表情？

【建构认知】

一、角色游戏指导的一般策略

（一）游戏准备阶段的指导

角色游戏的顺利开展一方面依赖于幼儿的生活经验，另一方面与游戏的环境、材料密不可分。因此，教师在游戏准备阶段应该从以下几个方面做好指导工作。

1. 丰富、调动、激活幼儿的生活经验

角色游戏是幼儿对现实生活的反映。生活经验越丰富，角色游戏的内容、情节也就越丰富、充实、有创造性。苏联幼儿教育工作者柯罗列娃做过研究：第一次带领幼儿参观火车站时，只介绍火车、火车站票厅等实物。在游戏时，教师为幼儿准备了游戏材料，并帮助幼儿分配角色，但幼儿却不愿意做"火车站"的游戏。第二次参观火车站时，教师重点向幼儿介绍了火车站上人们的具体活动及这些活动的社会意义。参观后，幼儿立即投入火车站的游戏中，而且玩的时间很长，兴致很高。可见，只有具备相应的经验，理解角色的行为及其背后的意义，才能激发幼儿主动进行角色扮演的愿望。幼儿的生活经验主要源于家庭、幼儿园和社会生活的日常见闻。因此，在角色游戏开展前，教师应多渠道观察、了解幼儿已有的生活经验，通过多种途径拓宽幼儿的视野，在日常生活、教育活动的各个环节中，利用一切机会引导幼儿观察生活，加深幼儿对社会生活的体验与理解。例如，组织实地观察，带领幼儿观察交通警察的工作行为，带领幼儿参观口腔医院等，同时，有意识地开展家园合作，根据角色游戏中的常见主题，发动家长有意识地丰富幼儿相关生活经验，引导幼儿观察各行各业人员的言谈举止，了解不同职业的工作环境和工作内容，丰富他们的社会体验。

2. 创设适宜的游戏环境

游戏环境、游戏材料、设备是幼儿进行角色游戏的物质条件，对激发幼儿的游戏愿望和兴趣、发展角色游戏具有重要的作用。因此，在创设游戏环境时，应确保游戏空间和游戏材料的变通性。

（1）提供多层次的游戏材料。具象程度不同的游戏材料，对不同年龄幼儿角色游戏的开展有不同的作用。对低龄段幼儿而言，为了激发其游戏的兴趣，教师要提供一些实物和形象逼真的实物模拟玩具，帮助其确定角色游戏的内容。实物模拟玩具虽然外形逼真，但功能固定，用法单一，不容易引发幼儿根据游戏需要进行象征性改造。对高龄段幼儿而言，过于逼真的形象性材料不利于促进其表征性思维的发展，因此要逐渐减少这类高结构的材料，增加一些低结构的材料，激发幼儿的创造力，发展他们"以物代物"的表征能力。

（2）根据游戏需要逐步投放游戏材料。角色游戏的情节与内容常常由其材料引发，因此，游戏材料是幼儿角色游戏的"兴奋点"。教师在准备材料、设置游戏情境时，不要只从教师的角度考虑让幼儿玩什么主题，而应更多地从幼儿的生活经验出发，看幼儿自己能玩出怎样的主题。教师不要凭借自己的主观意愿将游戏所涉及的环境、材料一下子全都呈现出来，而是最初只呈现最基本的游戏环境和材料，然后在幼儿游戏过程中不断捕捉契机，再适时提供游戏材料，这样更能推动游戏的发展。另外，不要将所有游戏空间都设置为固定游戏主题区，应给幼儿留出自己确定主题的空间。一般来说，可以将小班幼儿的角色游戏区固定为他们最熟悉的生活主题，随着年龄的增长，到了中、大班，这类固定的主题游戏区应越来越少。

3. 提供充足的游戏时间

在角色游戏开展过程中，幼儿要明确游戏主题、分配游戏角色、准备游戏材料、设计游戏情节，整个过程需要花费较长的时间。教师应认真观察，根据实际情况为幼儿提供充足的游戏时间。充足的游戏时间是保证幼儿顺利、深入、自主开展游戏的重要保障，可以有效保持幼儿开展角色游戏的兴趣，更充分地发挥角色游戏对幼儿全面成长的促进作用。

（二）游戏开展阶段的指导

在具体的游戏开展过程中，往往会出现一些意料之中、意料之外、或多或少、或大或小的问题。因此，教师需要充分观察幼儿的游戏开展状况，根据幼儿的年龄特点、个性特点、游戏需求，在尊重幼儿自主性的前提下，有针对性地指导幼儿深入、自主地开展角色游戏，促进幼儿健康、全面发展。

1. 启发幼儿自主确定游戏主题

游戏的本质特征是自主自愿，只有根据自己的意愿自主选择的游戏，幼儿才能真正喜欢、全身心投入。只有幼儿全身心投入，游戏才能最大程度地发挥其应有的作用和价值。在角色游戏中，要允许幼儿根据自己的生活经验、兴趣爱好和身心需要，自由选择游戏的主题、内容、玩具材料、游戏情节、游戏伙伴，鼓励幼儿自发交流、自主展开，充分发挥自身的积极性、主动性、独立性和创造性。要做到这一点，就需要教师相信幼儿、尊重幼儿、充分赋予幼儿游戏的主动性，放手让幼儿主动活动。在这一过程中，教师需要认真、仔细、深入地观察幼儿的活动状况，当发现幼儿在主题选择上出现困难或争执时，在征得幼儿同意的前提下，轻度介入，通过提问、建议、启发等方式引导、鼓励幼儿自主确定游戏主题。

2. 引导幼儿自主选择和分配角色

角色游戏吸引幼儿的重要原因是：在游戏中，幼儿可以扮演他们感兴趣、崇拜向往的各种社会角色。但由于受自身社会认知能力和身心发展水平的限制，幼儿往往以自我为中心，过多考虑个人愿望，不善于相互协商分配角色，例如，在娃娃家游戏中，有时大家都想扮演爸爸妈妈，不想扮演宝宝，因此容易发生争执，这时就需要有人妥协、让步，使游戏继续进行下去。当幼儿争执不下、游戏无法进行下去时，为保证游戏的顺利开展，教师就需要适当介入，引导幼儿如何民主、公平、友善地相互协商，如通过自己报名、集体推选、相互轮流、剪刀石头布、随机抽签等方式有效分配角色。经过教师的引导，幼儿会逐渐学会如何较好地分配角色，这不仅可以提高角色游戏本身的质量，更重要的是促进幼儿的社会性发展及个性健康成长。

3. 适时、恰当地介入、指导游戏

在角色游戏开展过程中，教师应该认真观察、记录，了解幼儿的游戏主题、游戏情节、选取的游戏材料，观察游戏中幼儿的语言、动作、表情、与伙伴互动的情况，分析、解读这些游戏行为背后的原因。在观察的基础上，教师可根据实际需要，适当介入、指导幼儿的游戏。

一般而言，当出现以下几种情况时，教师需要介入、指导幼儿的游戏。

（1）当游戏中出现过激行为或消极内容，或者出现具有安全隐患的游戏行为时，教师应该及时干预。

（2）当角色游戏处于低水平重复时，教师应适当参与，提升幼儿的游戏水平。例如，当看到娃娃家的"妈妈"只是抱着娃娃呆坐时，教师就需要通过多种策略进行引导。例如，采用平行式的介入策略，在一旁给"娃娃"梳辫子、讲故事、喂饭等，用这种暗示的方法激活、丰富幼儿的相关游戏经验；也可以采用交叉式的介入策略，扮演成小剧场的售票员，邀请"妈妈"带"娃娃"来观看演出，帮助幼儿拓展游戏情节与内容。

（3）当幼儿主动寻求帮助时，应及时回应幼儿。

（4）当出现游戏材料不足时，应及时介入。游戏材料是支撑角色游戏有效开展的物质条件，当发现因材料缺乏影响游戏进展时，教师应及时作出反应，比如，启发引导幼儿寻找替代物，或者及时补充、投放材料。

（5）幼儿在游戏中遇到困难或发生冲突且自身难以解决时，教师应及时介入。幼儿在游戏过程中难免会遇到一些问题或意见不统一的时候，有些问题幼儿可以自行协商解决，有些问题单靠幼儿自身的能力难以独立解决，这时候需要教师及时介入，给予引导。

（6）教师对幼儿的游戏行为不太理解，需要进一步了解情况时，可以适度介入。每个幼儿都有自己的社会经验和个性差异，在游戏中会表现出不同的行为和语言，当教师难以理解幼儿的某种游戏行为或语言时，为了进一步了解情况，可以介入游戏，在细致了解的基础上确定相应的指导对策。

（7）幼儿违反游戏规则时，教师应适当介入。游戏规则包括外部的游戏常规和角色游戏本身蕴含的内在规则。游戏常规是大家为了保证游戏顺利开展而相互约定的，这是外部的游戏规则。例如，在游戏中，幼儿要遵守约定的区域活动规则、爱护玩具，不能以现实身份去干扰他人的游戏，甚至去攻击他人等。内在规则是游戏角色本身的职责及角色之间的关系，例如，"医生"是负责给"病人"听诊、开药的，而不是反过来，"病人"给"医生"听诊、开药。当幼儿违反外部规则时，教师应该及时制止，让幼儿回归到游戏者的身份中去。当幼儿违反角色游戏的内在规则时，教师应在观察基础上分析原因，是因为幼儿不理解角色的职责或角色间的关系、缺乏社会生活经验造成的，还是其他原因造成的，根据不同的原因，给予不同的指导。

以上只是一般的介入时机，并未穷尽所有的情况，具体实施中需要教师灵活把握。此外，介入游戏进行支持与引导后，教师应适时退出。成功的游戏指导，既要适时介入，又要适时退出。介入或退出游戏都是一个过程，需要教师在细心观察分析幼儿游戏行为的基础上进行。

（三）游戏结束阶段的指导

结束环节既象征着本次游戏暂告一段落，同时，也意味着下次游戏的准备和起始。因此，教师应十分重视游戏结束环节的组织与指导。

1. 引导幼儿主动、愉快地结束游戏，保持游戏兴趣

引导幼儿愉快地结束游戏，让幼儿感觉意犹未尽、有始有终，是教师组织、指导角色游戏的重要环节。要做好这一点，首先，应建立良好的游戏常规，让幼儿有掌控感，能直观感知到游戏准备结束的信号。由于时间看不见、摸不着，幼儿不容易感知和把握，这就需要教师把时间可视化，例如，在游戏结束前用一段固定的音乐、沙漏或别的方式提醒幼儿，让幼儿做好结束游戏的准备；其次，根据幼儿在角色游戏的实际表现，选取结束的时机，好的时机一般是在幼儿兴致降低，但还保持游戏兴趣的时候，这需要教师在大量的实践中去把握；最后，游戏结束的形式最好能够趣味化，体现游戏精神，如火车到站了、公园要关门了、医院要下班了、娃娃该睡觉了等。

2. 引导幼儿收拾材料和场地，培养幼儿良好的游戏常规

在游戏结束后，引导幼儿收拾玩具、整理场地既是本次游戏的完整结束，也是保障下次游戏顺利开展的必要基础和先决条件，同时还可以培养幼儿独立做事、善始善终的良好习惯。针对不同的年龄班，教师在引导整理材料和场地时应充分考虑幼儿的年龄差异性和能力水平，例如，小班的整理环节，重在培养小班幼儿整理游戏材料和环境的意识，引导幼儿在教师的带领下，积极参与；中班的整理环节以幼儿为主，教师在必要时给予帮助；到了大班，要求幼儿独立整理游戏材料和环境，做到物归原处，对于整理中遇到问题，由幼儿主动想办法解决，教师只是在必要时给予一定的督促和指点。

3. 鼓励幼儿积极分享，总结梳理游戏经验，提升游戏水平

在分享总结环节，教师可以借助不同类型的提问，引导幼儿有重点地回顾、梳理总结游戏，从而更好地了解幼儿的角色游戏情况、启发幼儿丰富游戏情节与内容、

提高幼儿解决游戏问题的能力，不断丰富扩展游戏经验、提升游戏水平。一般而言，分享总结环节的提问有以下几种类型。

（1）回顾性问题。例如，今天你在餐厅游戏里扮演了谁？和谁一起玩的？你们是怎么玩的？

（2）体验性问题。例如，今天你在美发屋玩得开心吗？为什么？可以和我们说说因为什么而感到开心吗？

（3）创新性问题。例如，今天你们在餐厅游戏中遇到了什么问题？你们想了什么办法？最后是怎么解决这些问题的？

（4）发展性问题。例如，下次如果还玩儿美发屋的游戏，你们想怎么玩？还想补充什么游戏材料？

当然，并不是只有在游戏结束后的分享总结环节才需要这样提问与引导，在整个游戏过程中，教师可以根据幼儿游戏的具体情况灵活处理。有时可以在游戏过程中提问、适度评价，如幼儿在游戏开展一段时间后注意力不集中，或者幼儿之间发生激烈的冲突时，教师也可以根据需要进行提问、评价、引导。

总之，幼儿角色游戏的发展应当是一个以幼儿为主体，在教师与幼儿、幼儿与材料、幼儿与幼儿的多方互动过程中，不断丰富和发展的动态过程。在角色游戏中，从游戏主题的确立、内容的选择、材料的提供、环境的创设、游戏的开展到总结评价，都需要教师在充分尊重和发挥幼儿游戏的主体性的基础上，与幼儿共同完成。

二、各年龄班角色游戏的特点与指导

幼儿的角色游戏水平具有较强的年龄差异性，小班幼儿以模仿为主，大班幼儿则以创造为主。教师应针对幼儿的年龄特点和游戏水平，有侧重点地进行指导。

（一）小班角色游戏的特点及指导要点

1. 小班角色游戏的特点

小班幼儿以无意注意为主，其活动易受外界刺激影响，随意性强，他们对周围人们活动的认识也比较肤浅和零碎，积累的生活经验相对较少，这就使他们在角色游戏活动中表现出以下的特点。

（1）游戏前没有明确的主题，角色扮演要借助直观、形象的游戏材料。小班幼儿思维的直觉行动性很强，思维离不开具体的事物，活动的内容和范围容易受到周围环境的制约。这一心理特点在角色游戏中常常表现为游戏活动缺乏明确的目的、游戏内容受游戏材料的制约，具体、形象的游戏材料能帮助他们展开特定的想象、引发相应的游戏情节。例如，看到玩具汽车就想扮演司机，看到锅碗瓢盆就想扮演厨师，看到听诊器、针筒就想扮演医生。

（2）角色意识不强，游戏行为易受同伴影响。小班幼儿对玩角色游戏具有强烈的愿望，对担任游戏角色很感兴趣，但由于自我意识发展水平的限制，常常未意识到自己在扮演角色，经常不能清楚地分辨现实中的自己与游戏中的自己所扮演的角色。角色扮演仅仅是对熟悉的个别行为的简单模仿。他们对角色扮演的兴趣常常随外部条件和情绪的变化而变化，具有不稳定的特点，难以对同一个角色保持长时间的兴趣，常常在游戏中频繁地转换角色，有时甚至还没有开始扮演一个角色，就转向另一个角色的活动。例如，在角色区里，穿白大褂的"医生"正拿着听诊器给"娃娃"看病。过了一会儿，看到理发店里有新的"吹风筒"，又拿起吹风筒给"娃娃"吹头发，看到餐桌上有碗勺，就拿起勺子放进自己的嘴里假装吃饭。

另外，小班幼儿的角色扮演行为还受到同伴的很大影响。往往看到同伴在玩什么，自己也会跟着玩什么，但还不会进行角色间的交往。例如，点心店的"顾客"来买糕点，看到老板兴致勃勃地做各种点心，看得眼馋，自己也开始拿起材料操作，老板对此好像一点不介意，他们自顾自地玩着。

（3）简单重复模仿角色的典型动作。由于受社会生活经验和认知能力的限制，小班幼儿不能完整地感知现实生活活动的全过程和人与人之间的各种关系，只对与自己密切相关的或自己感兴趣的部分内容有较深刻的印象。这一认知特点使大部分幼儿在角色游戏中只能比较片面、单一地反映某些角色的个别活动（或活动的某些环节），角色游戏的情节单一、内容贫乏，角色扮演往往停留在对该角色典型动作或活动的简单重复、模仿上。

例如，扮演司机时只是反复地模仿司机转动方向盘的动作，扮演护士时只会一遍遍地用注射器给病人打针。即便到了小班后期，角色扮演的内容有所拓展，开始能反映某些角色的几种活动，但这些活动还是分散的，不具备连贯性。例如，扮演妈妈时既能模仿妈妈做饭，又能模仿妈妈抱娃娃、做家务，但情节不连贯，情节之间的过渡呈现跳跃性，缺乏逻辑性。

（4）以独自游戏或平行游戏为主。受社会性发展水平的限制，小班幼儿缺乏人际交往互动的主动意识和相应技巧，对游戏规则的理解能力较弱，自我控制能力较弱，缺乏合作意识，一般以独自游戏和平行游戏为主，彼此间会相互模仿，但很少交流合作，不会解决同伴之间的矛盾。小班后期出现联合游戏，不同的幼儿可以在同一游戏主题下扮演不同的角色，但角色之间更多是各做各的事，彼此缺乏实质性的合作，只有在一些非常熟悉的游戏场景中才会出现简单的合作，例如，在开火车游戏中，有"乘客"要下车，"司机"会配合停车。

2. 小班角色游戏区设置要点

在小班初期，幼儿角色意识比较模糊，生活经验主要来源于家庭，因此，游戏的主题以娃娃家为主。此外,该年龄段的幼儿喜欢模仿同伴的游戏,玩与同伴相同的玩具,若同样的玩具材料不足,就容易发生争抢,因此,教师在材料提供上要注意尽可能提供种类少、同类物品数量多的玩具等游戏材料,方便幼儿开展平行游戏。例如,角色游戏区可以同时设置3~5个娃娃家。娃娃家的材料一般包括场景材料、角色身份标识材料、操作材料等。场景材料如温馨的地毯,舒适的靠垫,迷你仿真的厨具、家具、电器等。角色身份标识材料如画有爸爸、妈妈、爷爷、奶奶、娃娃等家庭成员图像的胸牌或头饰等,帮助幼儿强化角色意识。操作材料如灶台、锅碗瓢盆、各类刀具,各种逼真的蔬菜点心、橡皮泥、树叶等。

在小班中后期,随着幼儿生活经验的丰富,幼儿的角色意识逐渐清晰,角色扮演兴趣增强,幼儿逐渐能够与邻近的相关区域发生关系。这时,教师应该启发幼儿一起丰富游戏主题,例如,增加超市、美发屋、小医院等,鼓励娃娃家的幼儿互相"做客""招待客人""给宝宝过生日""买菜"等,也可以引导不同主题的游戏区之间进行有意义的联系,如让娃娃家的爸爸妈妈带娃娃到理发店、让超市营业员到医院看病等。

3. 小班角色游戏的指导要点

(1)根据实际情况灵活转换身份指导幼儿游戏。当幼儿在材料操作方面出现困难时,教师可扮演与幼儿相同的游戏角色,以自己的游戏动作和角色语言暗示幼儿,提供示范和榜样,启发幼儿的游戏行为。这种示范应具有暗示性,以维护幼儿的自尊心,同时根据幼儿的需求,由简易到复杂,从个别动作到综合动作,引导幼儿将自己的动作和所扮演的角色联系起来,逐步增强角色意识。

当幼儿在游戏情节的推进上出现困难时,教师可以扮演成与幼儿互补的角色,帮助幼儿推进游戏情节、丰富内容。例如,当美食店的"老板"因为缺乏客人而无所事事时,教师可以扮演成点外卖的人,请求"老板"帮忙送餐。此外,在指导幼儿游戏的过程中,教师还可通过提问的方式了解幼儿的想法,引导他们明确自己的选择,激发其主动思考,帮助他们梳理必要的经验等。例如,"你扮演的是什么角色?""你在做什么?""菜吃完了怎么办?""娃娃吃了几个饺子?"等。需要注意的是,在指导过程中,教师要适时退出,让幼儿成为游戏的主角。

(2)以情境再现的方式进行游戏的总结评价。在游戏刚结束时,幼儿仍处在所扮演的角色中,此时,教师可以在敞开式的游戏情境中,以幼儿所扮演的角色身份对该游戏进行梳理总结,对幼儿在游戏中的新玩法、新想法和出现的问题进行分析、讨论。除了游戏常规外,教师讲述评议的重点应放在幼儿对玩具的操作情况,以及游戏动作与角色名称的关系上,从而引起幼儿对角色的重视,并逐步理解游戏动作与特定角色的关系。情境化的游戏评价使幼儿对游戏的体验更为直接、具体和深刻,对游戏内容和角色的理解与把握更深一个层次,有助于提升幼儿的角色扮演水平。

（二）中班角色游戏的特点及指导要点

1. 中班角色游戏的特点

随着认知能力的发展，特别是注意稳定性的增强，有意注意时间的延长，中班幼儿角色游戏的目的性和主动性也在逐渐增强，开始能够根据自己的需要、愿望和兴趣选择游戏主题和内容，此外，幼儿思维的直观形象性也得到进一步增强，想象逐渐变得活跃而丰富。这些身心变化使中班幼儿在角色游戏中表现出以下特点。

（1）角色游戏的目的性和计划性增强。中班幼儿开始出现在角色游戏前选择确定游戏主题、分配角色、商讨游戏情节等意识和行为。尽管他们所安排的游戏情节还不够严谨，有的情节也不符合现实逻辑，游戏情节的展开也不够稳定，但已经表现出一定的计划性。

（2）主题进一步丰富和扩展，角色扮演能力提高。随着年龄的增长，幼儿的社会生活经验范围不断扩大，与小班幼儿相比，中班幼儿角色游戏的主题有所扩展，但仍然围绕熟悉的日常生活进行，而且主题比较简单。与小班幼儿相比，中班幼儿角色扮演的积极性得到进一步提高，游戏中出现的角色类型越来越丰富，角色扮演能力也进一步提高，不再是简单地模仿角色的单一动作，而是能按自己所理解的角色职责进行扮演。例如，扮演"妈妈"时，不再是简单地模仿"妈妈"喂"娃娃"的动作，而是在照顾"娃娃"的过程中，通过自己一系列的动作、语言、表情等，体现出"妈妈"对"娃娃"的关爱。

（3）角色游戏的社会性水平提高。中班幼儿与同伴自由交往的愿望更加强烈，同伴交往能力也有了进一步的发展，这使他们对多角色的集体游戏表现得越来越有兴趣。另外，随着社会生活经验的丰富，中班幼儿对人们在各种活动中的态度、情感和彼此之间关系的感知和体验更加细致，这使他们有能力共同完成同一主题下不同角色的扮演任务。因此，中班幼儿能在一定程度上相互合作，在假想的游戏情境中实现角色之间的有效互动。

2. 中班角色游戏区设置要点

中班幼儿社会经验更加丰富，不再满足于娃娃家等熟悉的家庭场景，教师可以引导幼儿讨论、拓展新的主题，例如，在娃娃家的基础上增加美食店、小超市、小医院、美发屋、小银行等。中班幼儿活动范围增大，角色间的互动交往增多，因此，角色区活动空间不宜过于封闭或狭小，区域的开放程度、宽敞程度、各区域的距离等以方便不同游戏主题之间互通互联为准，为不同主题、不同角色的多方互动创造条件。

例如，在中班初期，很多幼儿对打针、输液等比较感兴趣，可以将"医院"设置得宽敞些，方便幼儿在游戏中不断丰富情节、生成新的游戏。例如，随着医院游戏经验的丰富，幼儿知道医务人员有不同的分工，这时可以引导幼儿增加其他科室，细化医务人员的分工。此外，医院与娃娃家的距离可以相对远一些，引导幼儿在送娃娃去医院的路途中生成新的游戏情节，如乘坐出租车、坐地铁等。后期，还可以充分利用区角的墙面和角落，创设体检环境，满足幼儿的体检需要。

3.中班角色游戏的指导要点

针对中班幼儿角色游戏的特点，在指导过程中要注意以下要点。

（1）引导幼儿自主解决游戏冲突。中班幼儿在角色游戏中与他人互动、交流的愿望增强，思维能力快速发展，但由于语言发展跟不上思维发展，加上缺乏交往技能，出现矛盾冲突时，行动反应快于语言沟通，因此，在游戏中，常常出现争抢角色、争抢游戏材料等行为。教师应有意识地引导幼儿从平行游戏向联合游戏、合作游戏过渡，仔细观察、认真分析幼儿发生冲突的原因，采用多种方式介入，指导幼儿在游戏中逐渐掌握社会规则和交往技能，逐渐学会用协商、讨论等方式解决游戏中的冲突。

（2）进一步增强幼儿的角色意识。中班幼儿角色游戏的主题更加丰富，但不稳定，会经常更换主题，游戏中有时会出现频繁换场的现象。当幼儿脱离角色、频繁换场时，教师可以提供角色标记，提醒幼儿按照角色进行扮演，必要时还可以适当介入，用巧妙的方式暗示幼儿回归角色，履行角色职责。例如，当发现娃娃家的"爸爸"扔下"娃娃"，自顾自地去玩别的游戏时，教师可以扮演成"客人"："奶奶来看宝宝了，咦，爸爸怎么不在家呀？他去哪里了？告诉他，奶奶来家里看望你们啦！"

（3）培养幼儿的游戏规划能力。中班幼儿的角色游戏呈现出一定的计划性和目的性，教师可以进一步提升幼儿的游戏规划能力：在游戏前，可以通过谈话等方式，引导幼儿先构思后行动；在游戏过程中，关注游戏情节的发展，分析情节发展背后的动因；在游戏结束时，组织幼儿进行游戏的总结、回顾。

（三）大班角色游戏的特点及指导要点

1.大班角色游戏的特点

大班幼儿社会经验范围进一步扩大，对社会活动的认识更加全面，体验和理解也越来越深刻。另外，想象力、创造力进一步发展，表征思维进一步发展，思维过程中对具体、形象事物的依赖性逐渐降低，角色游戏中的"以物代物"更具抽象性，游戏的计划性、目的性进一步增强，主要表现出如下特点。

（1）游戏主题比较稳定。大班幼儿角色游戏的主题更加广泛、稳定，基本能反映社会生活，基本能紧密围绕游戏主题和角色身份开展游戏，游戏的内容和形式都统一于事先确定的主题中。例如，同样是娃娃家游戏，大班幼儿会更细致地反映家庭生活，并扩展到家庭生活与其他社会机构之间的联系中。游戏中不仅有做饭、吃饭、铺床、洗衣服、哄娃娃睡觉等情节，还会有到商场购物、让娃娃帮忙取快递、带娃娃到医院看医生等活动。

（2）角色扮演更加逼真。大班幼儿对成人社会活动的认识不再局限于动作、工具等表面的现象，而开始考虑人们的活动与其环境、条件之间的关系，并逐渐注意到各种职业的工作责任和职业规范，角色扮演更加符合角色的身份与职责。例如，大班幼儿带"娃娃"去医院看病时，"妈妈"不是简单地把娃娃交给"医生"，而是会详细交代病情："娃娃感冒，发烧了，她怕打针，能开点药吗？"而且，他们还会将自己的直接经历、从阅读中或听到的故事中间接吸取的经验，大胆而灵活地转化为游戏情节，使游戏的内容更丰富、充实。在对社会活动进行反复感知以后，大班幼儿会从头脑中抽象出成人活动的规则，并反映在游戏角色的主要职责及角色之间的关系上。他们认为幼儿园的老师是不能打小朋友的，医生应该拿手术刀而不是菜刀等。大班幼儿游戏中的纠纷也主要集中在对角色行为的"合理性"上，一旦出现不合乎现实逻辑的游戏行为，幼儿就会停止游戏，对同伴行为进行指责和纠正。在评议环节，幼儿也常常以角色扮演是否逼真来评价自己与别人的游戏行为。

（3）表征能力进一步提高。大班幼儿思维的抽象性、变通性得到进一步提升，创造性想象发展得更好。表现为在角色游戏的"以物代物"行为中，替代物与原型之间的相似程度逐渐降低，能够用同一物品替代多种物品，用不同的物品替代同一种物品，当缺乏替代物时，能够对物品进行简单的加工改造之后再用以替代。例如，在大班美食店游戏中，一位"顾客"想吃面条，但美食店没有面条，"顾客"很失望，于是，"厨师"用橡皮泥搓成一条条"面条"，另一位顾客要吃排骨，但排骨卖光了，"厨师"把橡皮泥捏成不同大小的颗粒替代"排骨"。

2. 大班角色游戏区设置要点

大班幼儿游戏的自主性增强、表征能力提高，逐渐不满足于预先准备游戏材料，对形象逼真的高结构游戏材料的兴趣减弱。大班的角色游戏区除了提供与主题相关的基本材料外，还应提供象征性材料，增强角色游戏活动的趣味性。例如，在角色游戏区提供"百宝箱"，放置一些废旧物品、自然材料和手工用具，如玻璃瓶、泡沫塑料、海绵块、石块、树叶、彩带、小木棍、纸、笔、剪刀、橡皮泥等，让幼儿根据游戏情节的需要，利用材料进行想象与创造。此外，要鼓励幼儿自主布置、装扮游戏的空间环境，环境的布置和空间的设置以方便开展合作游戏为标准。大班末期可以结合幼小衔接，增设学习方面的材料，如在书房提供小书包和适量的图书、文具，提供分类整理盒，培养幼儿及时整理书包及其他物品的习惯和能力。

3. 大班角色游戏的指导要点

大班幼儿的角色意识、任务意识比较强，能根据自己的兴趣自觉地遵守活动规则，能坚守自己的角色，能尝试协商解决问题。教师对大班幼儿角色游戏的指导重点体现在自主性的培养上，可以更多地支持大班幼儿按照自己的想法创设环境，创造性地加工、运用低结构的游戏材料，通过协商、讨论、轮流、猜拳等多种方式自主分配角色，主动生成丰富的游戏情节。在游戏过程中，幼儿应该能够根据需要，自主地与同伴协商、调整游戏规则，并自觉遵守；在游戏结束时，幼儿应该能够快速、有条理地归类、整理玩具和游戏场地；在总结分享环节，教师应鼓励幼儿尝试自我总结，自主地评价、反思整个游戏过程。

【梳理经验】

1. 在角色游戏开展前，教师需要做哪些准备工作？

2. 在角色游戏开展过程中，教师需要做哪些工作？

3. 在角色游戏结束阶段，教师需要做哪些工作？

4. 指导角色游戏的基本流程有哪些？你可以制作思维导图或流程表帮助自己记忆吗（见表4-4）？

表4-4　角色游戏指导流程表

项目任务	具体内容		
所属项目	玩味角色游戏		
学习任务10	指导角色游戏		
学习目标	1. 理解幼儿园角色游戏的特点和价值； 2. 掌握角色游戏组织中各工作环节的指导要点； 3. 能对各年龄班幼儿的角色游戏进行指导		
典型工作过程	基本步骤	职业要求	注意事项
游戏准备阶段	准备环境与材料	根据角色游戏的特点创设环境、提供材料	考虑角色游戏本身的特点、幼儿的年龄特点及兴趣需要
	铺垫游戏经验	调动、丰富幼儿的生活经验	角色游戏是幼儿对现实生活的反映，生活经验越丰富，角色游戏越丰富
	提供游戏时间	保证充裕的角色游戏时间	建议不少于30分钟，保障幼儿在游戏中有"商量主题、情节，分配角色"等机会

续表

典型工作过程	基本步骤	职业要求	注意事项
游戏开展阶段	确定游戏主题与角色	引导幼儿自主商量，确定游戏主题，分配游戏角色	遇到意见不一致时，给幼儿留有自主空间，引导他们友好协商，采用多种方式解决分歧
	丰富游戏内容与情节	启发幼儿自主丰富游戏内容、情节，提高游戏水平	掌握丰富游戏内容与情节的基本策略
	进行个别指导	充分观察，根据实际需要进行现场指导	把握指导的时机，掌握指导的原则与方法
游戏结束阶段	愉悦地结束游戏	引导幼儿在愉悦、自然的状态下结束游戏	把握结束游戏的时机和方法，保护幼儿游戏的热情
	做好整理工作	引导幼儿整理游戏场地、收拾游戏材料	根据不同年龄班的能力水平提出不同的整理要求
	总结游戏	引导幼儿总结角色游戏中的材料使用情况、自身的角色扮演情况等	小班的总结从以教师为主逐渐过渡到以幼儿为主，进一步梳理总结经验，明确下一步发展的方向

本任务概览见图4-21。

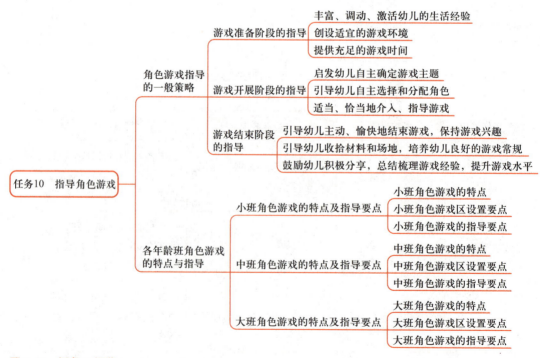

图4-21 任务10概览

【生成智慧】

直通国考

角色游戏：没有顾客的超市①

游戏情境：皮皮来到超市，当起了超市老板，但是，超市里面没有顾客，皮皮很无聊，呆坐在超市门口。

考核问题：

1. 如果你是老师，如何帮助皮皮吸引顾客？

2. 请模拟与幼儿讨论"如何让超市生意好起来"。模拟演示中要有语言讲解，同时配合相应的动作。

3. 请利用考场提供的材料，制作一种游戏材料，要求该材料对于吸引顾客有所帮助。

试题解析：

1. 教师可采用交叉式的介入策略，扮演成顾客光顾超市，借机与"老板"闲聊：你的超市物品很丰富，价格也合理，可惜没什么顾客呀，是不是大家都不了解这个超市呢？我有个建议：可以想办法做做广告或者促销，把更多人吸引到超市来……

2. 见二维码链接的视频资源"如何让超市生意好起来？"。

3. 可以用现场提供的卡纸做超市的促销广告牌、宣传单等。

如何让超市生意好起来？

任务 11   评价角色游戏

【体验职场】

角色游戏：交警十一支队②

游戏在 500 平方米的广阔操场上开展。经游戏小组讨论后，设置了"交警十一支队办公区""交警查车区""修理厂""单向四车道""停车场"5 个区域，各区域之间开放互通（见图 4-22）。

交警十一支队分发了新款交警帽和交警服，4 名交警穿上服装后便到操场的各个路口"上岗"执勤。

活动视频：交警十一支队

---

① 资料来源：2023 年下半年幼儿园教师资格考试面试真题。
② 本案例来自广西壮族自治区文化和旅游厅幼儿园。

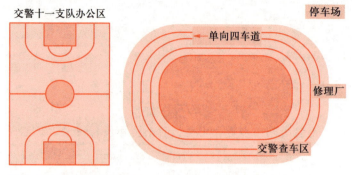

图 4-22 游戏场地平面图

交警佳琪举着绿色飞盘示意"绿灯通行"，见到小车过来后换举红色飞盘示意"红灯停止"。

驾驶员教师踩车而来，见到红灯标识便刹停三轮车（见图 4-23）。

交警队长小卢一只手拿着塑料对讲机，另一只手举高由塑料水管拼接制成的"酒精吹气式检测仪"，说："司机，请您吹口气。"

"吹口气？为什么呀？"驾驶员教师询问（见图 4-24）。

图 4-23 驾驶员见"红灯"而停车

图 4-24 交警查酒驾

交警队长小卢笑眯眯地回答："查酒驾。"

驾驶员教师对着"酒精吹气式检测仪"轻吹一口气后，说："请检查，我合格了吗？"

交警队长小卢查看"酒精吹气式检测仪"底部，未语。

"我可以通行了吗？"驾驶员教师再次提问。

交警队长小卢微笑着点头回答："可以。"

交警佳琪又换举绿色飞盘，示意"可通行"。

"那我通行啰，拜拜。"驾驶员教师骑车离去。

交警队长小卢将手中的道具互相敲击玩弄，起劲地说："拜拜。"

一会儿，交警队长小卢拦停了骑着双人车的驾驶员子琪，要求其出示驾照。

驾驶员子琪从兜里掏出自制驾照迅速递上。

"我告诉你……"开着警车巡逻归来的交警骏骏说道，之后发现大伙都在忙，便走向下一位驾驶员，滔滔不绝地分享自己的巡逻见闻。

交警队长小卢双手扶着交警佳琪的胳膊，拉其回到身后的站位。

驾驶员子琪等待许久，不见交警接过驾照检查，干脆将驾照一抛："你拿呀。"（见图 4-25）

交警佳琪从地上捡起驾照，仔细查看。

交警队长小卢等不及地抢过驾照随意一看，又立即将驾照交还给驾驶员子琪，说："给你。"

"哔哔！"排队在后的驾驶员教师模拟车辆喇叭的声音，提醒道："堵车啰。"

交警队长小卢扯过交警佳琪手中的"酒精吹气式检测仪"，加紧让驾驶员子琪吹气检查。

"没喝酒，走。"交警队长小卢摆手放行。

交警佳琪对踩着三轮车的驾驶员梓翔说："你好，请出示你的驾照。"（见图 4-26）

图 4-25　驾驶员抛出自制驾照

图 4-26　交警检查驾驶员驾照

驾驶员梓翔递上驾照，交警佳琪瞄了一眼后交还。

"他的驾照还是乱七八糟的。"交警骏骏笑着评价。

"红灯。"交警队长小卢举起红色飞盘，表情严肃地扯过交警佳琪手中的"酒精吹气式检测仪"，对驾驶员梓翔说："吹口气。"

"嘀嘀嘀（酒精含量超标）。"交警队长小卢模仿着警报声，又惊又喜，抓着驾驶员梓翔的手腕，说："跟我们去警察局。"

驾驶员梓翔转坐三轮车后排，交警队长小卢坐进驾驶位，搭载着涉嫌"酒驾"的驾驶员梓翔去对面路口的"交警十一支队办公区"。

"警察局"里关押着另一位驾驶员灿灿，见到交警队长小卢和驾驶员梓翔到来，无

图4-27　交警关押涉嫌酒驾驾驶员

奈地讲述了自己的遭遇。

"交警查车。"交警东霖从远处跑来，厉声道。

交警队长小卢沉默了一会儿后说："我没喝酒。"

"得了，下车。"交警队长小卢欢快地对驾驶员梓翔说，又对交警东霖说："把他关进监狱里面。"（见图4-27）

"好。"交警东霖答应道。

驾驶员梓翔听从交警指令，纵身跃进"监狱"。

众人见到驾驶员梓翔如此主动，大笑起来："哈哈哈……"

"把车停到这里来。"交警队长小卢交代队员东霖。

"让我来……"交警东霖接手三轮车，将其停进"交警十一支队"停车区域。

随后，交警队长小卢昂首挺胸，大步走回原岗位执勤。

驾驶员们在操场骑了一圈又一圈，而几位交警也尽职尽责地站在原地，注视着井然有序的各条车道。

驾驶员教师见状，将车刹停在路口。

跟在身后的驾驶员子琪高呼："哔哔，怎么堵车了？"

图4-28　交警呼叫122救援队

"哎呀，我的车坏了，动不了了，交警同志！"驾驶员教师向交警求助。

交警东霖拿起对讲机，大声地汇报："122（交警事故报警电话），122！这里需要你的帮忙，有个司机的车坏掉了，希望你过来修理。她的车动不了了，有可能是引擎坏了，也有可能是她车底有问题，所以我需要你过来救援。"（见图4-28）

"我也觉得。"驾驶员教师回应。

"好嘞。"交警队长小卢接到警情，一蹦一跳地赶来。

交警佳琪将通行绿灯转为红灯警示他人，后又举起绿灯标识，说："请后面的车先通行。"

"刚才交警同志说'后面的车可以通行'，你要不要先超车呀？"驾驶员教师问身后的驾驶员子琪。

驾驶员子琪搭载着同伴灿灿从右边超车，由于车道狭窄加上拐弯过小，双人单车不出意料地撞上前车。

"哎呀！这边会撞车，那可以走哪边呢？"驾驶员教师引导道。

"那边。"灿灿指着左边车道说。

"可以，没问题。"驾驶员教师说。

驾驶员子琪双脚倒踩车，时而蹬着地面借力来倒车（见图4-29）。

"倒车请注意，倒车请注意。"驾驶员教师反复提醒。

望着两个人离去后，驾驶员教师对交警队长小卢说："我的车动不了了，踩不动了怎么办？"

交警队长小卢原地蹲下，尝试用手转动三轮车脚踏板（见图4-30）。

图4-29　驾驶员倒车

图4-30　交警尝试检修车辆

"可以帮我检修一下吗？或者把我的车拖到……"驾驶员教师接着问。

交警东霖接话："修理厂。"

"可以，没问题。那我就把车交给你们啰。"驾驶员教师随即下车，并顺手拿走了自己的驾照。

交警队长小卢和交警东霖双人合力，将三轮车推至"修理厂"进行检修。

远处，灿灿笑容可掬地踩着三轮车，对并行驾驶的驾驶员子琪说："快让开，摇摇晃晃的，哈哈哈哈！"

"呼呼！"两辆车相撞，驾驶员灿灿率先"跌倒"在地，驾驶员子琪立即模仿其动作倒地不起。

"交警同志，这里有人受伤了！"驾驶员教师在远处呼叫。

交警东霖、交警队长小卢、交警骏骏、交警佳琪陆续赶来，众人对此情景十分感兴趣（见图4-31）。

"谁撞谁的？"交警东霖面带笑意，率先提问。

图4-31　车祸现场

交警队长小卢兴奋地原地蹦跳，跟声道："谁撞谁的？"

"有人受伤了，是不是要先送他们到医院？"在远处观看的驾驶员教师提示。

"120！120！这里有人受伤，赶紧过来救援。"交警东霖从胸前口袋拿出对讲机呼叫道。

图4-32　交警扶起受伤的驾驶员

交警队长小卢把对讲机放在耳边，说："对，快点！"

"刚才有人撞车、翻车了，马上过来，有人现在都躺在地上了，赶紧过来。"交警东霖持续呼叫。

交警东霖扶起受伤的驾驶员灿灿后，又与交警队长小卢合力将三轮车翻正（见图4-32）……

【探究任务】

学习任务单如表4-5所示。

表4-5　学习任务单11

项目任务	具体内容	
所属项目	玩味角色游戏	
学习任务11	评价角色游戏	
学习目标	1. 掌握角色游戏评价的内容与方法； 2. 能够对幼儿园角色游戏进行全面评价； 3. 愿意不断反思、推进角色游戏的发展	
具体任务	请仔细观察上述幼儿园角色游戏，回答以下问题	
思考问题	你的回答	提示线索
游戏环境是否合适？判断依据是什么？		可以举例说明墙面、地垫等布置是否利于游戏的发生与推进
游戏材料是否恰当、充足？判断依据是什么？		可对材料进行分类，分析幼儿更喜欢哪类材料，更需要哪类材料
游戏时间是否充裕？判断依据是什么？		可从游戏开展充分程度、幼儿的兴致等方面举例说明
幼儿游戏的积极主动性、持续性、专注度如何？		可从持续时间、表情、动作、语言等方面举例说明

续表

思考问题	你的回答	提示线索
幼儿的材料使用水平如何？		有哪些"以物代物"的行为？是否能创造性地使用材料？
幼儿的角色意识如何？角色扮演水平如何？		可从角色语言、角色动作与表情的运用等方面思考
游戏常规如何？		可从是否能自由地拿取玩具、主动整理玩具等方面思考
幼儿的自我评价、反思与总结能力如何？		可从游戏结束后幼儿的分享、总结情况做判断
教师在游戏中的言行是否恰当？为什么？		思考这些言行对幼儿产生的影响
如果你是老师，你会如何支持、推进这一角色游戏？		可按照"游戏前—游戏中—游戏后"的时间轴思考；也可按照"游戏环境材料、游戏经验铺垫、游戏指导策略……"等典型事件轴思考

【建构认知】

一、角色游戏评价的含义

以角色游戏为对象，按照一定的教育目标和游戏观，对角色游戏的过程、效果、游戏的质量和发展水平等进行价值判断。它包括两个方面：一个方面是对角色游戏实施本身进行评价，包括对角色游戏环境、游戏材料、游戏时间，以及教师在角色游戏中的观察、指导、游戏总结等行为进行评价；另一个方面是对幼儿在角色游戏中的行为进行评价，如评价幼儿在角色游戏中的情绪状况、兴趣爱好、认知和经验水平、使用材料的情况、角色扮演水平、语言水平、社会性的表现及游戏中表现出的自主性、创造性、意志品质、幽默感等。

二、角色游戏评价的目的

1. 进一步丰富幼儿的生活经验

在角色游戏中，幼儿以最放松自在的状态真实、自由、愉快地再现他们的生活经验，他们会把自己对真实社会生活的局部的、不全面的理解通过角色游戏反映出来，而在现实生活中，他们的经验与想法或许压根没有机会表现出来。通过游戏，成人可以非常直观地了解幼儿的生活经验。例如，在角色游戏中，会出现类似"超市的东西有些要钱，有些不要钱""只要生病就必须打针"等情况。这些经验有些会随着年龄的增长逐渐完善，而有些却会让幼儿形成不合适的甚至是错误的观念。通过游戏评价，教师可以引导幼儿把凌乱的经验梳理清楚，使游戏情节得以丰富，促进幼儿逐渐形成完整的经验体系，帮助幼儿在玩游戏的过程中逐渐适应社会生活，形成正确的价值观和判断是非的能力。此外，在评价环节，幼儿之间相互分析个人零星的经验，通过同伴间的交流，可以使自己已有的认知经验得到补充、修正和完善。

2. 及时发现问题，提升游戏质量

教师对角色游戏的细致观察与分析固然非常重要，但观察毕竟只能看到幼儿外显的行为表现。幼儿在角色游戏中的内在的感受与体验，需要教师与幼儿之间的互动，让幼儿把自己的内心体验、感受和碰到的问题表达出来。教师要想了解幼儿在游戏时的真实想法及情况，就不能仅仅关注幼儿在游戏中是否"玩得开心"，还应多关注幼儿在游戏中"有什么不开心的事情"，在幼儿讲述不开心的事情时，教师可以及时发现游戏中存在的问题。如幼儿说："我是小吃店的，旅行团把飞机开到小吃店来了……""娃娃家的人太多了，太吵了……""今天的理发店游戏很没意思，一个顾客都没有……"这些问题提示教师，幼儿的相关经验可能不足或教师在游戏场地的规划、游戏材料的提供等方面可能存在一些问题，为教师进一步指导游戏提供了方向。

三、角色游戏评价的原则

在角色游戏评价过程中必须遵循以下原则。

1. 全面性原则

在角色游戏评价中，教师需要采用多种观察方式多次观察、全面了解，充分收集幼儿的角色游戏兴趣、角色扮演水平等信息，在此基础上进行分析和归纳，最后再做出恰当的评价。

2. 形成性评价与总结性评价相结合的原则

游戏主题、游戏玩伴、游戏时间、游戏材料、幼儿的情绪状态、已有经验等都会影响角色游戏的过程和效果。因此，在对角色游戏进行评价时，以多次的形成性评价为基础，形成性评价与总结性评价相结合。

3. 定性评价与定量评价相结合的原则

定性评价是指用客观、准确的语音描述幼儿角色游戏的状况、特点和水平；定量评价侧重于用数量显示游戏的性质和功能。每个幼儿都是独立的个体，有着与众不同的个性与特点，在体力、知识、能力、行为、性格等方面不尽相同。在进行角色游戏评价时，教师一方面可以采用一些定量的方式进行评价，另一方面也需要关注那些较难定量的、缺乏客观表现的内容。

四、角色游戏评价的内容

对角色游戏的评价，一般可以从角色游戏的环境与材料、角色游戏中幼儿的行为、角色游戏中教师的行为三个方面展开。

（一）角色游戏的环境与材料

（1）环境的创设是否能调动幼儿的相关生活经验？

（2）墙面、地面等是否可以为角色游戏的开展提供必要的支持？

（3）游戏的空间是否利于角色间的互动，满足角色游戏的需要？

（4）提供的游戏材料是否符合幼儿的年龄特点，有利于角色游戏的开展？

（二）角色游戏中幼儿的行为

（1）幼儿是否对该游戏有浓厚的兴趣，能较持久、专注地投入游戏？

（2）游戏是否具有目的性和计划性？

（3）幼儿在材料选择、玩伴选择、角色扮演、规则制定等方面是否体现出相应的自主性？

（4）游戏是否生动、准确地反映了社会生活？

（5）游戏内容是否积极、健康？

（6）幼儿的生活经验是否足以支撑该角色游戏？

（7）幼儿是否能够通过协商、讨论等方式进行角色分配、合理分工、相互合作？

（8）幼儿是否能够创造性地使用游戏材料，恰当地进行"以物代物"？

（9）幼儿的角色扮演水平如何？是否能够恰当地运用角色语言、动作、表情，以角色身份进行互动？

（10）幼儿是否能够正确地处理游戏中的冲突？

（11）幼儿是否能够主动想办法解决角色游戏中遇到的困难？

（12）游戏结束后幼儿是否能够主动整理玩具？

（13）在游戏分享总结环节，幼儿是否能够清晰地表达自己的感受？

（三）角色游戏中教师的行为

（1）教师是否能够通过观察敏锐地发现幼儿角色游戏中的问题？

（2）教师是否适时地开展讨论或通过小组活动、集体活动解决幼儿出现的问题，不断丰富幼儿的生活经验，为角色游戏做相关经验铺垫？

（3）在角色游戏开展过程中，教师是否能够进行适时、恰当地指导？

（4）教师对角色游戏的总结评价是否有针对性和启发性？是否有助于推进游戏，提升幼儿的角色游戏水平？

（5）教师是否能够根据幼儿的表现对角色游戏的环境、材料、指导策略等进行反思和调整？

在实施评价的过程中，教师可以根据幼儿园实际情况，结合以上内容，编制相关表格（见表4-6），相互讨论，确定标准分，便于在不同班级之间进行横向对比。

表4-6　角色游戏评价表

幼儿园：　　　　　　　　　　　　班级：　　　　　　　　　　　时间：

一级评价指标	二级评价指标		标准分	得分	理由
角色游戏的环境与材料	空间设置	空间面积是否能够满足角色游戏的需要？			
		是否能够充分利用地面、墙面等立体空间，为游戏创设适宜的环境？			
		是否能够根据幼儿的游戏意愿和需要经常进行动态性变换或调整？			
	材料投放	主体材料是否承载着区域当前的教育目标？能否为幼儿的当前发展需求提供支持？			
		材料的数量、种类、配置等是否满足当前角色游戏活动的需要？			
		能否随幼儿的游戏需要和经验提升而不断变化、投放新的材料？			
		是否注重培养幼儿良好的材料操作常规？			
	墙饰	墙面环境是否可以支持幼儿的游戏？例如，是否具备必要的范例图片、主题情境图等？			

续表

一级评价指标	二级评价指标		标准分	得分	理由
角色游戏中幼儿的行为	兴趣	幼儿在游戏中是否有饱满的情绪?			
		幼儿能否专注地投入游戏?			
		幼儿在游戏中的持续时间如何?			
	自主性与目的性	幼儿是否能够自主地确定游戏主题?			
		幼儿是否能够自主地选择游戏内容、分配游戏角色?			
		幼儿是否能够自主地选择游戏材料、玩伴?			
		游戏是否具有明确的目的性?			
		游戏是否具有一定的计划性?			
		游戏是否始终围绕相关主题开展?			
	角色扮演水平	角色意识是否明确?			
		游戏中是否出现合理的情境转换?			
		幼儿在游戏中"以人代人"的水平如何?			
		幼儿在游戏中"以物代物"的水平如何?			
		游戏中其他的表征行为如何?			
	社会性发展	幼儿在群体中的位置与作用如何?			
		幼儿间是否有必要的交流与合作?			
		幼儿是否具备相应的生活经验?			
		幼儿是否能够合理地分配、使用玩具、材料?			
		幼儿是否有办法自主处理与同伴的纠纷?			
		幼儿能否在游戏中灵活迁移相关生活经验?			
	语言发展	游戏中是否能够恰当地运用角色语言与其他角色交流?			
		在游戏分享交流环节是否能够运用清晰、恰当的语言表达观点?			
	学习品质	在游戏中是否能够创造性地使用游戏材料?			
		遇到困难和问题时是否能够积极想办法解决?			
		是否能够对自己的游戏过程进行恰当的评价与反思?			
角色游戏中教师的行为	准备	在游戏时间、游戏经验铺垫、游戏环境布置等方面的准备是否充分?			
	观察	是否对幼儿的游戏情况进行细致的观察?是否能够敏锐地发现幼儿游戏中存在的问题?			

续表

一级评价指标	二级评价指标		标准分	得分	理由
角色游戏中教师的行为	指导	游戏的介入时机是否恰当？指导方式是否有效？			
	评价	评价是否具有针对性？是否对幼儿有正面的指导和激励作用？			
	反思	是否能够根据实际问题及时调整游戏环境、材料，反思游戏指导策略？			
总分					

评价者：

【梳理经验】

1. 评价角色游戏时应注意哪些基本原则？

2. 对角色游戏进行评价时，可以从哪些方面开展？

3. 如何具体评价角色游戏中的环境与游戏材料？

4. 如何具体分析、评价角色游戏中幼儿的行为表现？

5. 如何具体分析、评价角色游戏中教师的行为？

6. 角色游戏评价的基本流程有哪些？你可以制作思维导图或流程表帮助自己记忆吗？（见表4-7）

表4-7　角色游戏评价流程表

项目任务	具体内容		
所属项目	玩味角色游戏		
学习任务11	评价角色游戏		
学习目标	1. 掌握角色游戏评价的内容与方法； 2. 能够对幼儿角色游戏进行全面评价； 3. 愿意不断反思、推进角色游戏的发展		
典型工作过程	基本步骤	职业要求	注意事项
评价准备阶段	明确评价目的	能够通过评价提升游戏质量，从而丰富幼儿的生活经验，发展幼儿的能力	
	确定评价对象	能够对角色游戏环境与材料、幼儿及教师的行为进行评价反思	

续表

典型工作过程	基本步骤	职业要求	注意事项
评价准备阶段	选择评价内容	能够根据一定的目的，选择并聚焦相应的内容开展评价、反思	可参照"角色游戏评价表"中的二级评价指标，从游戏材料投放、游戏的目的性自主性、角色扮演水平等方面开展
评价实施阶段	选择评价方法	能根据具体对象与内容灵活使用不同的评价方式	
	选择评价时机	能选择恰当的时机开展游戏评价	在游戏前，对游戏中可能出现的问题进行预设，采用预防性评价；在游戏中，抓典型时机与事件，开展即时性评价；在游戏后，进行总结性评价

本任务概览见图4-33。

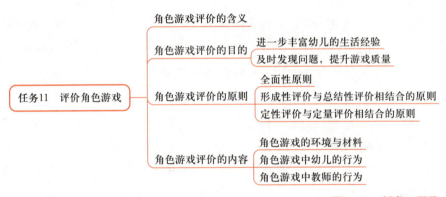

图4-33 任务11概览

【生成智慧】

直通国考

材料分析题①

在角色游戏中，大二班在教室里开展理发店主题游戏，教师为了提升幼儿的游戏水平，主动为幼儿制作了理发店的价目表（见表4-8）。

直通国考：
模拟指导创造性游戏

---

① 资料来源：2016年上半年中小学幼儿教师资格证考试科目二 保教知识与能力（幼儿园）考试真题。

直通国考：
评析游戏案
例

表4-8 理发店价目表

美发区		美容区	
洗发	10元	牛奶洗脸	10元
剪发	10元	美白面膜	15元
烫发	30元	造型设计	20元
染发	30元	身体按摩	20元

问题：请结合你对角色游戏的理解，分析教师提供价目表这一做法是否适宜，并提出建议。

试题解析：角色游戏是幼儿通过扮演角色创造性地反映现实生活的一种游戏，由角色扮演、对物品的假想、对游戏动作和情境的假想、内部规则构成，是幼儿期典型的游戏方式。

材料中大二班的教师为了提升幼儿的游戏水平，主动为幼儿制作理发店价目表的做法是不恰当的。

大班幼儿思维的抽象性、变通性进一步提升，创造性想象发展得更好，角色游戏中的"以物代物"行为更为灵活，游戏的自主性更强，逐渐不满足于预先准备的游戏材料。根据大班幼儿角色游戏发展的特点和水平，教师不应该直接给幼儿制作价目表，因为这样实际上把游戏框在了教师的想法内，限制了幼儿的主动性和创造性。

鉴于以上原因，给该教师提出的建议是：做幼儿游戏的支持者而非指挥者；充分尊重和发挥幼儿的主动性、积极性和创造性，鼓励幼儿积极参与游戏环境的布置；在游戏材料方面，除了提供与主题相关的基本材料外，还应提供一些象征性的低结构材料，为幼儿想象力、创造力的发挥提供空间，增加角色游戏活动的趣味性，引导幼儿根据游戏需要，选择合适的材料，甚至对已有的材料进行加工改造，创造性地使用材料。

挑战赛场

幼儿游戏行为的观察与支持

游戏视频：
冰墩墩速递

一、大赛题目1：幼儿行为观察与指导材料撰写

具体要求：观看幼儿游戏视频"冰墩墩速递"，根据试题的要求，撰写幼儿行为分析报告。视频循环播放，观看视频和答题时间共75分钟。

评分观测点如下：

（1）能详细描述幼儿的行为表现。

（2）能正确评价幼儿的行为，根据幼儿的行为表现准确判断幼儿的发展水平。

（3）能站在幼儿的视角理解和分析幼儿的行为表现。

（4）能提出支持幼儿学习、促进幼儿进一步发展的策略，适宜性、操作性强。

试题解析：

（1）描述幼儿行为表现时，可以从游戏兴趣、游戏情节、角色扮演水平、游戏中的互动交往情况、游戏中表现出的学习品质等方面展开。

（2）评价、分析幼儿的行为表现时，需要有理有据，对幼儿的发展状况与水平做出判断，说明这种判断基于观察到的哪些行为，并能分析幼儿发展现状背后的原因。

（3）提出支持策略时，可以从时间轴上展开，例如，角色游戏准备阶段、开展过程中、结束时应该分别做什么；也可以从典型事件轴展开分析，例如，在游戏环境和材料方面应该做什么、在教师指导策略方面应该如何改进等。

二、大赛题目2：幼儿行为观察与指导现场答辩

具体要求：选手现场简要陈述题目1的答题情况（不允许携带任何材料进入答辩现场），并回答评委现场提出的问题。

评分观测点如下：

（1）语言表达能力：普通话标准、口齿清晰、语言流畅、用词得当、表达准确、条理性和逻辑性强。

（2）综合分析能力：能准确、深入地分析幼儿行为发展存在的问题，支持策略有效可行。

（3）应变能力：情绪稳定、反应敏捷，考虑问题周全。

（4）举止仪表：穿着打扮得体，言行举止符合教师礼仪。

展示游戏

认真阅读以下角色游戏案例，请从"游戏环境""游戏材料""幼儿游戏水平""教师指导策略"等方面进行分析评价，并提出进一步支持、推进游戏的建议。

案例：小医院①

在"医院"主题的角色游戏中，教师设置了挂号收费处、骨科、五官科、妇产科、输液室、住院部、药房大大小小七个游戏区域。每个区域均备有丰富且仿真的活动材料，幼儿可以自主选择扮演医务人员。医生的白大褂、活动室桌上的白布、随处可见的医疗工具……让人仿佛置身于真的医院之中。在每个游戏区域，教师用汉字在墙上

---

① 杨玚，王春燕. 困境与出路：一个角色游戏案例引发的思考［J］. 幼儿教育，2016,（25）:7-10.（稍有改动）

标着各科室名称（见图4-34和图4-35），病历本上也全是打印的汉字。各科室配备了若干张药品清单（见图4-36），"医生"替"病人"诊断后，会在药品清单上打钩开药。然而，药品清单上20多种中药多是幼儿在日常生活中少见且说不出名称的，"医生"往往只是根据自己的喜好勾选几种中药便算是开了药。

"五官科"里面只有一名扮演医生的女孩雯雯。雯雯看来有些无所事事，一会儿来回走动，一会儿站在桌子前东张西望，仿佛在等待"病人"光顾。教师进入"五官科"，见雯雯没有主动打招呼，便开口问她："这是什么科？"雯雯回答是五官科。教师接着说："那给我看看眼睛吧，我的眼睛很不好。"雯雯指了指旁边的躺椅，没有说话，应该是示意教师躺在那里。教师遵照她的指示躺在躺椅上。雯雯找来一个手电筒，想用它检查教师的眼睛，但手电筒的开关一直推不上去，她便把它扔在一边。接着，雯雯一言不发地转身回到桌子前拿起一本用来检测色盲的书，翻到其中的一页。教师见她没叫自己，便主动来到桌前辨认起来。教师答对了两次后，雯雯就指着前面的一把小椅子说："坐下。"并交给教师一个遮眼板。教师坐下来准备检测视力，雯雯指着视力表的图标一个一个地测试，直到教师看不清为止。接着，雯雯收走了遮眼板，坐回到桌子前面。教师紧跟着也坐在她对面，急切地问道："医生，我的眼睛怎么样？有问题吗？"雯雯拿了一支笔在药品清单上随便打了几个钩（见图4-37），并说："我给你开点药，你拿着这个去配药吧。"说完，便转身去做别的事情了。

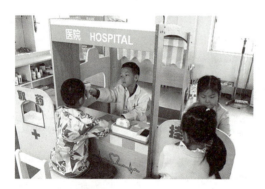

图4-34 游戏环境1

图4-35 游戏环境2

图4-36 药品清单

图4-37 五官科"医生"开药

教师拿着病历本来到"住院部"。"住院部"有两张病床，没有病人，也没见到医生。教师问："有医生在吗？"艾艾见状，从隔壁的"药房"走过来，平静地问道："怎么了？"教师回答："我的嗓子不舒服，挂号的医生让我来住院。"艾艾说："好的，那你到这边躺下吧。"说完，转身去取输液材料。她拿着输液管等材料摆弄了很久，自顾自地玩了起来，仿佛忘了"病人"的存在。于是教师喊了艾艾一声，艾艾来到床边，笑着说："现在我来给你打针。"教师表现出害怕的样子，并说："我非常害怕打针，可不可以不要打针？"艾艾没有作答，转身去安装仿真的打针材料。教师再次重复并有意提高音量说："我非常害怕打针，医生，能不能不要打针？"艾艾仍然没有理会。接着，艾艾用棉签为"病人"擦了一下手背，然后把"针"扎了下去，嘴里模仿着"刺，刺……"的打针声音，脸上露出得意的表情，接着说："可以了。"然后在"病人"打针处贴上胶带，并说："可以出院了。"没有等"病人"作答，她便转身去收拾材料了。

在"妇产科"，星星扮演怀孕的妈妈，肚子里塞着小枕头；阿涛扮演爸爸；敏敏扮演妇产科医生。星星躺在床上，偶尔羞涩地笑着，不说话。阿涛坐在椅子上，小手放在星星的额头上，眼睛时而看看星星，时而瞧瞧敏敏，敏敏问话时他会简单应答（见图4-38）。敏敏忙前忙后地准备材料，嘴里说着："要生了，要生了。"然后阿涛和敏敏一起安慰、鼓励星星。这时，在一旁观察的教师似乎察觉到星星肚子里塞的是枕头，游戏很难进行下去。她赶紧跑到娃娃家提起布娃娃，又连奔带跑来到"妇产科"。她叫着敏敏的名字，将布娃娃扔给了敏敏。敏敏将奶瓶拿给星星，让星星给新生儿喂奶，随后转身和新进来的同伴交谈。阿涛和星星"喂"了几秒钟，便抱着"娃娃"出了"妇产科"，去做别的事情了。

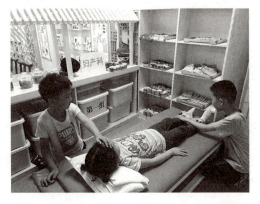

图4-38 妇产科

项目五

5

玩赏表演游戏

知识目标

□ 理解表演游戏的内涵、特点和评价原则。

能力目标

□ 掌握表演游戏的观察要点，并能根据幼儿的年龄特点、发展水平和游戏进程进行游戏指导。

素养目标

□ 乐于对表演游戏的准备、开展过程、游戏效果等进行全面的评价与反思，充分发挥表演游戏的价值。

项目导图

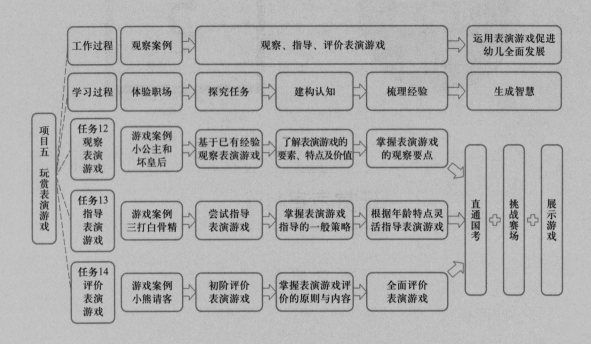

项目五 玩赏表演游戏

工作过程 → 观察案例 → 观察、指导、评价表演游戏 → 运用表演游戏促进幼儿全面发展

学习过程 → 体验职场 → 探究任务 → 建构认知 → 梳理经验 → 生成智慧

任务12 观察表演游戏 → 游戏案例 小公主和坏皇后 → 基于已有经验观察表演游戏 → 了解表演游戏的要素、特点及价值 → 掌握表演游戏的观察要点

任务13 指导表演游戏 → 游戏案例 三打白骨精 → 尝试指导表演游戏 → 掌握表演游戏指导的一般策略 → 根据年龄特点灵活指导表演游戏

任务14 评价表演游戏 → 游戏案例 小熊请客 → 初阶评价表演游戏 → 掌握表演游戏评价的原则与内容 → 全面评价表演游戏

直通国考 ✚ 挑战赛场 ✚ 展示游戏

174

任务 12 观察表演游戏

【体验职场】

表演游戏：小公主和坏皇后

　　早餐结束后，孩子们开始商量《小公主和坏皇后》的"脚本"，并用绘画的方式记录主要情节：小公主生活在美人国，那里有爱她的亲人和朋友，她每天都过得非常开心（见图5-1）。而坏皇后每天都会问铜镜："谁是这个国家最美丽的人？"铜镜每一次都会回答："当然是您了！"（见图5-2）有一次，铜镜回答说小公主是本国最美丽的人，坏皇后便开始对小公主怀恨在心。于是，坏皇后趁小公主外出游玩的时候（见图5-3），开始想尽各种办法毒害小公主。她分别扮演成卖苹果的人、卖梳子的人和卖丝绸的人，毒害小公主（见图5-4）。幸好，王子武艺高强，很好地保护了小公主（见图5-5）。最后，皇帝知道了皇后的所作所为，惩罚了皇后。从此小公主和王子幸福地生活在一起（见图5-6）。

图5-1 小公主快乐地生活

图5-2 坏皇后和铜镜对话

图5-3 小公主在高兴地采花

图5-4 坏皇后扮演不同的人骗小公主

图 5-5　王子救小公主回家　　　图 5-6　小公主结婚了

　　"脚本"商量好之后，孩子们把表演主题定为"小公主和坏皇后"，他们先找教师打印"小公主"和"坏皇后"的文字，在文字上用彩色笔涂色和画上图案做装饰，然后把文字剪好夹在表演的幕布上（见图5-7），还把主要情节夹在画架后放在舞台的侧面（见图5-8）。

图 5-7　"小公主和坏皇后"幕布　　图 5-8　情节展示

　　舞台布置好后，孩子们开始在教室找适合的服装和道具。扮演小公主的筱筱找到了粉红色大丝巾披在身上（见图5-9），扮演铜镜的尚泽把一条长长的淡绿色丝巾挂在脖子上，并找到小镜子，当作铜镜。坏皇后和猎人分别把不同颜色的丝巾斜绑在身体一侧做装饰（见图5-10），孩子们都在用不同的服装和道具装扮自己，在准备的过程中，他们一边试着服装和道具，一边在舞台上排练。

图 5-9　小公主　　　　　　　图 5-10　猎人

表演开始了，最先出场的是坏皇后（嘉嘉）和铜镜（尚泽）（见图5-11）。

铜镜单脚跪在坏皇后面前，坏皇后高傲且咬牙切齿地对着铜镜说："铜镜啊铜镜，世界上谁最美？"

铜镜身体向前倾，谄媚地说："当然是您了！"。

坏皇后一脸满足地和铜镜退场了。

小公主（筱筱）手上拿着一个盆栽出场，她一边做着采花的动作，一边绕着舞台走一圈，嘴里说着："好多漂亮的小花朵啊！"猎人（建远）出场后一脸正气地对小公主说："尊敬的小公主，我不想伤害你，你走吧！"小公主向猎人鞠躬致意说："好的，谢谢猎人。"（见图5-12）

图 5-11　魔镜和坏皇后

皇后和铜镜再次出场，皇后手舞足蹈且自信地对铜镜说："铜镜啊铜镜，世界上谁最美丽？"铜镜说："您虽然非常美丽，可是小公主更美丽。"

坏皇后手上拿着一个木制玩具苹果，用狠毒的语气说："我要用毒苹果把她毒死。"

坏皇后敲开小公主的家门说："我是卖苹果的。"

小公主做了吃苹果的动作，然后晕倒在了地上。

图 5-12　公主和猎人

坏皇后得意地拿着苹果跳起来说："哈哈哈哈，小公主死了，这下我是世界上最美丽的人了，哈哈哈哈。"接着做了一个仰天大笑的动作（见图5-13）。侍从救下了小公主并把她带回家。当坏皇后得知小公主并没有死后，她接连扮演成卖梳子和卖丝巾的人又骗了小公主两次，小公主晕死躺在"棺材"里（地上）。

王子赶来救起躺在"棺材"里的小公主，侍从和王子拉着小公主的手说："你不要再被别人骗了，记住在家里不要乱给别人开门。"小公主得救后说："现在，我宣布，公主和王子结婚。"（见图5-14）坏皇后听到后马上生气地晕倒在地上再也起不来了。

图 5-13　小公主被毒晕

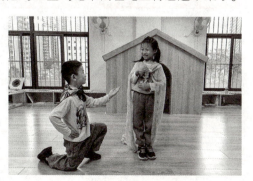

图 5-14　王子和小公主结婚

表演结束后，扮演小公主的筱筱带头，走到舞台前面对观众说："谢谢大家，'小公主和坏皇后'演完了。"扮演铜镜的嘉嘉一边向大家致意一边笑着说："很荣幸，非常荣幸。"（见图5-15）她还带头甩着丝巾在舞台上与同伴手拉手欢快地跟大家致谢，同时还不忘推荐说："如果大家想看的话，来看一下我们的剧情呀！"（见图5-16）

图5-15 演员们致谢　　　　　图5-16 一起狂欢

【探究任务】

学习任务单如表5-1所示。

表5-1 学习任务单12

项目任务	具体内容	
所属项目	玩赏表演游戏	
学习任务12	观察表演游戏	
学习目标	1. 理解幼儿表演游戏的概念与特点； 2. 能根据表演游戏观察要点对表演游戏进行观察记录； 3. 能够分析解读幼儿的表演游戏行为	
具体任务	请仔细分析上述幼儿园表演，回答以下问题	
思考问题	你的回答	提示线索
游戏是如何开始的？		谁发起的？
游戏发生在什么地方？		建构区、表演区、角色区、其他区域
表演素材来源于什么？		文艺故事、歌曲、自发创作等
表演中有哪些主要情节？		
表演情节与原素材有哪些区别？		

续表

思考问题	你的回答	提示线索
游戏规则是什么？		哪些行为需要受剧本中角色和情节的制约？
表演环境与材料的准备有哪些？		可以从舞台背景、表演服装、表演材料等方面分析
表演中的角色有哪些？		
角色对话有哪些？		
角色表情和动作有哪些？		
幼儿在表演结束后有哪些行为？		
幼儿在表演游戏中的情绪如何？		

【建构认知】

表演游戏是幼儿园三大创造性游戏之一，一直深受幼儿的喜爱。表演游戏在促进幼儿语言发展、同伴交往、情绪表达、故事理解、创造性发展等方面具有积极作用。

一、表演游戏的含义

《幼儿教育词典》将表演游戏界定为："幼儿根据故事、童话的内容，运用语言、动作、表情、扮演角色进行的游戏。"[1] 表演游戏的"故事"和"童话"可以自己创编或来自文学作品，可借助想象补充或根据需要删减情节，创造性地运用语言、动作、表情来表现情节和角色。

二、表演游戏的类型

按照表演游戏中表演主体的不同，表演游戏可分为直接表演游戏和间接表演游戏。[2] 直接表演游戏是指幼儿自己选择表演素材、自行准备材料、直接扮演角色进行的表演，通常需要和他人一起完成；间接表演游戏是指通过操作玩具、道具等其他

---

[1]　李沐明. 幼儿教育词典［K］. 哈尔滨：黑龙江科学技术出版社，1987：57.
[2]　叶小红. 幼儿园游戏与指导［M］. 南京：江苏凤凰教育出版社，2014：179.

材料进行的表演，一般可以独立完成或与同伴合作完成，常见的间接表演游戏形式有桌面表演、木偶表演、影子戏表演、小舞台表演等。

表演游戏的素材可以来源于文学作品或根据生活经验自创的"故事"。因此，按照表演素材来源的不同，表演游戏可以分为作品表演游戏和创作表演游戏。作品表演游戏是指以文学作品为蓝本开展的游戏活动，在幼儿园中常见的文学作品主要来源于绘本或教学内容的故事、童话和儿歌。创作表演游戏是指没有现成作品，幼儿根据已有经验、丰富的想象创作表演的蓝本并加以表演的游戏活动，幼儿"创作"的灵感主要来源于生活见闻、影视作品、同伴交流、游戏过程等。

从表演内容上可以将幼儿表演游戏分为三大类别，即语言类、音乐类和简单的形象装扮。根据具体内容的不同，语言类表演游戏可分为童话剧表演、故事表演、儿歌歌谣表演、播报表演等多种体裁，根据表演形式的不同，语言类表演又可以分为小剧场表演、故事盒表演、沙盘表演、木偶表演、歌谣表演、电视播报等多种形式；音乐类表演可分为歌表演、节奏乐表演、韵律表演等；形象装扮则主要是指幼儿自主进行的化妆、换装、造型设计等活动。

儿童歌曲表
演：颠倒歌

三、表演游戏的基本要素

表演游戏的主题和内容来源丰富，活动形式多样，但通常会涉及三个要素，即情节、角色和材料。

（一）表演游戏的情节

表演游戏的情节基本来源于文学作品，即故事、童话、寓言、儿歌等中的情节，可以模仿原有作品情节的发生、发展进行表演，也可以是师幼共同对文学作品改编和再创作后的情节。幼儿比较喜爱且耳熟能详的文学作品有《白雪公主》《拔萝卜》《小熊请客》《小兔乖乖》《小蝌蚪找妈妈》《小羊和狼》等。例如，案例《小公主和坏皇后》由幼儿改编自文学作品《白雪公主》。

（二）表演游戏的角色

表演游戏的角色是指幼儿在游戏时扮演的对象[①]。相对于其他游戏来说，表演游戏的重点在于"角色"对情节的表演，幼儿通过生动的语言、丰富的表情和夸张的动作，将作品角色的性格特点和情绪表达出来，推进情节的发展。而与角色游戏不同的是，表演游戏的角色来源于文学作品或自创的作品，如《白雪公主》中的公主、

---

① 叶小红. 幼儿园游戏与指导［M］. 南京：江苏凤凰教育出版社，2014：181.

王子、猎人、皇后；《小蝌蚪找妈妈》中的青蛙、小蝌蚪、鹅等。

（三）表演游戏的材料

物质条件是开展表演游戏的支撑，其中，材料是表演游戏必不可少的重要组成部分。表演游戏的材料主要包括适合表演的舞台、契合主题的布景、与角色相符的服装和道具等。

四、表演游戏的特点

"表演"是表演游戏区别于其他游戏类型的根本特性，同时它又不属于戏剧表演，因为相比于取悦"观众"，表演游戏更倾向于"自娱自乐"，是兼具"游戏"和"表演"特点的游戏类型。表演游戏的过程主要具有以下特点。

（一）艺术性

表演游戏与角色游戏很相似，都是通过模仿和想象扮演角色，以表演角色的活动为满足的。但角色游戏中的内容主要来自幼儿的现实生活经验；而表演游戏的内容却来源于故事或其他文艺作品，包括童话故事和幼儿根据自己的经历和想象创编的故事，要求按故事中的人物确定表演的角色，按文学作品中情节的发展顺序、结构去组织表演游戏，这充分展示了表演游戏的艺术性。

（二）结构性

表演游戏的主题和内容主要来源于故事或童话作品，幼儿在进行表演游戏时会根据故事商量出一个脚本，这个脚本是所有游戏者都认同的或约定俗成的。故事作为游戏的脚本，为游戏主题的确立、角色的选择、情节的开展规定了基本的框架，即使故事是在游戏过程中逐渐创编发展起来的，也会受到故事的框架规范。在表演游戏中，幼儿以故事为线索，以故事的发展顺序为基本框架进行创造性表演，在表演过程中要尽量将自己的言行与故事中的情节、人物联系起来，创造性表演的程度受这个故事框架的规范，不能随意而为。幼儿在游戏中根据自己对故事的理解准备服装、道具，在表演中会不自觉地将自己的言行和故事中的情节、人物联系起来，不能"随意作为"，所以故事在不同程度上规范着幼儿在表演游戏中的角色行为，结构性很强。例如，在"小公主和坏皇后"表演游戏中，有的幼儿扮演小公主，有的幼儿扮演铜镜、坏皇后，有的幼儿扮演猎人，这些角色都是"小公主和坏皇后"故事里的人物，游戏表演的也是故事的主要情节。

（三）自主性

在表演游戏中幼儿可以自己选择要不要"演"这个故事（自己创编或来自文学作品），而非来自教师或其他外部的要求。他们在表演的过程中可以根据自己（个人或小组）对故事的理解决定"怎么布置舞台""使用什么道具""怎么使用道具""和谁一起演""演什么""谁来演""怎么演"，并且能自行设计脚本，教师在游戏的过程中更多的是以支持者、引导者或参与者的身份参与其中。

（四）创造性

表演游戏是一种创造性游戏，具有创造性游戏的特点，幼儿在游戏中不是单纯、刻板地再现故事内容，而是借助于想象创造性地运用语言、动作、表情表达出作品中人物的性格和情节，是一种主动再创造的过程。表演游戏中幼儿的创造性，主要表现在幼儿对故事的再创造和表达方式的"独创"上。幼儿在表演游戏中的表演是对故事的一种再创造，不同的人在表演同一作品、同一角色时，会因为年龄或经历的不同而产生不同的效果，即使是同一个人，在不同时间或因为已有经验的不同，也会有不同的表达方式。例如，在"小公主和坏皇后"表演游戏中，小公主和坏皇后等人物的服装主要用不同的丝巾区别装饰，坏皇后扮演"卖苹果的人""卖梳子的人""卖丝绸的人"欺骗小公主。在人物的表现上，坏皇后展示的是一个高傲、狠毒和狡猾的人，这些都是游戏者对"小公主和坏皇后"故事的再创造和独特的表达方式，体现了表演游戏的创造性。

（五）自娱性

表演游戏是幼儿"自娱自乐"的活动，幼儿只是因为"有趣好玩"而"玩"，他们并不是在为"观众"表演。事实上，他们心目中并没有"观众"，他们也根本不在乎"观众"。幼儿喜欢模仿、喜欢想象，是天生的表演家。在表演游戏中，他们并不是为了"观众"而表演，而是因为"好玩"而发起并专注地投入游戏中。幼儿不是通过表演来传达思想或价值观，他们更多的是"自娱自乐"地游戏，更注重的是自身的情感体验。例如，在"小公主和坏皇后"表演游戏中，"演员"从始至终都投入"表演"的剧情中，"表演"结束后不停地说着"很荣幸、非常荣幸"，可见他们完全享受游戏带来的快乐，这快乐不是"观众"给予的，而是他们"目的在于自身"并"专注于自身"带来的愉悦体验。

五、表演游戏的价值

（一）有助于幼儿语言的发展

表演游戏表演的过程离不开幼儿语言的表达，从复述故事到灵活运用故事中的语言，幼儿必须完成语言的转换，并在表演过程中，根据故事情境、角色特点变换语音语调，使台词更加符合人物形象。这个过程能够丰富幼儿的语言经验，促进幼儿语言表达能力的提升。

（二）有助于幼儿社会性的发展

表演游戏作为一种合作游戏，在服装的准备、道具的选择及表演进行中，幼儿需要分工协作、一起完成。在角色选择时，如果遇到冲突就需要相互沟通，达成共识。在情节编排上，游戏者需要提出建议、互相交流和采纳他人的建议，这样的协商和合作过程有助于幼儿社会性的发展。

（三）有助于幼儿认知的发展

表演游戏需要幼儿和教师共同完成情节编排和角色扮演，幼儿从对游戏主题和表演任务的不同理解，到逐渐达到共同理解的过程，就是幼儿从产生认知冲突到"顺应"或"同化"的过程。通过这一过程，幼儿的认知能力得到了发展。

（四）有助于幼儿创造性思维的发展

幼儿在表演游戏中能够自主想象、积极思维，在对故事、角色、场景、道具、表演台词等内容进行不断思考、表现的基础上，发展他们的创造性思维。

六、表演游戏的观察

在表演游戏中，教师是观察者、支持者与评价者。观察是支持与评价的前提。为了提高幼儿游戏行为观察的有效性，教师必须掌握表演游戏的观察要点，选择适宜的观察方法，并对其做出价值分析和判断，了解幼儿真实的游戏水平，从而更好地支持幼儿的游戏。

（一）幼儿对表演内容的选择与把握

表演游戏内容的选择是游戏质量的基础，内容的把握则是游戏质量的保障。第一，教师要关注游戏内容是否存在过难或过易等不符合年龄特点的现象，是否在主体价值观上具备真、善、美，是否同时包含着大胆的想象、动人的角色形象、夸张有趣的情节，兼具"思想性"和"文学性"；第二，在游戏的过程中，教师要通过幼儿的语言、动作、表情、情节推进等观察幼儿对所选表演内容、角色的理解与把握情况；第三，在游戏中，幼儿是否能根据自己或小组成员对作品的理解和喜好对作品情节、语言进行适当改动，是否体现了本组成员的独特智慧。

（二）幼儿对表演材料的选用情况

表演游戏的材料从用途上主要包括场景搭建类材料、装扮类材料和道具类材料。搭建类材料以成品或半成品居多，教师要重点关注材料布置是否能营造表演氛围、体现表演主题，摆放是否方便角色的进退等。幼儿在表演游戏中非常喜欢装扮自己，有时容易出现为了装扮而装扮，从而忽略角色特点的现象。因此，教师要重点关注幼儿对装扮类材料的选择和使用是否有利于体现角色性格特点。在道具类材料选择上，教师要关注的是道具的选择是否有助于对作品的理解和情节的推进，是否比较合乎常理，例如，用什么材料表现老鼠新娘的花轿、小蝌蚪居住的池塘等；材料的选择过程是否有协商、合作的行为，是否有替代材料、以物代物的现象等。

（三）幼儿的表演行为和表现力

表演行为和表现力是幼儿表演游戏水平的体现。表演游戏中的表演行为包括目的性角色行为和嬉戏性角色行为。目的性角色行为是指幼儿围绕故事内容扮演角色，认真再现故事。嬉戏性角色行为是指幼儿按自己的兴趣扮演角色，嬉戏打闹，他们玩的内容可能与故事内容有关也可能无关。[1]我国学者把幼儿在表演游戏中的表现力分为三种：被动性表现（幼儿需要他人的提示、告知才能扮演角色或表现不合时宜）；一般性表现（幼儿说话语气平淡，表情单调）；生动性表现（幼儿能够逼真、形象地扮演角色，他们能用夸张但适宜的语气、语调、动作、表情等去表现角色）。中、大班幼儿的表演游戏以一般性表现为主，生动性表现行为并没有随游戏过程的发展和持续而明显增多。这种情况表明幼儿自身并不能完成从一般性表现到生动性表现的提升[2]。在游戏中，教师需要认真观察幼儿的语气、语调、表情、动作，以此判断幼儿的表演行为和表现力。在桌面表演、手偶表演等间接表演游戏中，教师除了要聆听幼儿的语言之外，还应该关注幼儿对材料的操作能力等。

---

① 刘焱，李霞，朱丽梅. 中、大班幼儿表演游戏的一般规律和年龄特点研究［J］. 学前教育研究，2003，（4）：24-25.
② 刘焱，李霞，朱丽梅. 中、大班幼儿表演游戏的一般规律和年龄特点研究［J］. 学前教育研究，2003，（4）：24-25.

（四）幼儿在游戏过程中的心理体验

游戏的心理体验主要有四个方面。第一，兴趣感。教师首先要观察的是幼儿在游戏中是否表现出情不自禁的投入状态、专注时间的长短或是否容易受周围环境的影响等。这些要素都可以作为判断幼儿兴趣感的标准，这也是判断游戏整体质量的首要因素。第二，自主感。游戏中幼儿是否能自主选择表演的作品、同伴、服装和道具等。第三，成就感。幼儿在游戏中是否能体验到自己的力量、是否感觉到自己被需要或在表演中是否能感到满足和自豪。第四，愉悦感。在游戏中，幼儿的表现是否放松、是否愿意与同伴沟通和配合、是否有愉快的情绪等。

【梳理经验】

1. 表演游戏的概念是什么？表演游戏有哪些类型？基本要素是什么？
2. 表演游戏有哪些特点？
3. 表演游戏对幼儿的发展有什么价值？
4. 表演游戏的观察要点有哪些？
5. 观察表演游戏的基本流程有哪些？你可以制作思维导图或流程表帮助自己记忆吗（见表5-2）？

表5-2　表演游戏观察流程表

项目任务	具体内容	
所属项目	玩赏表演游戏	
学习任务12	观察表演游戏	
学习目标	1. 了解幼儿表演游戏观察实施的一般程序； 2. 掌握幼儿表演游戏观察记录的方式与技巧； 3. 运用观察要点分析幼儿的表演游戏行为	
典型工作过程	职业要求	注意事项
制订观察计划	1. 明确观察目的	通过表演游戏了解幼儿的发展水平和兴趣，分析幼儿的成长需求
	2. 选择观察对象	明确数量、性别组成、年龄等
	3. 确定观察内容	表演游戏的主题和内容、游戏环境与材料、表演水平等
	4. 选择观察地点	室内/户外
	5. 确定观察时间	根据观察要点及游戏行为调整
	6. 选择观察方法	一般有扫描观察法、定点观察法、个案追踪观察法等，需注意各类方法的特点和适用情况

续表

典型工作过程	职业要求	注意事项
准备观察材料	1. 选择计时工具	记录幼儿某种行为表现持续的时间
	2. 制订观察记录表	可使用相关游戏观察量表或自制相关表格
	3. 准备记录工具	通过录音、拍照、录像等，尽量保持真实的原始数据
	4. 与相关人员沟通	如需他人协助，需事先让助手明确观察目的、内容，学会操作观察仪器，掌握相关理论，了解相关注意事项
选择观察位置	1. 非参与式观察时的位置选择	选择距离幼儿较远或较隐蔽的位置，不对幼儿的行为造成干扰，确保能清晰地观察到目标幼儿
	2. 参与式观察时的位置选择	近距离参与，但不要过多干扰幼儿的行为
进行观察记录	1. 用描述法进行记录	各类记录法各有优点，应根据具体情况，有针对性地选取一种或几种记录方法
	2. 用表格进行记录	
	3. 用仪器进行记录	
分析观察资料	分析幼儿在表演游戏中的表演行为和表现力	能找出影响幼儿表演游戏发展的内部、外部因素
得出结论	判断幼儿的表演水平	为支持表演游戏的进一步发展做铺垫

本任务概览见图5-17。

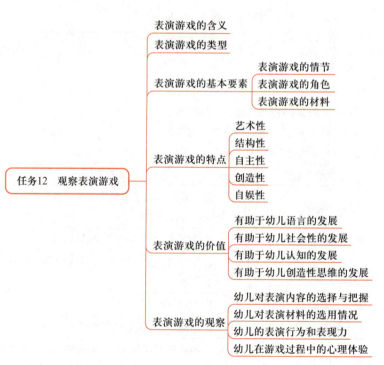

图5-17　任务12概览

【生成智慧】

直通国考

单项选择题

1. 某班幼儿根据《老鼠娶亲》的民间故事，设定了"新郎""轿夫"等角色，创设了接"新娘"、"新娘"坐着花轿来到了"新郎"家、"媒婆"要求"新郎"和"新娘"拜天地等情节，他们所进行的游戏是（　　　）。①

A. 角色游戏
B. 表演游戏
C. 结构游戏
D. 有规则游戏

参考答案：B

试题解析：本题考查游戏分类。A选项角色游戏是幼儿通过扮演角色，运用想象创造性地反映现实生活的一种游戏，不符合题意；B选项表演游戏指幼儿按照童话或故事中的情节扮演某一角色，再现文化作品的内容的一种游戏形式；C选项结构游戏指利用各种结构材料或玩具（如积木、积塑、沙石、泥、雪、金属材料等）进行建构活动的游戏；D选项有规则游戏指教师根据一定的教育目的，按照一定的目标设计的游戏，包括体育游戏、音乐游戏、智力游戏等。题干中幼儿根据《老鼠娶亲》进行游戏，属于表演游戏，故此题选B。

2. 下列有关表演游戏的说法中，正确的是（　　　）。②

A. 幼儿按照自己所熟悉的经验，以周围真实生活为游戏内容的来源

B. 以虚构的童话故事作为游戏内容的来源

C. 在教师的组织下，严格按照故事、童话的情节、语言进行表演

D. 游戏以演给他人看为目的

参考答案：B

试题解析：本题的目的是考查考生对表演游戏概念和特点的掌握情况。表演游戏是幼儿根据故事或者童话等文学作品的内容和情节，通过扮演角色，运用语言、动作和表情进行表演的一种游戏形式。

3. 下列不属于表演游戏的是（　　　）。③

A. 娃娃家
B. 桌面表演

---

① 资料来源：2021年下半年中小学幼儿教师资格证考试科目二 保教知识与能力（幼儿园）考试真题。

② 资料来源：2021年下半年国家教师资格考试专用教材综合素质–幼儿园 保教知识与能力模拟试卷。

③ 资料来源：2021年上半年中小学幼儿教师资格证考试科目二 保教知识与能力（幼儿园）考试真题。

C．影子戏表演　　　　　　　　　D．木偶表演

参考答案：A

试题解析：表演游戏是按照童话、故事中的角色、情节和语言来进行的游戏，包括桌面表演、木偶表演、影子戏表演、戏剧表演。而选项A娃娃家属于角色游戏，是借助模仿和想象，通过角色扮演创造性地反映周围生活的游戏。

任务13　指导表演游戏

【体验职场】

大班表演游戏：三打白骨精[①]

　　午休时班级会播放睡前故事，大三班最近播放的是《西游记》，幼儿很喜欢"三打白骨精"这个故事，时常模仿孙悟空说话"吃俺老孙一棒""好你个妖精"。看到幼儿这么感兴趣，教师就在语言区投放了"三打白骨精"的故事盒。连续几天，都有幼儿来玩故事盒，有的用图卡进行故事排序，有的用纸偶"对话表演"。一次户外活动时，小亮挥舞着捡到的塑料管高兴地大喊："我是孙悟空，我有金箍棒。"有几个幼儿不甘示弱地跟着喊："我们家还有孙悟空的面具呢。""我们家还有《西游记》的书呢。"……可心跑过来对老师说："我们可以自己演'三打白骨精'。"得到老师的肯定后，几个幼儿开始商量明天带什么道具来幼儿园。

　　幼儿从家中带来了孙悟空的面具、金箍棒、猪八戒用的耙子。在区域游戏时，五个幼儿迫不及待地来到表演区，开始找道具装扮自己。不一会儿，白龙马趴在地上，唐僧骑在马背上，追逐着玩了"骑马"；孙悟空拿着金箍棒和拿着耙子的猪八戒嬉笑着"对打"。第二天，幼儿先分配了角色，萌萌扮演妖精，她选了一块纱巾披在身上。孙悟空对唐僧说："我给你画个圈，你在里面别出来。"孙悟空边说"变"，边用金箍棒在地上画了个圈。圈画好以后，三个人都不知道该干什么，两个幼儿又玩起了"骑马"的游戏，其他幼儿看见后，也开始"骑马"。大约20分钟后，幼儿累得躺在地板上聊天。

　　区域游戏结束后，教师组织幼儿进行了讨论。

　　师：你们今天演得怎么样啊？

　　幼1：不好。

　　师：为什么不好？

　　幼2：太乱了，没意思。

---

① 李晓静．表演游戏"三打白骨精"［J］．当代教育实践与教学研究，2019：16．

幼3：我还没穿好就上场了。

幼4：大家都自己演自己的。

幼5：我说完了，张一鸣也不接着我的往下说。

幼6：我也不知道该说什么了啊。

师：那我们应该怎么解决这个问题呢？

幼7：演以前，大家得商量一下。

幼8：我们应该有个剧本，大家得照着演。

确定要有剧本后，教师组织幼儿围绕"故事中都有谁""他们是什么样子的""你觉得他是什么性格"等话题展开了讨论。

师：孙悟空是什么样子的？

幼1：孙悟空的头上有紧箍咒，他还手拿金箍棒。

幼2：穿虎皮围裙。

幼3：咱们班有虎纹的布，可以缝一个虎皮（围）裙。

幼4：孙悟空还戴围巾了，可以用纱巾给他当围巾。

幼5：他还能看出妖精，火眼金睛。

师：那你们觉得他是什么性格？

幼6：孙悟空做事情很着急。

师：你从哪里看出来他很着急？

幼7：他每次都跑在最前面，看见妖精总是着急打。

幼8：孙悟空很聪明，他画一个圈不让妖精进来。

幼9：他看见妖精总是皱紧眉头，说明孙悟空爱憎分明。

……

分析了师徒四人和妖精的外形特征、性格特点后，教师开始引导幼儿提炼故事的主要情节。

师：这个故事里都发生了哪些事情？

幼1：白骨精变成村姑，又变成老太太、老头骗唐僧，但是都被孙悟空打死了！

师：这个故事很长，如果我们把它分成几段，你们觉得可以分几段？

幼2：可以分成三段。

师：为什么？

幼3：因为是三打白骨精啊！打了三次，就分三段！

幼4：对，白骨精变村姑、白骨精变老太太、白骨精变老头！

之后几天，幼儿在美工区把自己感兴趣的故事情节画了下来。区域分享的时候，幼儿很喜欢讲自己画的故事，教师记录了幼儿的讲述，并把文字贴在画面下，形成了"白骨精变村姑—白骨精变老太太—白骨精变老头"的三幕剧本。

有了剧本，表演区又开始了第三次表演。五个幼儿分配了角色之后，大家觉得应该有一个山洞，幼儿把挂衣架搬到表演区中间，约定每个人都从衣架中间钻出来。表演开始了，师徒四人从"山洞"中钻出来，然后开始按照剧本中的台词，"唐僧"和"孙悟空"解说式地完成了对话，表演结束了。猪八戒和沙僧站在原地，有点不知所措。

表演结束后，教师先组织幼儿观看了《三打白骨精》动画片和《真假美猴王》京剧表演片段，然后又播放了幼儿自己在表演区的表演。

师：你们觉得自己演得怎么样？

幼（演孙悟空）：我觉得我演得不好。

师：哪里不好呢？

幼（演孙悟空）：我本来打算出来的时候蹦蹦跳跳的，但是我一紧张忘了。

师：你打算怎么蹦蹦跳跳呢？

幼儿站起来，双脚跳着交换重心跳了一遍。

师：你们觉得他这样表演可以吗？

幼1：这样好，这样就像孙悟空了，因为孙悟空是一只猴子。

幼2：你还可以把手里的金箍棒转一转啊，这样就更像了。

扮演孙悟空的幼儿表示愿意接受大家的建议，并提出想第二天再演一遍，还邀请其他小朋友来观看。第二天，表演开始了，孙悟空钻出山洞后双脚跳着交换重心，然后左手搭在额头前，右手转动着"金箍棒"。

第四次表演结束后，作为观众的幼儿提出了看法和意见。

幼1：我们看不出来谁是唐僧，谁是猪八戒。

师：那你有好的建议吗？

幼2：应该给唐僧做个帽子。

幼3：猪八戒的嘴巴长，可以做一个长嘴巴戴着。

幼4：他还应该有大耳朵。

听了观众的建议，幼儿决定为每个人物制作服装和道具。为唐僧制作帽子的幼儿为确保帽子上的每一个三角都一样，用一个三角形当模板进行印画、裁剪。赡赡和豆豆在美工区用虎皮纹布给孙悟空缝了一个围裙。天天用一次性纸杯贴上无纺布给猪八戒做了一个鼻子。成成在户外找到两片大树叶，用丙烯颜料涂上颜色，做成了猪八戒的两只大耳朵。添添用一块黑纱作为猪八戒的衣服，还把自己的外衣撩起来说"我的肚子露出来就更像了"。在表演区幼儿的带动下，全班幼儿都开始寻找材料为演员制作道具，有的幼儿还请来了爸爸妈妈帮忙。有了服装、道具，幼儿迫不及待地想要进行第五次表演。

这一次他们来到了大厅的小剧场，邀请了更多的幼儿来观看。表演结束后，观众发表了自己的意见。

幼1：你们出来以后，都挤在了一起，都看不见演员了。

幼 2：唐僧一直背对着观众。

幼 3：老奶奶出场的时候，没有弯着腰走路，不像老奶奶。

幼（扮演老奶奶）：我弯腰了！

幼 4：你没有！

听到争执，教师建议一起看看表演的录像。看完录像后，扮演老奶奶的可心不说话了。提"意见"的幼儿指着视频说："你看，你低头了，但是你没弯腰。"教师问可心："你能接受小朋友的建议吗？"可心点了点头。教师追问道："那你觉得什么样的动作更像老奶奶？"可心觉得腰应该再弯一些，走路还要再慢一些。教师继续组织讨论了什么动作更符合人物特征，幼儿边发表自己的想法边做动作。

【探究任务】

学习任务单如表 5-3 所示。

表5-3　学习任务单13

项目任务	具体内容	
所属项目	玩赏表演游戏	
学习任务13	指导表演游戏	
学习目标	1. 熟悉各年龄班幼儿表演游戏的特点； 2. 掌握表演游戏各环节的指导策略； 3. 能运用多种策略指导表演游戏	
具体任务	请仔细观察上述幼儿园表演游戏，回答以下问题	
思考问题	**你的回答**	**提示线索**
游戏主题和内容是什么？		
游戏中有哪些角色？		
游戏是如何发起的？		
游戏前，教师做了哪些准备工作？		可以从环境、材料、经验等方面思考
游戏材料是如何准备的？		
游戏中出现了哪些问题？		按阶段逐项分析
教师是如何支持、回应幼儿的？		结合教师的语言、行为进行思考
教师的支持策略效果如何？你是怎么判断的？		
幼儿在整个表演游戏中收获了哪些？		结合案例具体分析

一、表演游戏指导的一般策略

（一）游戏准备阶段的指导

幼儿对作品的喜爱与熟悉程度、生活与表演的经历等是幼儿开展表演游戏的前提与基础。教师首先要明确幼儿是游戏主题的决定者与实施者、是游戏环境与材料准备的参与者。

1. 引导幼儿确定表演内容

童话故事等幼儿文学作品或幼儿的生活经验是幼儿表演游戏的来源和蓝本。幼儿常通过扮演角色、演绎情节的方式表达对一些文学作品的喜爱，这是一种自然而然的从阅读到表演的转化过程。因此，为幼儿提供合适的文艺作品，引导幼儿选择合适的表演内容成为表演游戏开展前首要的准备工作。

表演游戏通常来源于幼儿感兴趣的儿童文学作品，但并不是所有优秀的儿童文学作品都适合进行表演。

（1）适合表演的作品首先必须是幼儿喜欢的作品。只有选择那些幼儿感兴趣、容易理解、有趣的作品，幼儿才会积极主动地参加表演游戏，也更容易创新。

（2）所选择的作品应该符合幼儿的身心发展水平，语言简单、生动，角色个性鲜明。小、中班宜选择内容简单、情节重复、角色对比明显的作品，如《拔萝卜》《三只蝴蝶》《是谁嗯嗯在我的头上》等。大班可以选择角色冲突明显、情节曲折，同时又易于改编、拓展的作品，如《龟兔赛跑》《老桃树下的小白兔》《幸运的一天》等。作品中的角色对话要有画面感，便于幼儿创编出相应的动作，使幼儿在表演中能边说边做，增加表演的情趣。例如，《狐狸和乌龟》中有幼儿喜欢的小青蛙、小乌龟，也有幼儿憎恶的狐狸，乌龟和狐狸斗智斗勇的对话十分精彩有趣，幼儿容易用动作和表情来表现。

（3）要注意作品中的场景。一般来说，小班表演游戏以一个场景为宜，中班表演游戏以最多两个场景为宜，大班表演游戏则可以有两三个场景。场景过多，容易给幼儿的表演带来困扰。此外，搞怪、冲突明显、幽默的作品更受幼儿喜欢。例如，《猪八戒吃西瓜》中猪八戒靠在树下流口水、打呼噜的样子，《三只小猪》中大灰狼吹气、打喷嚏、撞房子等，都是吸引幼儿的情节，这些内容既能吸引幼儿自主表演，又能激发幼儿的创新潜能。

2. 为幼儿提供必要的经验支持

所有表演都必须建立在理解的基础上，而幼儿的理解能力有限，不可能独立理解作品各方面的特点，这就需要教师发挥重要的支持性作用。教师可以绘声绘色、声情并茂地给幼儿讲故事，通过栩栩如生的语言和表情吸引幼儿进入作品所展现的情境中，帮助幼儿理解作品内容、情节及角色特征等，激发幼儿的表演欲望。此外，教师可以通过提问、讨论等方式，加深对作品的理解，帮助幼儿熟悉并记住作品内容。对于篇幅长、情节复杂、词汇多、易混淆的语句，可采用分段讲述的方法，以便幼儿能更好、更快地理解故事，为作品表演打下基础。

需要注意的一点是，帮助幼儿丰富生活经验也有助于表演游戏的提升。例如，幼儿非常喜欢扮演警察、消防员、医生、护士等，在表演游戏中再现人们工作的模样。在表演游戏区，有些幼儿不需要特定的表演蓝本，而是根据已有的生活经验与丰富的想象进行对话与互动，开展表演游戏。因此，教师应有意识地在日常活动中引导幼儿关注各种职业、了解不同职业的工作内容及典型的职业行为，如警察抓坏蛋、医生给病人看病等。丰富的生活经验有利于幼儿的表演在形象性、生动性方面的逐步提升。

3. 引导幼儿创设表演环境

表演环境是顺利开展表演游戏必不可少的条件，合适的表演环境可以充分激发幼儿的表演欲望。表演环境包括表演场地的规划、表演服装及道具的设计与准备、表演中替代物的准备等。

教师首先应该做好表演场地的规划，为表演游戏留够空间，表演区的空间计算可以参考幼儿的身高。比如，根据幼儿园小、中、大班幼儿发展情况评定标准，5—5岁半幼儿的平均身高为：男生107.9~110.5厘米，女生107~109.9厘米，双臂打开的臂长约等于身高，因此，所需人均活动面积为1.07~1.1平方米。[①]

在保障表演场地的前提下，教师需要注意的是，游戏是幼儿自己的游戏，环境创设是游戏的一部分，幼儿应该是表演环境创设的主体。因此，教师应该充分发挥幼儿的主动性，动员幼儿自主准备道具、头饰、服装等丰富多变的游戏材料，鼓励并帮助幼儿按照自己的理解和意愿，或选择现有的材料进行替代，或利用材料进行制作，布置场地，创设场景，准备简单的道具，打扮自己喜爱的角色。对于较为复杂、难度较大的环境和道具材料，教师可以协助幼儿进行准备，特别是新开展的游戏所需的场景及材料。具体做法可以是鼓励幼儿利用身边已有的环境，如利用户外的草地开展森林相关主题的表演游戏，利用城堡造型的房子开展童话剧表演游戏等。还可以引导幼儿利用盒子、积木等材料划分出舞台区、观众区，摆放现成的幕布或摆件完成表演场地的营造。在开展桌面表演游戏时，教师可以鼓励幼儿通过绘画、剪贴、胶泥塑形等形式制作表演用的场景及角色。

总之，在表演环境创设方面，教师要帮助幼儿形成自己是表演环境与材料的设

---

① 蔡佳佳. 幼儿园表演区游戏开展中存在的问题及解决对策——以某幼儿园大班表演区游戏《小熊请客》为例［J］. 陕西学前师范学院学报，2017，33（7）：52-55.

计者与准备者的角色认知，引导幼儿主动创设表演场景。

4. 指导幼儿制订表演计划

随着幼儿目的性、计划性的提高，可增设游戏前的讨论环节，逐步帮助幼儿养成制订表演计划的习惯并掌握相应的呈现方式。讨论内容可以包括：今天表演游戏的内容是什么？有谁一起玩？分别担任什么角色？表演什么情节？谁先出场？谁接着出场？在哪里表演？舞台怎样制作布置？涉及整个表演游戏过程的具体问题。教师应该注意，游戏前的讨论与计划的呈现是为幼儿的表演游戏服务的，应坚持逐步培养的原则，不可作任务式的要求，以防磨灭幼儿对表演的兴趣与愿望。幼儿的讨论需要经历磨合的过程，前期教师的参与可更直接，尝试以提出问题的方式引发幼儿的讨论，引导幼儿用绘画、网络图等方式学习记录讨论结果的方法；后期教师以隐性参与更为适宜，鼓励幼儿通过协调分配角色，支持幼儿以个人或小组的方式表达计划内容，为游戏开展做好各项准备。

（二）游戏开展阶段的指导

在幼儿表演游戏的开展阶段，教师可以从角色、表演、材料三个方面进行观察记录，分析了解幼儿的游戏现状，根据需要在游戏过程中提供相应的指导，支持幼儿表演游戏的开展。

1. 指导幼儿分配角色

"自主选择"和"自行分配"是幼儿进行角色分配和轮换的基本原则。

（1）教师要鼓励幼儿大胆选择自己喜爱的角色，认同和扩展幼儿选择角色的理由，保护幼儿主动、积极的表演态度。

（2）引导幼儿和同伴协商分配角色，学习使用有效的方法处理角色选择和分配之间的矛盾。当很多幼儿都想扮演同一角色时，可以采用轮流、猜拳或共同扮演等方法加以解决。无人扮演的角色可采用一人扮演多个角色的方法使表演得以进行。

（3）帮助幼儿分析、理解不同角色在游戏中承担的不同职责，提高幼儿角色选择和角色胜任的意识及能力。例如，游戏主角要有较强的语言表达能力、表演能力及组织游戏的能力，因此，可推选能力强的幼儿担任，然后逐步过渡为轮流担任；担任旁白的幼儿要熟悉作品的情节、结构和发展变化，推动表演的持续发展等。[1]

总之，在表演角色的分配上，教师应该顺应幼儿的意愿、鼓励幼儿表达、引导

---

[1] 董旭花. 幼儿园创造性游戏区域活动指导：角色区·建构区·表演区［M］. 北京：中国轻工业出版社，2022：125.

幼儿协商。在表演游戏开始后，教师要观察幼儿在表演游戏中担任的是哪个角色，游戏过程中是否有角色变换的情况，分析变换的原因是幼儿角色意识弱无法坚持，还是幼儿灵活、自主地选择喜欢的角色继续参与表演游戏。从幼儿担任角色的时长、变换角色的情况等方面综合分析幼儿对角色的兴趣与投入情况。为角色意识较弱的幼儿提供头饰、服装、指偶等材料，支持幼儿回归角色。对自主选择变换角色后能继续游戏的幼儿，则无须干预。

2. 帮助幼儿提升角色表现力

研究表明，幼儿表演游戏的发展要经历一个从一般性表现到生动性表现的发展过程，角色行为也经历从目的性角色行为到嬉戏性角色行为，再到更高水平的目的性角色行为的变化过程。[①]教师对幼儿表演游戏的指导应遵循这一变化过程。当然，指导前必须对幼儿的表演游戏进行充分的观察。观察的重点因游戏内容和进程的不同而有所不同。例如，在音乐类表演游戏中，应重点观察幼儿用肢体动作表现对乐曲节奏、音乐形象的感受、理解，而在语言类表演游戏中，教师则更加关注幼儿对语气、语调的使用；在游戏初期，教师观察的重点是幼儿对作品内容情节的理解与再现，在游戏后期，观察的重点则转为角色间的互动质量、幼儿对角色的拓展和创造等。

教师只有在充分观察的基础上，才能了解幼儿游戏的内容及兴趣、需要，从而对游戏的进展做出正确的判断，并在此基础上，选择恰当的指导方式。表演游戏中可采用的指导方式有多种。

（1）当幼儿缺乏相应的表演技能时，教师可采用平行式介入的方式参与到游戏之中，和幼儿扮演同样的角色，使用同样的材料，从事同样的活动，在潜移默化中引导幼儿，当然，在这种情况下也可以直接示范。

（2）可以进行提问、组织讨论。对于有一定表演经验或年龄较大的幼儿，可以通过提问、提示、材料支持等方式，引发幼儿的思考，支持他们对作品中的内容和角色进行想象和创编，扩展幼儿的游戏表现。例如，你觉得老虎和羊的声音会是一样的吗？羊看见老虎时，羊的心里感觉是怎样的？害怕的表情是怎样的？动作呢？声音呢？通过提问引发讨论，引发幼儿对不同角色特征、角色关系的思考，并尝试通过语音、语调、语速的变化呈现该角色，通过表情的夸张表达及动作的配合等，让表演更生动形象。

（3）当游戏中出现严重违反规则的行为、矛盾争执异常激烈的情况、攻击性行为时，可以采用垂直式介入的方式，及时解决游戏中出现的矛盾和困难，使游戏得

---

① 刘焱，李霞，朱丽梅. 中、大班幼儿表演游戏的一般规律和年龄特点研究［J］. 学前教育研究，2003，（4）：24-25.

以继续和延伸。

（4）幼儿对喜欢的游戏常常会重复地玩，形成重复表演的形象，面对这种情况，教师需要支持幼儿的重复表演，因为"熟能生巧"是幼儿自主提升表演水平的一种有效方式。

3. 支持幼儿选用材料

现成的头饰、服装、手偶、工具等，幼儿随机取用的替代物，如丝巾、绳子等，还有自制的发饰、披风、手工作品等，都可成为幼儿装扮角色、表现情节需要的材料，这些材料的准备、替换、补充应贯穿于表演游戏全过程。

在表演游戏开展的过程中，教师可以从材料的安全性、是否对表演有积极影响、后续游戏需要补充什么材料等方面进行观察并给予相应的引导。在安全性方面，过多、过长、过于细小的材料都可能在幼儿的表演过程中产生安全隐患，教师需要注意观察并及时调整。材料是否对表演有积极的影响，需要教师对游戏现场进行分析并及时做出相应的调整。以角色装扮的材料为例，皇冠、丝巾、花等都是"小公主们"极喜欢的用来打扮的材料。有的幼儿喜欢把许多条丝巾都夹到头上，心里美滋滋的，但在表演游戏的过程中，总喜欢去抚摸丝巾而忘记了表演角色。教师观察到该现象，得出丝巾并未对表演游戏产生积极影响的结论。于是，教师就可以反思丝巾的投放数量，或引导幼儿思考如何调整装扮让自己既美丽，又能和小伙伴们一起玩表演游戏。另外，在表演的过程中，幼儿可能会需要某些事先没有想到的材料。如果现场有该材料，幼儿通常会直接取用。当现场没有所需要的材料时，幼儿是否能积极寻找替代物？当无法找到替代物时，幼儿会如何解决？这些都是教师需要关注的问题。

（三）游戏结束阶段的指导

在游戏结束阶段，教师的指导重点应该在组织幼儿总结回顾游戏、设想后续计划、整理回收表演材料等方面。

1. 总结回顾并引发后续设想

（1）引导幼儿梳理回顾角色感受与体验。幼儿对本次活动的感受与体验是幼儿选择是否继续新游戏的情感基础，积极的感受可引发同伴共鸣，积累对新游戏的期待感。教师要鼓励幼儿大胆表达自己在表演过程中的感受，对可能存在的消极情绪要引导幼儿进一步分析思考：为什么会有不想玩的感受？是因为没能扮演自己喜欢的角色，还是在游戏中遇上了什么不开心的事情？教师的引导在于帮助幼儿找到产生消极情绪的原因，并在此基础上进行正面引导与鼓励。例如，在新游戏中，你想扮演什么角色？你想通过什么方式获得这个角色的扮演权？你觉得怎样表演更好玩？等等。

（2）引导幼儿回顾与评价自己在游戏中的表现。幼儿的角色扮演情况、情节演绎及在游戏过程中遇到的问题等，都可以成为回顾与评价的内容，教师可以通过倾听、提问、引发幼儿讨论等方式引导幼儿回顾与评价表演游戏的过程。年龄小的幼儿对角色表现的回顾常关注自身，对此，教师要多给予具体的肯定，如"刚才你一蹦一跳地出场，真的非常像一只小兔子出来玩的样子，很可爱。小兔子，你是怎样采蘑菇的，教教其他小朋友可以吗？可以用什么动作去采长在山坡上的蘑菇呢？"随着年龄的增长，幼儿逐步具备关注周围同伴表演的能力，教师应支持幼儿回顾与评价自己与同伴的表现，结合情节进行的讲述会让回顾更清楚。如当幼儿回顾："我觉得柔柔表演的王后特别像，她的笑声有种坏坏的感觉"时，教师回应："我也觉得柔柔的表演更精彩了。哎，王后为什么会出现这样的笑声？故事的情节是怎样的？哪个角色的表现给你留下了很深的印象？"游戏过程中遇到的问题更是值得讨论的话题，教师可引导幼儿把问题复述出来，一起思考问题产生的原因，思考并讨论解决问题的方法，帮助幼儿整理、提升本次游戏的经验。

（3）引发幼儿对新游戏的期待与设想。当幼儿充分回顾与表达了对角色的感受与体验，并对角色表现、情节演绎及表演过程中遇到的问题等进行了讨论与梳理后，可以引导幼儿表达对新游戏的期待，鼓励幼儿分享自己关于新游戏的设想。这些分享会为下一次游戏的开展奠定良好的基础。

2. 完成材料的整理

表演游戏结束后的材料整理与收纳，既方便下次游戏时材料的取用，又能培养幼儿良好的行为习惯。教师可以引导幼儿从材料的归位与分类两方面进行整理。材料的归位就是材料从哪里取出就放回哪里。材料的分类常用于对新增材料的整理，例如，将材料按服装、道具、背景等进行分类整理并摆放到相应的位置；也可按角色的性质，如动物类、人物类、自然（风、雨等）类，进行更细化的分类整理。对于年龄小的幼儿，教师可以手把手地进行整理示范，不仅示范先收拾哪些材料，放哪里，而且可以和幼儿简单交流，让他们懂得为什么要这样整理。对于已经拥有整理经验的幼儿，教师可以用语言进行指导，鼓励幼儿自主整理。对于破损的材料，教师要引导幼儿进行及时的修补与维护。整理材料的时间根据交流、分享和评价的需要而定。交流与分享需要材料支持时，可在交流与分享之后收放整理；不需要材料支持时，可以先引导幼儿收放整理材料，完成整理后再进行分享与交流。

二、各年龄班表演游戏的特点与指导

（一）小班表演游戏的特点及指导要点

1. 小班表演游戏的特点

（1）游戏性突出。小班幼儿集中注意力的时间较短，能表演题材短小、情节简单的故事或儿歌等作品，表演过程中表演主题、角色变换的随意性较大。他们容易受服装、操作材料等实物的影响，常常是随机进入角色状态。例如，穿上兔子的服装或戴上兔子的手偶，就会念"小兔子白又白，两只耳朵竖起来……"的儿歌，同时摆动身体。小班幼儿享受玩的过程，而非表演与表现，表演意识较弱。

（2）以动作表现为主。受表演经验与表现能力的限制，小班幼儿喜欢跟随教师或同伴一起表演。对话少，多用动作表现的角色容易引起幼儿的兴趣。例如，在"小蝌蚪找妈妈"的表演游戏中，大部分的小班幼儿喜欢选择小蝌蚪的角色，能随集体一起重复对话："妈妈，妈妈，我的好妈妈。"小班幼儿对角色的认知与理解还处于表层，对角色情绪情感变化的理解不敏感，表演时不太关注表情的变化。

（3）"自娱自乐"特征明显。小班幼儿对周围环境的关注范围还较小，在开展表演游戏时关注点多集中在自己扮演的角色身上，兴趣主要集中在摆弄道具本身。处于平行游戏阶段的小班幼儿，在表演游戏的过程中喜欢自己玩自己的，同伴间互动较少，有明显的自娱自乐的特征。

2. 小班表演游戏的指导要点

（1）提升欣赏水平，提供表演蓝本。教师应引导幼儿阅读图画书、倾听故事、欣赏音乐剧等，引发幼儿对文学、艺术作品的兴趣，帮助幼儿熟悉作品内容，激发表演的欲望；帮助幼儿选择短小、有趣、情节重复的故事作品作为表演蓝本，同时根据幼儿的理解与表现能力对作品做出相应的改编与处理。

（2）营造表演氛围，准备游戏材料。教师应帮助幼儿创设表演环境，营造表演氛围，以此激发幼儿的表演兴趣，增强幼儿的表演意识。例如，用积木围成小舞台的造型，背景悬挂幕布，引发幼儿上台表演的意愿，增强"我在表演"的意识。根据小班幼儿喜欢相互模仿的特点，教师准备的表演材料种类可以少一些，但同类的材料数量要充足。进行桌面表演游戏时，教师要根据小班幼儿处于具体形象思维期的特点，提供形象逼真的道具，如拥有森林、天空、草地等场景的盒子，角色形象生动的手偶、指偶等，更好地吸引幼儿进行表演。

（3）发挥示范引导作用，提供模仿对象。教师参与小班幼儿的表演游戏，通过角色间的对话、角色模仿表演等方式，发挥示范、引导的作用，帮助幼儿在游戏情境中习得角色对话，在角色互动与模仿中丰富角色认知，积累表演经验，从而引发自发、自主表演。

（二）中班表演游戏的特点及指导要点

1. 中班表演游戏的特点

（1）表演目的性增强。中班幼儿表演游戏目的性增强。一是对题材的选择更自主。随着中班幼儿能独立阅读图画书，能专注倾听完整的故事，能独立朗诵儿歌等能力的发展，幼儿对表演题材的选择开始呈现明显的个体差异性。在游戏前，幼儿会根据自己对作品的喜好，表达自己今天想玩什么表演游戏，即自己选择想表演的游戏题材。二是有初步的游戏计划，计划中逐步出现角色分配、所需材料、出场顺序等内容。中班幼儿在表演游戏过程中的游戏性同样非常明显，易满足于对某个角色的"变身"之乐。相对于小、大班幼儿，中班幼儿特别活泼、好动，注意力容易分散，因此，表演游戏进行中也容易出现脱离作品表演状态的情况。其中，女孩子较易坚持游戏主题共同游戏，男孩子较喜欢打打闹闹的表演。

（2）角色互动更丰富。中班幼儿一般能独立完成角色分配任务，但角色更换意识不强。在有头饰提示的情况下，中班幼儿能较顺利地完成角色分配任务。他们能自主挑选头饰，在戴好头饰后，先要经过一段无所事事或者嬉戏打闹的时间，然后渐渐进入游戏的计划、协商阶段。他们有一定的角色更换意识，但角色更换意识不强，能和同伴按约定分配表演角色，按故事情节内容轮流出场表演并对话。同伴间主动交流增加，角色之间的互动更为丰富生动。

（3）表现力更强。幼儿再现故事内容、扮演角色时所运用的表现手段包括语言、动作、混合手段（指动作、语言、表情的综合运用）三种方式。[①]中班幼儿的表现手段以动作为主，之所以如此，一方面可能是受其言语表达能力的限制，另一方面可能是因为他们对动作更有兴趣。中班幼儿在表演游戏中的动作更为大胆，表现得更为生动与有趣。此外，中班幼儿多喜欢选择扮演正面的角色，说明这个阶段的幼儿对角色行为及其情感变化的理解力增强了。中班幼儿表演时表情更丰富，会根据自己对角色特征的理解用不同的语音、语调去表现。例如，会张大嘴巴，用粗糙的声音表现狮子说话的样子；用皱起的眉头、严肃的神情表现狮子的威严；用苍劲有力的大踏步模仿狮子行走等。

2. 中班表演游戏的指导要点

（1）支持幼儿自主选择表演题材。教师要根据中班幼儿喜欢角色冲突明显的故事、喜欢复述重复或搞笑的角色对话等特点，为幼儿提供相应的儿童文学作品，并

---

① 刘焱，李霞，朱丽梅. 中、大班幼儿表演游戏的一般规律和年龄特点研究 ［J］. 学前教育研究，2003，（4）：24-25.

投放到阅读区当中，开展欣赏、讨论、复述等语言活动，增进幼儿对作品的理解，在熟悉作品的基础上引导幼儿对表演题材进行自主选择。

（2）借助角色装扮提升表现力。中班幼儿不仅能分配角色，还能较小班时更大胆地表演。教师可借助装扮材料增进幼儿对角色的情感，引发对角色表现的投入度，提升角色表现力。教师可利用幼儿园已有资源，以及鼓励幼儿收集资源的方式支持幼儿参与装扮材料的准备。需要注意的是，装扮材料是为幼儿进入角色开展表演游戏而服务的，现成的或自制的均可，切忌以成人的眼光用好不好看，像不像去评判材料，只要是幼儿自发选择，用于自主装扮，能帮助幼儿更自信、自主表演的材料，都是适宜于表演游戏的装扮材料，教师都应予以支持。

（3）耐心等待，适时提醒。中班幼儿变身角色后会有一段时间的打闹嬉戏状态，教师应了解这一特点，并耐心等待，之后再作表演提醒。观察幼儿表演游戏过程中的"离线"是属于过度嬉戏还是创编表演。对于前者可尝试从观众的角度适当表达对表演的期待，表达尽可能具体、有针对性和引导性。例如，你们的表演真好玩，谁在扮演小猪（大灰狼）呀？躲在稻草屋里的小猪是怎样想的？屋外的大灰狼又是怎样想的？用什么动作可以表达你内心的想法？另外，对于进入创编表演的幼儿，教师更应该耐心欣赏与等待，为他们提供充足的时间与空间，满足其自主创编的需要，尝试表演。

（三）大班表演游戏的特点及指导要点

1. 大班表演游戏的特点

（1）表演的计划性与目的性更强。大班幼儿能与同伴合作制订游戏计划，计划中有题材选定、场景选择、角色分配、舞台布置、道具准备等内容。表演游戏的目的性更明确，表现的意识更强烈，能与游戏伙伴合作完成同一作品的表演，能了解自己与同伴的出场顺序，会互相提醒。

（2）合作表演与自主表演更明显。大班幼儿的合作意识与能力不断增强，同样体现在表演游戏的过程当中，对作品的表演更完整。同时，自主表演的意识和能力也更强，对语气、表情、动作的表达有自己的理解并能表现出来，表演更生动、夸张。出现主动邀请观众观看的意愿，关注观众对表演的评价。

（3）游戏回顾与评价方式更丰富。大班幼儿的游戏回顾与评价方式更为丰富，能用语言表达、现场表演、绘画记录等方式进行。语言表达时能用较完整的语言表述，会评价自己或同伴的表现，会表达自己的观点。能在现场表演某个重要角色或环节，并说明表演的想法。在绘画记录中不仅有对游戏过程的回顾，也能设想新游戏玩法并画出来。

2. 大班表演游戏的指导要点

（1）支持幼儿协商与记录。给幼儿充足的时间供他们协商讨论，同时，为幼儿提供纸笔等材料，支持他们用绘画、网络图等形式记录与呈现讨论结果。关注游戏计划内容，引导幼儿逐步学会梳理表演情节，完成角色分配，关注表演环境与材料的准备，在幼儿有需要时辅助记录幼儿的表达。

（2）支持互动学习与延伸游戏。以赞赏的态度观看幼儿的表演，让幼儿体验到表演的成就感。支持幼儿通过反复游戏与同伴产生更丰富、深入的互动，从而让表演语言、表情、动作更为生动。鼓励幼儿运用生活经验开发观众区活动，如设置座位、安排座号、设置购票服务等，营造更生动的表演场景，增加游戏趣味，引发共同游戏及相互学习。

（3）引发正面的游戏回顾与评价。保障幼儿游戏后进行回顾与评价的时间，通过表演后介绍剧情的方式培养幼儿回顾游戏的习惯，并逐步趋向完整回顾与表达。引导幼儿用欣赏、鼓励的眼光评价自己与同伴的表演，支持幼儿对新游戏的设想。

【梳理经验】

1. 表演游戏准备阶段、开展阶段、结束阶段分别应该做哪些工作？

2. 不同年龄段幼儿的表演游戏分别有哪些特点？

3. 不同年龄段幼儿表演游戏的指导重点分别是什么？

4. 指导表演游戏的基本流程有哪些？你可以制作思维导图或流程表帮助自己记忆吗？（见表5-4）

表5-4　表演游戏指导流程表

项目任务	具体内容
所属项目	玩赏表演游戏
学习任务13	指导表演游戏
学习目标	1. 掌握表演游戏组织中各环节的指导内容与策略； 2. 熟悉各年龄班幼儿表演游戏的特点； 3. 能根据幼儿的年龄特点对表演游戏进行灵活指导

续表

典型工作过程	基本步骤	职业要求	注意事项
游戏准备阶段	确定表演游戏内容	尊重幼儿对表演主题的选择意愿	表演内容要符合幼儿的年龄特点，同时具备教育性、趣味性、艺术性等特征
	创设表演环境	发挥幼儿的主动性，动员幼儿自主准备道具、头饰、服装等丰富多变的游戏材料，创设表演环境	环境创设是游戏的一部分，应该引导幼儿充分发挥他们的自主性，让幼儿成为表演环境创设的主体
	提供经验支持	提升幼儿的文艺作品赏析能力；丰富幼儿的生活经验与表演经验	能够通过师幼共读、声情并茂的讲述、启发式的提问讨论等多种方式帮助幼儿丰富感受、积累经验
	引导幼儿制订表演计划	能逐步培养幼儿讨论、拟订计划的能力，指导幼儿掌握记录讨论结果的方法	在游戏前，可以专门增设讨论环节，引导幼儿有意识地制订表演计划
游戏开展阶段	指导幼儿分配角色	支持幼儿对角色的选定与分配意愿，根据相应情况采用干预或支持手段	顺应、鼓励、引导幼儿对角色的选定或分配，观察、分析表演角色的坚持或变换情况，根据情况进行干预或支持
	帮助幼儿提升角色表现力	能根据幼儿的表演经验与水平选择不同的支持方式	充分观察，了解幼儿在表演游戏中的具体表现，灵活选择指导方式
	支持幼儿选用材料	关注幼儿在表演过程中使用材料的情况，及时给予支持	从材料的安全性、是否能积极影响游戏及后续游戏的需要等方面考虑，提供支持
游戏结束阶段	总结回顾并引发后续设想	引导幼儿回顾表演过程，梳理总结表演经验，表达对新游戏的期待与设想	可从角色感受与体验、游戏过程中的表现、对新游戏的设想等方面进行引导
	完成材料的整理	在材料的整理过程中引导幼儿获得其他方面的经验，养成良好的习惯	能根据不同年龄班的能力水平，提出不同的整理要求，并予以支持引导

本任务概览见图5-18。

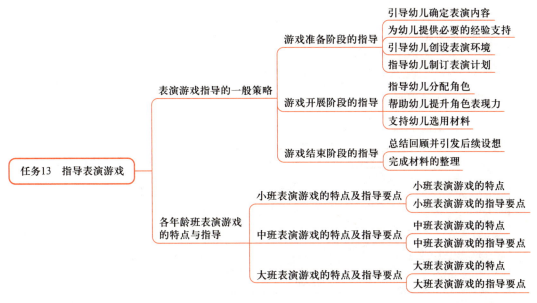

图5-18　任务13概览

【生成智慧】

直通国考

表演游戏：谁来当大灰狼①

在中班表演游戏"谁来当大灰狼"中，幼儿表演得非常有趣，萧萧扮演的大灰狼十分生动形象，其他幼儿扮演的动物也很生动，但是萧萧被打疼了，他不高兴了，也去打其他小朋友。

问题：

1. 萧萧为什么会打别人？

2. 出现打架的情况时，教师应该怎么做？请在模拟试讲场景中体现出来。

试题解析：

1. 萧萧打人的可能原因如下：混淆了现实与游戏的关系，语言表达能力较弱，扮演"大灰狼"被打疼时，不知道如何正确表达自己的情绪，不知如何用语言与伙伴协商游戏中的规则。

2. 运用谈话法引导萧萧进行思考：当被打疼时，如何与游戏伙伴进行沟通，让游戏伙伴明白自己的感受与需要，确保游戏顺利开展。

---

① 资料来源：2019年上半年中小学和幼儿园教师资格证考试面试真题。

任务 14 评价表演游戏

【体验职场】

表演游戏：小熊请客①

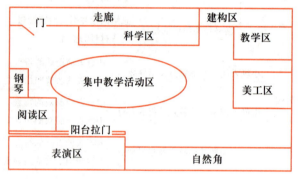

图 5-19 活动区设置示意图

又到了区域活动时间，大班的幼儿各自选择了喜欢的区域，区域设置如图 5-19 所示。表演区的材料有：狐狸、小猫等有关角色的服装及头饰若干套，报纸团若干（指代石头），礼物盒若干，教师自制的小鱼、肉骨头、小虫等道具各 1 份，手拿串铃、木棒串铃等。

三个幼儿在阅读区看绘本。四个幼儿进入表演区，他们各自选择了喜欢的角色，这时却发现没有人扮演狐狸（人员不足）。四个幼儿暂时中止了游戏，开始协商解决办法。他们商议的声音吸引了阅读区的幼儿，三人放下绘本来到表演区，不停地问道："你们的表演到底什么时候开始呢？"表演区的幼儿回答道："还没有，我们少一个人，没人演狐狸。"阅读区的幼儿听后，回到阅读区继续看绘本。后来，表演区幼儿想到了解决方法（用狐狸的衣服来替代这个角色），终于开始了表演。阅读区的幼儿又被吸引过去，坐在阳台拉门边上观看，边看边说："小熊的台词说错了""你这个不对，应该这样演……"表演区的幼儿听了之后，便对阅读区的幼儿说："就是这样演的，你们是阅读区的，快回去。"之后两个区域的幼儿便争执起来……

有幼儿跑去找教师告状，教师出面制止："不要再争了，请回到各自的区域去！"

于是大家暂停争执。表演区的四个幼儿继续讨论自己想扮演的角色，并开始换服装、摆弄道具。几分钟后，有两个幼儿离开表演区，剩下的两个幼儿仍然留在原地摆弄服装，看到同伴久久未归，剩下的两个幼儿开始玩起"过家家"游戏，给娃娃看病、打针。过了几分钟，另外两名同伴回来了，还从别的区域邀请到了一个幼儿，大家重新分配好角色，开始表演。

在表演过程中，有的幼儿忘词了。于是教师再次出面："你们再回忆一下故事的主

---

① 蔡佳佳. 幼儿园表演游戏开展中存在的问题及解决对策——以某幼儿园大班表演区游戏《小熊请客》为例 [J]. 陕西学前师范学院学报，2017，33（7）：52-55. （有调整）

要情节，来，我们简单复述一下，狐狸得知谁请客？它是怎么做的？先遇到的谁？他们说了什么……"

复述之后，幼儿继续表演，但他们基本上就是把故事中角色要说的话简单地说出来，表情、动作并不丰富。

教师见状，拿起小猫头饰，戴在自己头上说："狐狸，狐狸！你不做工，还想白白吃东西，哼！我才不带你去呢！"边说边五指张开，翘动胡子，说完还不忘跺脚。幼儿看到后哈哈大笑。

教师离开后，幼儿再次讨论：小鸡应该做什么动作？对啦，小鸡可以双臂张开表示翅膀……讨论之后，幼儿又一次开始表演……

表演结束后，幼儿整理好服装和道具，开始分享。

师：你们觉得谁表演得好呀？

幼：狐狸演得好，狐狸说话的时候显得很狡猾！

师：在表演的过程中你们发现了什么问题？

幼：开始时我们人不够，没有人演狐狸……

幼：小熊看到狐狸时，忘记台词了……

【探究任务】

学习任务单如表5-5所示。

表5-5　学习任务单14

项目任务	具体内容	
所属项目	玩赏表演游戏	
学习任务14	评价表演游戏	
学习目标	1. 掌握表演游戏评价的要素与方法； 2. 能对幼儿的表演游戏进行全面评价； 3. 愿意不断反思、提升表演游戏质量	
具体任务	请仔细观察上述幼儿表演游戏，回答以下问题	
思考问题	你的回答	提示线索
表演游戏选择的故事是否合适？		
游戏场地规划是否合适？判断依据是什么？		对照表演区场地的基本要求，思考和其他活动是否相互干扰
游戏中使用了哪些材料？		

续表

思考问题	你的回答	提示线索
教师介入了几次？介入的时机是否恰当？		
教师采用了哪些介入策略？效果如何？		结合教师的语言、行动，幼儿的表现具体分析
游戏的常规如何？		可从是否自由拿取玩具、主动整理玩具等方面思考
幼儿的自我评价、反思与总结能力如何？		可从游戏结束后幼儿的分享、总结情况作判断
如果你是教师，你会如何支持、推进这一表演游戏？		可按照"游戏前—游戏中—游戏后"的时间轴思考；也可按照"游戏环境材料、游戏经验铺垫、游戏指导策略……"等典型事件轴思考

【建构认知】

一、表演游戏评价的含义

以表演游戏为对象，按照 一定的教育目标和游戏观，对表演游戏的过程、效果、质量和发展水平等进行价值判断。表演游戏的评价可以出现在游戏的各个环节，游戏前可以分析游戏素材，回顾已有的相关游戏经验；游戏中可以对幼儿的语言、动作进行评价，重在鼓励与引导；游戏后可以对表演行为进行回顾，为进一步提升游戏水平指出方向。表演游戏的评价主体可以是教师，也可以是幼儿，进行幼儿自评、幼儿之间的互评能更好地激发幼儿游戏的积极性和自主性。

二、表演游戏评价的原则

表演游戏是幼儿自主游戏的重要类型，是游戏而不是表演，其评价应坚持以下原则。

（一）尊重幼儿

表演游戏兼具"游戏性"和"表演性"，常依托于某个童话或某个故事进行。在评价"先有故事"时，教师要尊重幼儿的选择与兴趣。同时，关照到不同年龄段幼儿对故事的理解能力，例如，同样是选择《拔萝卜》，小班幼儿更热衷于"拔"的动作，中班幼儿更关注角色分配，大班幼儿则能更好地塑造各个人物的鲜明特征。

（二）正面引导

幼儿在表演游戏中通过自身的表演体验来加深对文学作品的理解，同时在过程中发展着想象力。在评价过程中，教师应注意以正面评价来鼓励幼儿按照自己的理解来演绎角色、按照自己的想象来对故事进行合理加工，引导幼儿体验表演游戏的快乐。

（三）多样评价

对表演游戏的评价能给后续的游戏以积极的反馈，不同评价主体的视角、不同的评价方式能带来不同的反馈。幼儿对自己表演行为的评价可以促使其重温游戏体验，改进游戏行为；幼儿之间的互评可以引导幼儿关注同伴的行为，增强观察能力；教师的评价能全面促进表演性、游戏性和体验感，可以采用现场语言评价、肢体模仿、图表评价等方式开展。

三、表演游戏评价的内容

对表演游戏的评价可以从游戏环境的创设、游戏中的幼儿、游戏中的教师三个方面进行，以下是其具体评价内容。

（一）表演游戏的环境创设

（1）游戏场地规划是否合理？

（2）游戏整体氛围是否有艺术气息？

（3）游戏布景是否契合主题？是否能支持活动？

（4）游戏中投放的材料是否安全卫生、数量充足？

（5）材料的结构是否合适？是否有利于幼儿开展创造性表演？

（二）表演游戏中的幼儿

（1）幼儿是否具有制订表演计划的意识？

（2）幼儿选择的故事是否适宜、健康？是否具有表演性、艺术性？

（3）幼儿在准备阶段是否有充分的自主性？

（4）幼儿能否通过协商、讨论等方式进行角色分配？

（5）幼儿是否有浓厚的游戏兴趣？是否能较持久、专注地投入其中？

（6）幼儿能否使用恰当的语言、动作、表情进行表演？

（7）幼儿是否能体验到表演游戏的乐趣？

（8）幼儿的表演是否遵循故事的逻辑框架？

（9）幼儿在游戏中是否能与同伴充分互动？

（10）幼儿运用材料是否充分？是否有一定的创造性？

（11）幼儿是否能够主动想办法解决游戏中遇到的困难？

（12）幼儿在游戏结束后是否能够主动整理游戏材料？

（13）幼儿能否结合游戏行为进行自评和互评？

（14）幼儿是否能够清晰地表达自己的感受？

（三）表演游戏中的教师

（1）教师是否能够通过观察敏锐地发现幼儿表演游戏中的问题？

（2）教师的支持是否恰切？

（3）教师能否对整个表演游戏进行全面评价？

（4）教师能否引导幼儿积累有益的表演经验？

教师可以根据幼儿园的实际情况，参考以上评价内容，编制相关表格（见表5-6），通过讨论，确定标准分，对表演游戏进行评价。

表5-6　表演游戏评价表

幼儿姓名：　　　　　　　年龄：　　　　　　　评价时间：

评价项目	具体内容	标准分	得分	理由
游戏环境创设	空间是否能满足幼儿表演的需要？			
	氛围是否能激发幼儿表演的欲望？			
	布景是否契合主题？			
	材料是否安全卫生、数量充足？			
	材料是否能引发幼儿的创造性表演？			
游戏中的幼儿	是否熟悉故事情节？			
	能否自如地进行角色确认？			
	是否能自选、自制及创造性地运用表演材料？			
	表演道具使用是否自如、恰当？			
	表演是否投入？			
	面部表情是否符合所表演角色的特征？			

续表

评价项目	具体内容	标准分	得分	理由
游戏中的幼儿	对肢体动作是否有自己的理解和创造？			
	语音、语调是否具有情感和变化性？			
	同伴互动是否充分？			
	能否理解台词旁白并进行适宜的创编？			
	是否能倾听并做出适宜的表现？			
	是否喜欢体验分享？			
	能否进行表演材料的整理？			
游戏中的教师	能否发现表演游戏中存在的问题？			
	教师的支持是否恰当、合适？			
	总结是否适宜、多样、全面？			
	能否引导幼儿积累表演经验？			

评价者：_____

【梳理经验】

1. 表演游戏评价的含义是什么？
2. 评价表演游戏时需要遵循哪些原则？
3. 表演游戏环境创设的评价要素有哪些？
4. 可分别从哪些方面对表演游戏中的环境、幼儿及教师进行评价？
5. 评价表演游戏的基本流程有哪些？你可以制作思维导图或流程表帮助自己记忆吗？（见表5-7）

表5-7　表演游戏评价流程表

项目任务	具体内容
所属项目	玩赏表演游戏
学习任务14	评价表演游戏
学习目标	1. 掌握表演游戏评价的要素与方法； 2. 能对幼儿的表演游戏进行全面评价； 3. 愿意不断反思、提升表演游戏质量

续表

典型工作过程	基本步骤	职业要求	注意事项
评价准备阶段	确定评价对象	能运用表演游戏评价的规律，确定即将进行评价的是某个幼儿还是某些幼儿	对所评价幼儿的前期经验进行了解
	选择评价内容	确定要评价表演游戏中的哪些要素，明晰所要评价的游戏行为	在评价表单中罗列所评价的内容
	明晰评价步骤	对所要开展的评价活动进行规划，准备好每一个步骤所需要的物品和经验	精炼评价步骤，让评价得心应手
评价实施阶段	选择评价方法	根据评价目的选择适宜的评价和记录方法	研究每一种评价方法，便于运用
	找准评价时机	结合幼儿状况和班级活动确定合适的评价时机	
	实施游戏评价	按照评价计划进行，并能灵活调整	可进行多次评价
评价反思阶段	进行评价反思	反思自己进行评价的各步骤是否适宜	总结自己的评价行为并进行记录

本任务概览见图5-20。

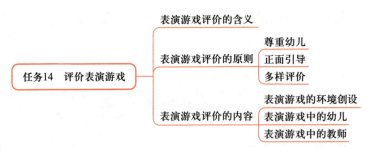

图5-20　任务14概览

【生成智慧】

展示游戏

观看幼儿表演游戏"拔萝卜",在分析的基础上回答以下问题。(参见配套视频:表演游戏"拔萝卜")

14-1 小班主题表演游戏:拔萝卜

1. 请结合该案例阐述表演游戏的特点、基本要素和价值。

2. 请对该游戏的环境、游戏材料进行评价并提出改进建议。

3. 教师在游戏准备阶段、开展阶段、结束阶段分别做了哪些工作?教师在整个游戏过程中分别采用了哪些指导策略?你认为这些策略有效吗?为什么?

4. 请对该游戏中幼儿的行为进行解读,分析这些行为背后的原因有哪些,并说说你会如何支持幼儿的进一步发展。

项目六

6

创用规则游戏

知识目标

☐ 理解规则游戏的特点、结构与创编原则。

能力目标

☐ 能够根据幼儿的身心特点与发展需求合理创编规则游戏，并运用多种策略有
　针对性地组织、指导规则游戏。

素养目标

☐ 乐于对规则游戏的创编情况、组织过程进行评价反思，树立教学游戏化的理
　念，善于灵活运用各类规则游戏促进幼儿的全面发展。

项目导图

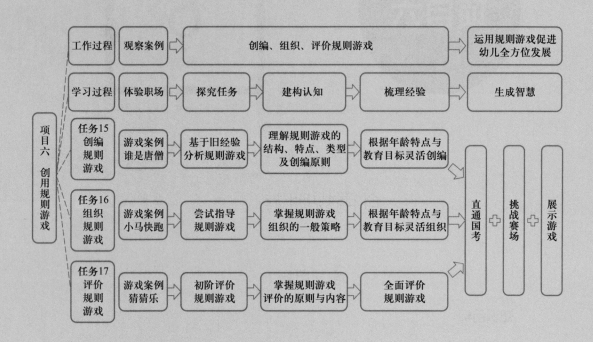

工作过程 → 观察案例 → 创编、组织、评价规则游戏 → 运用规则游戏促进幼儿全方位发展

学习过程 → 体验职场 → 探究任务 → 建构认知 → 梳理经验 → 生成智慧

项目六 创用规则游戏

任务15 创编规则游戏 → 游戏案例 谁是唐僧 → 基于旧经验分析规则游戏 → 理解规则游戏的结构、特点、类型及创编原则 → 根据年龄特点与教育目标灵活创编

任务16 组织规则游戏 → 游戏案例 小马快跑 → 尝试指导规则游戏 → 掌握规则游戏组织的一般策略 → 根据年龄特点与教育目标灵活组织

任务17 评价规则游戏 → 游戏案例 猜猜乐 → 初阶评价规则游戏 → 掌握规则游戏评价的原则与内容 → 全面评价规则游戏

直通国考 ✚ 挑战赛场 ✚ 展示游戏

214

任务 15　创编规则游戏

【体验职场】

规则游戏：谁是唐僧[①]

很多大班幼儿喜欢《西游记》，教师便以《西游记》的故事为背景创编了"找唐僧"的游戏。一个幼儿扮演"唐僧"，一部分幼儿分别扮演"孙悟空""猪八戒""沙师弟"等角色保护"唐僧"，另一部分幼儿扮演"妖怪"找"唐僧"。"唐僧"做什么动作，徒弟们也要快速地模仿"唐僧"的动作，骗过"妖怪们"的眼睛，让"妖怪们"分不清谁是真正的"唐僧"，而扮演"妖怪"的幼儿则要通过观察眼神、动作找出谁是真正的"唐僧"。在规定时间内没有找出"唐僧"，"妖怪们"输，用"抬轿子"的方式送"唐僧"师徒一圈；在规定时间内找出"唐僧"，双方互换角色，开始新一轮游戏。

1. 谁来当"妖怪"

在游戏活动开始后，幼儿首先面临的是角色选择问题。刚开始，幼儿运用"点豆豆""手心手背""石头剪刀布"等方法分配角色。6 个小女孩很快围在一起，她们开始"手心手背"，好几次都没定下谁当"妖怪"。照照说："太磨人了，咱们'点豆豆'吧！"小冉连续两次"点豆豆"都是点到自己当妖怪，但她已经当过妖怪了。"这可怎么办？""有了，咱们闭上眼睛点！""嗯，戴上眼罩点！"于是，其他同伴抓着小冉的手，点出了瑶瑶来当妖怪。"谁来当唐僧呢？"看，几个幼儿躲在桌子底下，开始选择"唐僧"角色，还不停地提醒当"妖怪"的幼儿："不能偷看哦！"

2. 怎样才不会被"妖怪"发现

当幼儿反复游戏若干次之后，基本熟悉了游戏的玩法与规则，对游戏有了一些自己的经验，教师引导幼儿讨论"'妖怪'是如何发现'唐僧'的？"，以及"'唐僧'如何不被'妖怪'发现？"引发幼儿运用策略的意识。当"妖怪"的幼儿提出："我是看见照照第一个变动作的。""他们的眼睛都看着照照。""妖怪"根据眼神与动作发现了"唐僧"。教师继续追问："我们应该怎么做才不会被'妖怪'发现呢？"瑶瑶一边斜着眼睛一边说："我们可以这样看。"小冉说："我们记住动作，'唐僧'动作做 10 个，'猪八戒'动作做 3 个，大家一起做，就不会被看见了。"浩浩说："我们找一个假'唐僧'，大家跟着假'唐僧'，真'唐僧'就不会被发现了。""当'妖怪'盯着'唐僧'看的时

[①]　王晓霞. 大班规则游戏案例：谁是唐僧［J］. 山西教育，2018，（1）.

候，要不要变动作呢？""不要，趁'妖怪'不注意的时候赶紧变动作。"幼儿纷纷发表着自己的意见，看来幼儿已经"悟"到了一些游戏的策略。

【探究任务】

学习任务单如表6-1所示。

表6-1　学习任务单15

项目任务	具体内容	
所属项目	创用规则游戏	
学习任务15	创编规则游戏	
学习目标	1. 熟悉规则游戏的特点与价值； 2. 掌握规则游戏的创编原则； 3. 能够根据特定教育目标创编规则游戏	
具体任务	请认真阅读分析"体验职场"中的规则游戏案例，回答以下问题	
思考问题	你的回答	提示线索
游戏的情境是什么？		
游戏中有哪些角色？		
幼儿是如何选择、确定角色的？		
游戏的任务是什么？		游戏的参与者分别要达到什么目的？完成什么任务？
游戏的玩法是什么？		
游戏的规则是什么？		如何判断游戏的输赢或犯规与否？
游戏有哪些价值？		不同的角色分别能获得什么样的发展？

【建构认知】

一、规则游戏的含义

规则游戏一词译自英文games或games with rules，是指至少有两人参与的、按照一定规则进行的一种游戏活动。

受苏联教育理论中采用按游戏的教育作用或目的对游戏进行分类方法的影响，我国幼儿园实践中采用较多的是将游戏分为创造性游戏和规则游戏。这种分类结果恰好可以对应英语中关于"游戏"的两个不同的单词：play 和 game。其中，play 相当于自娱自乐的创造性游戏，包括角色游戏、表演游戏、建构游戏、玩沙玩水等。而 game 则是制度化了的游戏行为，即常说的规则游戏。

二、规则游戏的特点

1. 规则呈现显性化

通常来讲，所有的游戏都有规则。规则游戏中的规则更多的是事先明确规定的，具有显性化的特点，而创造性游戏中的规则是隐性的，相对比较模糊、宽泛。例如，"娃娃家"游戏属于创造性游戏，其中不言而喻的规则是，妈妈的扮演者要按照妈妈的职责来做事，但妈妈的职责内容很丰富，且具有一定的可变性，可以是温柔地给娃娃讲故事，也可以是比较严厉地制止娃娃的不良行为，教师难以在"娃娃家"游戏开始的时候跟幼儿规定妈妈究竟要做什么、不做什么。而规则游戏的规则非常明确，例如，在"抢椅子"游戏中，教师会事先跟幼儿明确规则，听到音乐的时候只能围绕椅子转圈圈，只有在音乐停止的时候，才能去抢椅子，而且每人只能坐一把椅子。这个游戏中的规则，如"什么时候要转圈、什么时候可以抢椅子"非常明确，是对游戏方法和游戏结果判定方式的规定，是游戏中非常关键的部分，大家在游戏开始前就可以非常清楚地进行约定。这种约定既可以来自参与游戏的幼儿自己的"约定"，也可以来自成人或年长儿童的"传递"。我国著名的儿童心理学家朱智贤先生在关于规则游戏的定义中，着重说明了规则游戏中规则的来源，他指出规则游戏是"儿童按照一定规则从事的游戏。规则一般是由成人事先制定的，也可以是故事情节要求的，还可以是儿童自己规定的。"[1]

2. 游戏具有竞争性[2]

在规则游戏中，当游戏双方按照一定的规则开展游戏时，双方的关系往往具有竞争性，游戏双方会追求游戏结果的"赢"，这种对游戏结果的追求能够调动幼儿的游戏积极性，并给他们带来成就感。以"老鹰捉小鸡"游戏为例，游戏双方都希望自己赢，这种对赢的追求，能激励所有的"小鸡"团结合作，灵活躲闪，躲避"老鹰"的抓捕，也同时激励"老鹰"眼疾手快、奋力追击。正如美国幼儿教育家凯米和狄佛瑞斯所指出的，"规则游戏是根据一定规则进行的身体或智力上的竞赛性活动，

---

① 朱智贤. 儿童心理学［M］. 北京：人民教育出版社，1993：201.

② 刘焱. 儿童游戏通论［M］. 北京：北京师范大学出版社，2011：564.

游戏者双方的关系是对立的，每一方都试图让自己在游戏中获胜，而让对方输掉游戏"。竞争性是规则游戏的重要特点，但是，规则游戏的竞争性强弱与不同的游戏者有关。在母子之间和年幼的伙伴之间发生的规则游戏往往不具有竞争性。

3. 游戏体现出文化传承性[①]

规则游戏往往以代代相传的方式流传于民间，并以"身教言传"的方式获得传播。由于不同时代、不同文化的差异性，很多规则游戏在传播过程中会被自觉或不自觉地改造，如调整玩法、规则和材料等。同一种规则游戏在甲地与乙地的名称和玩法等都可能不同，这种变异往往带有文化的地缘特色。例如，南方很多地区玩的"一二三木头人"游戏到了天寒地冻的北方，变成了"冰棍—融化"游戏，玩法和游戏中的口令也都有了相应的改变。由于在规则游戏中凝聚着社会文化的传统和特色，因此，规则游戏可以被看作文化的组成部分。

三、规则游戏的结构

通常而言，规则游戏包括四个基本要素：游戏任务、游戏玩法、游戏规则和游戏结果。

1. 游戏任务

游戏任务是指游戏参与者最终要达到的目的，在很多情况下，游戏的名称就能体现游戏的任务，如"抢椅子"游戏的任务就是游戏者抢到椅子，"夺旗"游戏的任务就是游戏双方在规定时间里夺取对方的旗子，在"揪尾巴"游戏中，游戏者的任务就是去揪同伴的尾巴，同时注意保护自己的尾巴，不要被别人揪住。

2. 游戏玩法

游戏玩法是对游戏过程的计划、构思，其中包括游戏中分什么角色，用什么材料，演绎什么情节，做什么动作等。例如，"砍山猪"游戏的玩法是：通过猜拳的方式选出一人扮演"山猪"，其余的人扮演"猎人"。在游戏开始时，"山猪"四肢俯伏在地，任由"猎人"们用手在其身上做割肉状，然后"猎人"们散布在场地的四周。"山猪"追逐"猎人"，"猎人"必须灵活地闪开，以免被"山猪"的双脚触及。再如，"传话筒"游戏的玩法是让幼儿扮演传声筒，尽量压低声音，用说悄悄话的方式把从前面一个同伴那里听到的话依次传下去。

3. 游戏规则

游戏规则作为规则游戏的灵魂，规定了游戏动作的顺序和方式，起到了组织游戏和提供评价标准的作用。仍然以"砍山猪"游戏为例，它的规则是："山猪"可

---

① 刘焱. 儿童游戏通论［M］. 北京：北京师范大学出版社，2011：564.

以爬行，也可以跳跃，但前脚（双手）不能离地，否则就视为犯规，要再受到一次"割肉"的处罚。如果"猪脚"碰到某一个"猎人"，则该"猎人"就要扮演"山猪"的角色，游戏重新开始。游戏"请你猜猜我是谁"就明确规定：猜人者需蒙上眼睛听辨声音而不可偷看，必须等到被猜者返回座位，而且所有人都坐好后才能转头来猜。被猜者可以故意改变自己的音色，但必须说完"请你猜猜我是谁"这一整句话。这个规则对猜人者和被猜者都起到一定的束缚作用，也让游戏具有了竞赛性质。

4. 游戏结果

游戏结果是游戏结束时的任务完成情况或竞赛结果。与创造性游戏相比，规则游戏的结果更为直接，是判断输赢的直接依据。例如，在"趣味棋"游戏中，幼儿从起点出发，通过轮流投骰子，最终到达终点，谁先到终点谁赢，到达终点这一结果本身就是吸引幼儿积极参与游戏的重要因素。

四、规则游戏的分类[①]

从不同角度可以对规则游戏有不同的分类。

1. 以对游戏者之间关系的分析为依据

以对游戏者之间关系的分析为依据，可以把规则游戏分为平行性规则游戏和互补性规则游戏。在平行性规则游戏中，所有的游戏者都做同一件事，如赛跑，游戏双方的角色是平行的，赢得游戏对于游戏双方来说具有同样的意义和相同的动作要求。在互补性规则游戏中，游戏双方做不同的事，相互之间的关系是互补的，赢得游戏对于游戏双方来说有着不同的意义和动作要求。例如，在"躲藏游戏"中，"躲"和"藏"是不同但互补的动作，游戏双方所运用的策略是不同的；在"听和猜"的游戏中，"听"和"猜"是不同但互补的动作，所需运用的策略也不同。

2. 以对游戏动作的归类为依据

凯米和狄佛瑞斯对发生在规则游戏中的动作进行了归类，并以此为根据把规则游戏分为八类：瞄准游戏、赛跑游戏、追逐游戏、躲藏游戏、猜测游戏、口令游戏、纸牌游戏和盘面游戏。每一类游戏都具有一套相似的动作模式。

3. 以对游戏动作的性质分析为依据

根据发生在规则游戏中的动作的性质，可以把游戏分为竞技性游戏和智力游戏两类。竞技性游戏是以身体技能为主要竞争手段的游戏，如踢毽子、跳绳、跳房子、抽陀螺、抖空竹、击球、抓子、放风筝等。在这类游戏中虽然也需要心智活动的参与，但身体活动的协调性、灵敏性、耐力、速度等对于游戏的成功具有重要意

---

① 刘焱. 儿童游戏通论［M］. 北京：北京师范大学出版社，2011：565-566.

义；智力游戏是以思维和心智策略为主要竞争手段的游戏，如七巧板、益智图等。这些游戏需要游戏者开动脑筋、认真思考，经常被用于开发幼儿智力、锻炼幼儿思维。

4. 以对规则游戏的竞争性分析为依据

以对规则游戏的竞争性分析为依据，可以把规则游戏分为不同类型的竞争性游戏。

（1）以个体为单位的竞争性游戏。在这种游戏中，只有一个"赢者"，所有的游戏者之间都构成"对手"的关系。每一个游戏者都是独立的"单位"，"各自为战"，力图击败他人以争取唯一获胜的机会，例如，"争上游""跑得快"等扑克牌游戏。

（2）以小组为单位的竞争性游戏。在这种游戏中，游戏者结成小组比赛。"小组"是游戏的"单位"。游戏者形成组内合作、组间对抗的关系。这种游戏首先要求游戏者能够形成对游戏小组的认同感和归属感，以及愿意为小组这个"团体"做出贡献的态度和实际的努力，例如，"拔河""两人三足"等游戏。

（3）个体对群体的竞争性游戏。在这种游戏中，通常有一个"中心人物"，这个"中心人物"与其他所有游戏者的关系是对抗的，也是互补的。"他"要通过自己的努力，寻找一个"牺牲者"来作为自己的替代者，从而使自己回归群体。由于这个"中心人物"通常在游戏中所扮演的角色比较积极主动，所以往往对幼儿的吸引力更大，例如，"老狼老狼几点了""老鹰捉小鸡"等游戏。

5. 以游戏要实现的核心教育目标为依据

以游戏要实现的核心教育目标或蕴含的核心教育价值为依据，规则游戏可以划分为体育游戏、音乐游戏和智力游戏。这是我国目前比较广泛采用的一种分类方式。体育游戏是以发展幼儿基本动作为主要任务的游戏；音乐游戏是以发展幼儿音乐感受能力为目标，在音乐伴奏或歌曲伴唱下进行的游戏；智力游戏是强调智育因素的游戏，一般来说，语言游戏、数学游戏、科学游戏，以及幼儿园非常实用的手指游戏等都被包含其中。

近年来，随着游戏治疗、戏剧课程、团队拓展活动的发展，一些崭新的游戏类型也被大量引入幼儿园。其中，有的游戏有明确、固定的规则，也可以划归到幼儿园规则游戏中来。例如，"领盲人上楼"的游戏，其玩法是两个幼儿轮流扮演"盲人"和"领路人"，"盲人"蒙上眼睛，在"领路人"的带领下上、下楼梯。它原本用于心理学的游戏治疗，意在建立安全的依恋关系。很多幼儿园教师看重游戏中蕴含的相互合作价值，将之引入幼儿园，深受幼儿的喜爱。在教育实践过程中，规则游戏的内容仍在不断丰富、充实，以往的一些分类方式也因此受到挑战。

五、规则游戏的发展[①]

规则游戏一般被认为是幼儿游戏发展的高级形式。尼克泊罗（Nicopoulou，1991）指出，随着年龄的增长，幼儿的假想游戏逐渐让位于规则游戏。现实生活经验的积累和对隐蔽于角色游戏中角色行为规则的掌握有益于幼儿理解、掌握规则游戏中的规则。幼儿在游戏中的言语表述也由"我们假装怎样"转变为"规则规定怎样"。

艾弗曼（Eifermann，1971）通过研究发现，规则游戏在6—10岁的儿童中出现的频率最高，之后稳步下降，14岁达到最低点。皮亚杰认为规则游戏的性质是竞争性的。规则游戏出现在前运算阶段的晚期（6—7岁），成熟于具体运算阶段（7—11岁），并且随年龄增长而增多。

虽然成熟的规则游戏具有竞争性，但是，从个体发展来看，幼儿最初的规则游戏，包括与成人和伙伴一起进行的规则游戏是不具有竞争性的。规则游戏的个体发展路径是：从非竞争性到竞争性；从与成人的合作游戏到与伙伴的合作游戏。早期的亲子游戏为伙伴规则游戏奠定了最初的基础。

皮亚杰从规则实践行为和规则意识两个方面对规则游戏的发展做了研究。

（一）规则实践行为的发展

皮亚杰发现，规则实践行为的发展需求经历以下四个阶段。

1. 以动作为中心的玩物阶段（3岁左右）

在这一阶段，幼儿只是按照自己的兴趣用各种方式和方法来玩弹球，例如，移动弹球、把弹球当作什么东西来玩；把弹球当成鸟蛋或烧熟的食物来玩；或者让弹球从高处掉下来，让它们跳起来。弹球对于幼儿来说只是一种玩具，幼儿的动作毫无规则，不会按照规则来弹弹球，游戏的方式主要是独自游戏。

2. 以自我为中心的游戏阶段（3—5岁）

在这一阶段，幼儿虽然已经能够在形式上模仿年长儿童的游戏动作，但是他们在一起各玩各的，规则还不是交互的或可以交流的。他们不在乎输赢，游戏中没有竞争，没有互相控制，每个人都可以是赢家。例如，幼儿仿效年长儿童玩弹球游戏的方式，把弹球堆放在一起，并画上一个方框，找来玩伴，然后各自一次又一次地弹掷弹球，却并不在意对方的表现。表面上看起来幼儿是在一起玩，但实际上他们是各玩各的。这种"自我中心"不同于"自私"，其产生的原因是幼儿缺乏把自身的做法、想法与他人的做法、想法作比较的能力。

---

① 刘焱. 儿童游戏通论［M］. 北京：北京师范大学出版社，2011：568-570.

3. 初步的合作阶段（5—8岁）

从5—6岁开始，幼儿开始能顾及他人，并注意与他人的关系。他们开始会与他人比较，并协调自己和玩伴的不同意见。他们开始比较彼此的表现并考虑对手的意图。这标志着"去自我中心"能力的发展。

这一阶段发展的特点是幼儿出现了想赢的愿望，开始理解规则的意义，要想获胜就必须制定规则来比较大家的表现。如果没有人想获胜，就没有必要制定规则以比较大家的表现。幼儿开始能够把遵守共同规则理解为赢或互惠的条件，游戏者之间开始出现真正的协作。

这一阶段的幼儿虽然努力制定规则，并力求遵守达成一致的游戏规则，但他们依然具有自我中心的特点，仍无法避免坚持自己对规则的主张，每个幼儿往往坚持依照自己所知道的规则来玩。因此，经常在一起玩的游戏者对同一游戏可能有不同的规则。

4. 规则协调阶段（11—12岁）

这一阶段是规则的汇集和系统化阶段。儿童对规则本身发生兴趣，同一群体中的儿童对某一游戏的规则及其各种不同的变种、规则的细节都非常清楚，而且能够达成一致的认识。表明儿童能根据游戏中可能出现的情况，通过协商制定或修改规则，以使之适用于不同的情况。

（二）规则意识的发展

幼儿规则意识的发展也存在三个阶段。

1. "动即快乐"阶段

在这一阶段，幼儿只是因为对仪式化的动作感兴趣而不断重复和模仿游戏的动作。"机能快乐"成为驱使幼儿游戏的动机。游戏的规则对于幼儿来说实际上没有构成任何"意义"，不具有来自外部的"强制性约束"的作用。这种无规则意识的表现与规则实践行为的第一阶段的表现是相对应的。

2. 规则"神圣不可侵犯"阶段

这一阶段，幼儿开始注意到游戏的规则并模仿别人的规则行动。虽然在规则的实践中，幼儿仍然存在着自我中心的倾向，但是他们开始接受这些规则，认为这些规则是"神圣不可侵犯"的。幼儿一般不肯对这些规则做任何修改，而且认为对规则的任何修改都是错误的。因为规则来自长者，来自"权威"，这充分表现出这一时期的道德"他律"特征。

3. 规则"可变"阶段

这一阶段，幼儿不再把规则看成神圣不可改变的东西，他们已经能够认识到规则来源于"讨论和协商"，是"社会同意"的结果。由于规则是"社会同意"的产物，因此，参与决定、同意规则的人应当尊重并遵守规则。这时，规则由"外在的"

规则变为自主的规则。

六、规则游戏的价值

规则游戏不仅对幼儿的整体发展有重要价值，对教师的教育教学工作也有重要的价值。

（一）对幼儿整体发展的价值

和其他游戏一样，规则游戏能促进幼儿许多方面的发展。例如，"猜猜我是谁"游戏能训练幼儿的思维，"老鹰捉小鸡"游戏能锻炼幼儿的团结合作能力、灵活躲闪能力，"抓子儿"游戏能发展幼儿的手部精细动作，锻炼他们的手眼协调能力，"吹蜡烛"游戏能增加幼儿的肺活量，"丢手绢"游戏能让幼儿的反应更灵敏、动作更协调。皮亚杰认为规则游戏是社会性水平最高的游戏，幼儿参与规则游戏时，他们在身体动作、社会性水平、认知能力、情绪情感等方面的发展是有机融合的。除了具备一般游戏的价值外，规则游戏还有一些特殊的价值。

1. 强化幼儿的规则意识

作为规则游戏的核心要素，游戏规则用以保证游戏的顺利进行，贯穿了整个游戏的过程，用于判断幼儿的游戏行为是合理或犯规，并对犯规者有相应的处罚。因此，一方面，幼儿必须控制自己的行为，遵守游戏规则，保持和同伴的一致；另一方面，幼儿要观察其他同伴是否有违反规则的行为，确保游戏的顺利开展。例如，在"老狼老狼几点了"游戏中，老狼一定要喊到"12点了"时才能回头抓小羊，此时小羊才能往回跑，其他时间都不行。在遵守这一规则的过程中，幼儿要控制自己的行为。规则游戏对于幼儿的社会性发展，包括"去自我中心化"、理解规则的意义、从他律走向自律，具有独特的价值，如果想要将规则游戏进行下去，幼儿就必须要主动遵守规则，主动控制自己。因此，规则游戏有助于幼儿规则意识的形成和发展，从而促进其社会交往能力的发展。

2. 促进幼儿抽象思维能力的发展

皮亚杰认为，从认知发展水平的维度来看，规则游戏是出现最晚的游戏，因为相比其他游戏，规则游戏对智力的复杂性有更高的要求。在规则游戏中，幼儿需要运用抽象思维来参与游戏，对应、分类、顺序、轮流、均等观念是规则游戏的基础。以游戏"石头剪刀布"为例，参与游戏的幼儿可以选择"石头""剪刀"和"布"当中的任意一个，根据三者的相互制约关系来评判游戏的输赢。在游戏过程中，尽管幼儿需要用具体、形象的手势或其他动作来表现自己选择的角色，这离不开形象思维，但幼儿需要根据"石头胜剪刀，剪刀胜布，布胜石头"的基本关系来判断大家对游戏规则的遵守情况，以及判断游戏结果，同时，大家还要理解并遵循"出拳相同算平局""三种角色都出现时，出拳无效，需要重新来一次"等规则，这时主要运用的就是抽象思维能力。

3. 培养幼儿健康的竞争意识

规则游戏大多带有竞赛性，有竞赛必然有输赢。虽然每个幼儿都有求胜之心，但在游戏中幼儿可能会经历成功，也可能会经历失败与挫折。如何培养积极、健康的竞争意识和公平竞争的价值观念，如何平衡输赢，增强幼儿的心理承受能力，激励幼儿运用技巧和策略在公平、公正的前提下取得胜利等都成为重要的教育目标。教师要引导幼儿正确看待游戏结果，游戏结果既意味着上一次游戏的结束，又意味着心态的调整和下一次游戏的开始。教师对获胜的幼儿，要肯定优点，鼓励分享策略和经验，指出进一步努力的方向；对失败的幼儿，要积极疏导，肯定他们做得好的地方，增强其抗挫能力和自信心，激发幼儿下一次游戏的兴趣和积极性。

4. 培养幼儿的团队合作能力

很多规则游戏是以小组为单位的竞争性游戏或个体对群体的竞争性游戏，参与游戏的成员是一个团队，这个团队只有相互合作才能达到预定目的（通常是在竞争中取胜）。例如，在游戏"打野鸭"中，游戏的玩法需要幼儿分成"野鸭"和"打鸭人"两组，两组幼儿之间是相互竞争的关系，而小组内部则需要成员密切合作，"打鸭人"需要相互配合来达成出其不意的攻击节奏，而"野鸭"则要相互提醒，甚至做出肢体上的协作来躲避攻击。在竞争性游戏中，比赛获胜是全体成员的事情，需要很好地合作。即使是竞争，获胜也不是唯一的目标，和睦相处、共享游戏的体验、共同发展才是游戏的根本追求。

5. 促进幼儿"去自我中心"

研究表明，规则游戏对于幼儿的社会性发展，包括"去自我中心"、理解规则的意义、学会合作与公平竞争，具有独特的价值与功能。幼儿通常以自己的立场和观点为中心来思考问题，不能转换视角来看待周围的事物，思维带有强烈的主观主义色彩，表现为强烈的"自我中心"。在规则游戏中，游戏的规则是从大家的角度、从众人的利益出发而专门制定的，排除了个人化倾向；对游戏规则的遵守将打破幼儿思维的自我化定势，使幼儿学会从他人的角度来思考和解决问题，同其他幼儿和睦相处，促进幼儿的"去自我中心"，提高幼儿自身的社会化发展水平。

（二）对教师教学工作的价值

1. 有的放矢，实现既定教育目标

规则游戏一般都会有其最基本、最核心的价值或教育目标。不同的规则游戏，其核心价值、目标可能是一个，也可能是多个。但这些目标不是直接向幼儿

提出的，而是隐含在游戏情境、游戏规则之中，让幼儿在不知不觉的玩耍过程中获得知识、习得技能，有寓学于乐、润物无声的特点，能够促进幼儿主动学、快乐学。例如，在"老狼老狼几点了"的游戏中，一方面，幼儿通过分别扮演"狼"与"羊"，进行反复追逃的练习，从而促进幼儿快速跑能力的发展，提高运动速度与灵敏度；另一方面，"狼"与"羊"之间用问答的方式决定追逃的时间，在反复问答的过程中，幼儿能够学习按序数数。反复游戏可以让幼儿对事先约定的某个时间（如12点）产生敏感性，在念到临近12点的数字（如10点、11点）的时候产生警觉，为即将做出"追"或"逃"的行为做好准备。这对3—4岁幼儿学习"唱数"、了解数的顺序有很好的促进作用。幼儿在"炒蚕豆"的游戏中，自然而然地学习"两人合作双臂过头顶翻越"，从而促进身体的柔韧性与协调性；在"丢手绢"的游戏中，学习"绕圈速跑"，提高对周围事物变化的敏感性（判断手绢丢在了谁的身后）等。

《幼儿园工作规程》指出，幼儿园的任务是："贯彻国家的教育方针，按照保育与教育相结合的原则，遵循幼儿身心发展特点和规律，实施德、智、体、美等方面全面发展的教育，促进幼儿身心和谐发展。"因此，所有的规则游戏在本质上有着共同的目的，即促进幼儿德、智、体、美等方面全面发展。在实际操作过程中，不同的规则游戏其目标侧重点各不相同，但核心目标都需要根据不同年龄段幼儿的身心发展水平，结合其发展需求，充分考虑不同年龄段幼儿的差异性来确定。例如，从心理发展的角度来看，小班幼儿尚不能理解竞赛的意义，更多的是通过游戏动作体验游戏乐趣，中班幼儿具备了初步的竞赛意识，大班幼儿掌握了一定的游戏策略，对游戏结果十分感兴趣。基于此，在"下跳棋"游戏中，小班幼儿的游戏目的是通过"走跳棋"的动作体验下棋的乐趣；中班幼儿的游戏目的是能遵守游戏规则，争取在游戏中获胜；大班幼儿的游戏目的则是自己遵守游戏规则，并监督对方遵守游戏规则，灵活运用各种游戏策略，赢得比赛。这种核心目标的差异性正是对幼儿心理发展不同特点的尊重，使游戏本身更加科学、合理，有的放矢地实现既定的教育目标，从而促进幼儿的健康、全面发展。

2. 拓展思路，丰富教育教学资源

在幼儿园班级管理中，处处可见规则游戏的影子。在集体教学活动中，规则游戏常常是实现某些既定教育目标的载体，例如，很多音乐活动就是围绕系列音乐游戏展开的，很多数学活动、科学活动、体育活动的目标也需要以规则游戏为载体来实现。幼儿园一日活动中过渡环节较多，在过渡环节经常让幼儿消极等待是不适宜的，精心设计、合理组织、灵活指导过渡环节的游戏，可以确保幼儿园一日活动的顺利开展。很多规则游戏可以随时随地开展，不受材料、空间的限制，因此成为过渡环节的好帮手。例如，集体活动之前的手指游戏能够让幼儿迅速安静并集中注意力，餐前餐后的拍手游戏能够减少个别幼儿的消极等待时间，来园时的听说游戏、口令游戏能让幼儿快速进入活动状态，离园前的猜猜乐游戏能让幼儿对第二天的入园充满期待。

规则游戏，尤其是民间流传的经典规则游戏历经一代又一代人的长期检验，主题丰富，承载了中华优秀传统文化，是宝贵的教育资源。很多经典的规则游戏结构相对稳定，规则变化不大，这极大地减轻了教师创编规则的负担。因而，即便是缺乏游戏设计和组织经验的幼儿园新手教师也可以较快地掌握规则游戏。此外，很多民间传统的规则游戏在游戏材料、游戏场地、游戏时间、游戏人数等方面具有很大的弹性与灵活性，这就具备了随时随地开展的便利性，游戏规则一旦被幼儿掌握，就不太依赖于成人的指导。以经典的规则游戏"抢椅子"为例，只需要准备若干椅子（没有椅子时，甚至可以在地上画圈替代），教师组织幼儿围圈站好，讲清楚规则"跟随歌声，围着椅子转圈圈，歌声停止时，快速去抢一把椅子坐下来，每把椅子上只能坐一个人，没抢到椅子的人就算输了，需要到圈中为大家表演一个节目……"只要幼儿掌握了规则，无须教师的指导，他们都可以随时随地开展，开展过程中也不受人数、场地的太多限制。

基于这些特点，规则游戏在一定程度上成为解决"游戏场地狭窄、游戏材料匮乏、班级人数过多"等困境的有效手段。规则游戏的开展能够在一定程度上消解"小学化"教育对幼儿的影响。有学者建议偏远地区的幼儿园教师从组织规则游戏开始，逐渐再尝试设计、组织创造性游戏，也建议那些一日活动中游戏所占比重较低的幼儿园能够从增加规则游戏时间开始，最终实现让游戏成为幼儿在幼儿园的基本活动。[①]

七、规则游戏的创编

微课：规则游戏创编——听觉信息变变变

（一）规则游戏创编的原则

1. 趣味性原则

趣味性是游戏的本质特征，如果游戏缺乏趣味性，即使再有价值，也将从根本上失去对幼儿的吸引力。教师应根据幼儿的年龄特点、思维特点、能力发展水平，在游戏的情境、动作、规则等方面下功夫。

2. 适宜性原则

规则游戏的场地与材料选择、情境创设、规则设定要适合幼儿的年龄特点，考

---

① 彭俊英，魏婷. 幼儿园游戏活动的组织与指导［M］. 北京：教育科学出版社，2014：205.

虑其已有的生活经验及能力，使幼儿在原有基础上得到发展。例如，小班幼儿在游戏中常常从事平行游戏，因此，不适宜为他们创设合作性、竞赛性强的规则游戏。此外，学前阶段的幼儿以具体形象思维为主，因此，规则游戏的创编要注意生活化、具体化，游戏情境的创设要考虑幼儿具体、真实的经验，与幼儿的生活相结合，从生活中取材，并运用到生活中去。使用直观教具和游戏材料能增进幼儿对游戏的理解。

3. 教育性原则

《幼儿园工作规程》指出："幼儿园应当将游戏作为对幼儿进行全面发展教育的重要形式。"因此，创编规则游戏要坚持教育性原则。例如，创编游戏时所选取的儿歌、童谣，要思想健康、积极向上、富于美感；创编的体育游戏，既可以锻炼幼儿的体能，又能培养幼儿勇敢、坚强的意志品质；创编的益智游戏既要启迪智慧，又要培养幼儿积极思考、主动探究的良好学习品质。

4. 易操作原则

规则游戏的创编还需要考虑操作的简便性。有些游戏，无论是从形式上还是内容上都很新颖且富有吸引力，但由于组织方法复杂或者需要较大的游戏场地，需要准备过于琐碎、繁杂的游戏材料，不方便幼儿园组织开展。因此，最好结合幼儿园的实际情况，创编或选择操作简单、对游戏场地和游戏材料的要求不太高的游戏。

5. 时代性原则

有很多传统的民间游戏都是很好的规则游戏，运用时要注意结合时代发展进行恰当的改造。例如，在带领幼儿玩跳皮筋、翻花绳这些传统游戏时，一些传唱于一定时期内的"灰色童谣"就不再适合幼儿学习，需要教师结合幼儿的生活经验和理解能力创编新童谣，把具有时代气息的先进文化知识传递给幼儿，启迪他们的智慧、发展他们的审美。

6. 安全性原则

幼儿的自我保护意识和能力较弱，在创编规则游戏时，教师应特别注重贯彻安全性原则，对游戏的各个环节均应进行"安全检查"，例如，检查游戏的场所、设施设备、材料是否安全，考虑游戏的动作、情节是否安全，思考游戏的组织过程是否合理。特别是在玩投掷类、追逐类游戏时，要考虑投掷、追逐的方向等细节。

（二）规则游戏创编的步骤

1. 明确游戏目标

幼儿园游戏具有"自然性"与"教育性"的双重属性，"教育性"是其区别于幼儿自发游戏的突出特点。教师选择或创编规则游戏时，心中必然要考虑该游戏对幼儿身心发展的价值，由此确定相应的游戏目标。游戏目标的确定是规则游戏选择和创编的第一步。规则游戏本身的特点决定了它非常利于具体行为目标的达成，加上规则游戏本身的趣味性，会使幼儿在趣味盎然、充满挑战的游戏中不知不觉地达成既定的教育目标。因此，教师应根据幼儿身心发展的基本规律、幼儿的发展需求、社会对幼儿发展的期望，既关注幼儿发展的长远目标，又关注幼儿的近期发展目标，进而确定具体的游戏目标，围绕具体的游戏目标选择、创编规则游戏，使规则游戏成为幼儿园教育中有计划的一部分。

2. 设定游戏任务

规则游戏中的任务是激励幼儿自主推进游戏的"隐形教师"，幼儿的任务完成情况决定了游戏的胜负结果。有的游戏中判断胜负的标准是幼儿是否完成了某项任务，有的游戏中判断胜负的结果是幼儿是否在完成任务中比同伴做得更快、更好。无论哪一种标准，游戏的任务都是指引游戏发展的重要依据。游戏任务的设定必须基于幼儿的身心发展水平与规律。例如，同样是以智力发展为核心目标的游戏，小班和中班初期应提供以发展视、听、嗅、味、触为主要任务的感知觉游戏，任务简单、明确，鼓励幼儿通过自身的实际动作，直接地感知具体事物，在此基础上发展记忆、想象、思维能力；中班后期和大班应该在各类感知觉游戏的基础上，逐步培养幼儿有序观察事物的能力，促进幼儿无意记忆向有意记忆的转变，引导幼儿更深入地认识事物的特性、感知事物之间的关系和相互作用，培养他们逐步用语言替代具体实物进行想象、思维的能力。

3. 选择游戏形式与玩法

幼儿的身心发展特点决定了他们很难长时间从事安静的活动，因此，在游戏形式上，要考虑动静结合，适当交替。例如，同样是培养观察力、提升专注力、判断推理能力，除了可以选择比较安静的拼图、迷宫、"找不同"等游戏外，还可以让幼儿与同伴合作，玩相对热闹、互动性更强的"猜国王""找毽子"等游戏。游戏形式上的动静结合，不但有利于提升幼儿的游戏兴趣，更利于达成游戏目标。

规则游戏中的胜负决定了它的竞争性，但幼儿的竞争意识是一个逐步发展的过程。小班幼儿还缺乏一定的竞争意识，因此，在小班阶段，游戏设定最好是完成任务即获胜，这样能够调动所有幼儿的积极性，发展他们的自信心。此类游戏中不强调幼儿的横向比较，完成任务本身就是成就感。例如，跟着音乐节奏模仿小动物走路、一起拼图、送小动物回家等，只要幼儿投入其中并开动脑筋，就能够体验成功的快乐。当然，游戏的任务最好有难度层次的递进，让不同能力水平的幼儿都能够在原有水平上不断提升能力。

中、大班幼儿逐渐具有竞争意识，对比赛的兴趣日益浓厚，因此，可以多开展竞赛游戏，引导幼儿在游戏中理解胜负、正确对待输赢。竞赛游戏可以是两人一组的竞赛，也可以是分组的竞赛；可以是完成同样的任务看谁能做得更快、更好，也可以是双方互相对抗，看谁能胜出。常见的玩法包括争先、求多、追逃、夺物等。

（1）争先，即看谁能更快完成任务，如飞行棋中先到达终点的幼儿获胜，奔跑时先到达终点的幼儿获胜，猜猜乐游戏中先说出答案的幼儿获胜。幼儿园中常见的接力游戏属于此类玩法。

（2）求多，即在同样条件下能得到更多成果的幼儿，如看到圆形，能想到最多圆形物体的幼儿获胜，在同一时间里给小动物喂食最多的幼儿获胜等。与求多接近的判断胜负的标准是求异，即能够想得（做得）合理又和别人不同的幼儿获胜，这对培养幼儿的创造性思维有一定的积极意义。

（3）追逃，即游戏中有两方或以上的竞争者，其中有幼儿扮演追捕一方，有幼儿扮演逃跑一方，也可能是一名幼儿同时要追捕别人并从别人那里逃脱，追逃游戏中成功追捕和成功逃跑者获胜，没能追捕成功和没能逃跑者为失败，如"老鹰捉小鸡""揪尾巴"等游戏。另外，有的游戏中根据追捕双方最后剩下的人数多少来判断胜负，有时追捕双方的角色可互相转换，这样能够增加游戏的难度和趣味性。

（4）夺物，即游戏者围绕某一物品或场地展开竞赛，如抢椅子、占圈、夺旗游戏等，争夺成功者获胜。

4. 制定游戏规则

游戏规则的制定要能够满足以下条件。

（1）规则明确，便于幼儿自己判断游戏结果。一般而言，规则游戏设定的规则要提供严密的胜负判断标准，奖惩明确、清晰，便于参与的幼儿能够自己判断输赢。

例如，在"报纸拔河"游戏中，教师把幼儿分成两人一组，每组有一张大报纸，报纸上剪有两个能够钻过幼儿头的洞。教师在介绍游戏规则时说："两个小朋友面对面用脖子拔河，拔河时谁移动了脚步，就算输了。"游戏开始后，多数幼儿全身用力，很快报纸被撕裂了，分不出胜负，幼儿笑作一团，整个游戏乱哄哄的，幼儿很快便没了兴趣。看到这种情况，教师意识到游戏规则不够明确，于是补充道："两个小朋友面对面坐下，只能脖子用力，不能用手帮忙，当报纸撕裂时，谁的报纸先从脖子上掉下来谁就算输了。"规则明确后，幼儿发现要非常小心地控制用力的大小，以让自己这侧的报纸不被撕破，于是玩得非常投入。

因此，游戏规则需要反复考虑，或者需要经过试玩来调整，以确保游戏规则合理，结果清晰。

（2）规则简单、清晰，便于幼儿理解和记忆。幼儿理解游戏规则的能力是随年龄的增长而不断发展的。如果幼儿无法理解规则，游戏自然无法顺利开展，因此，规则要尽可能简洁、清晰，便于幼儿理解、记忆，让他们能懂会玩。

例如，在音乐游戏"大象与小鸟"中，听到低音时（第1—4小节），引导幼儿扮演"大、重、笨拙"的动物，如大象、河马、大棕熊等，听到高音时（第5—8小节），引导幼儿扮演"小、轻、灵巧"的动物，如小鸟、小兔子、小松鼠等。游戏规则简单、清晰，幼儿能够通过游戏更好地感受、分辨高音与低音，体验音高与动作的联觉对应关系，在游戏中，可以放松地跟随音乐节奏，用身体表现各种动物，提高肢体表现力。

大象与小鸟

（3）规则公平、公正，面向全体。好的游戏要能够面向全体，规则公平、公正，让每个幼儿都有机会玩、有机会赢。因此，理想的规则是对所有幼儿有相同的起点和终点，游戏者不会因为游戏太难或者太简单而不愿参加，并且只要努力，都有希望成功。

有的游戏规则决定了幼儿会陆续被淘汰，直至最后的冠军出现。如何让那部分提前出局的幼儿依然能参与游戏呢？一种方法是适当调整游戏规则，例如，在"抢椅子"游戏中，没抢到椅子的幼儿可以选择一个好朋友，坐在他的身边，继续参与游戏，在一定时间内，谁抢到椅子的次数多、身边的朋友多，谁获胜；另一种方法是让他们协助教师作评判，给他们分配任务，他们就会继续关注游戏，以另一种形式投入游戏。

（4）规则具有挑战性，兼顾幼儿的"现实性发展"与"可能性发展"。通常而言，最美味的苹果是需要跳一跳才能摘到的苹果，所有的游戏规则都应该是幼儿要付出努力才有可能达到的。所以编制和选择规则游戏时，要充分了解班级幼儿的能力水平，根据幼儿的发展水平不断调整目标、变换规则，让幼儿自然而然地提升能力。例如，为了促进幼儿精细动作的发展，教师可以带幼儿玩各种各样的手指游戏，但如果每天玩相同的游戏，难免会乏味；如果每天都换一个全新的游戏，对教师而言，又会造成备课负担，对幼儿而言，也会增加学习负担，不利于享受游戏过程中的乐趣。如果教师能对原有的游戏进行简单的规则改编，不但可以充分地利用原有素材维持幼儿的兴趣，让幼儿在享受乐趣的同时不断提升能力，同时满足不同能力幼儿的需求，更重要的是，规则的简单调整会潜移默化地培养幼儿的创造力，让幼儿学会在其他的游戏中举一反三，根据自身需求调整规则。

以手指游戏"理发师"为例，最初级的规则可以定为：一个人玩，一只手做剪刀，另一只手做头发，听到"咔嚓"声时，去剪头发，每声"咔嚓"只能剪一根头发；随着幼儿能力的提升，可以稍微增加难度，如两个人合作剪头发，每人出一只手，一只手做头发，另一只手做剪刀，其他规则不变；难度再高一点的规则是：两个人一起玩，每人出两只手，但两只手做相同的动作，实现双侧一致的协调性；最高难度的规则是：每人出两只手，两只手分别做剪刀和头发，实现双侧不一致的协调性。基于这样的启示，很多游戏都可以不断调整规则，增加难度，不断促进幼儿能力的提升，同时满足不同能力幼儿的发展需求（参考本书配套微课"喜欢＝熟悉＋意外"）。

微课：喜欢＝熟悉＋意外

（5）引导幼儿参与规则的制定，成为游戏的主人。规则游戏中的规则，是游戏者或制定游戏的人经过深思熟虑制定的，是为了游戏顺利进行、满足幼儿的发展需求、达到预期的游戏效果而制定的。所以，它需要智慧、知识、计划、经验、统观全局。游戏创制者和游戏者都必须是各方面发展到一定水平的人。幼儿作为游戏的主要参与者，具有游戏规则制定的权利，同时，他们作为发展中的个体，蕴含着规则制定的能力。通过制定规则，幼儿可以体验和理解规则的"社会约定"的性质。例如，在"抢椅子"游戏中，一些幼儿说椅子数必须和人数相等，还有些幼儿说椅子数应比人数少一个，那究竟该遵循哪一种规则呢？在游戏规则的争执中，幼儿通过了解伙伴的观点、把自己的观点与他人的观点进行对照，学会"去自我中心"，学会协调自己的观点与他人的观点，最终共同建构或认同一种规则。在游戏的过程中，既需要游戏者遵守规则，也需要游戏者自行判断违反规则的行为，商议惩罚违规者的办法。因此，游戏规则的制定不能由成人来包办，而应该充分发挥幼儿的自主性、创造性，让幼儿获得充分自由、充分被尊重的感觉，引导他们根据自己的兴趣、理解水平来生成游戏，制定、调整游戏规则，培养他们发现问题、解决问题的能力。由幼儿自己制定的游戏规则更容易为他们所理解，游戏也真正成为幼儿生活、发展不可缺少的部分。

5. 创设游戏情境

具体形象性是幼儿最主要的思维特点，幼儿需要依赖生动有趣、具体直观的载体来理解游戏任务、玩法、规则等。因此，创设生动有趣的游戏情境是吸引幼儿参与规则游戏的重要条件。在心理学家马努依连柯的"哨兵站岗"实验中，以游戏方式对幼儿提出要求：让幼儿担任"哨兵"，为保护工厂而站岗，在这样的游戏情境中，幼儿保持哨兵持枪姿势的时间明显比没有游戏情境的状态下更长。为锻炼幼儿的奔跑、跳跃能力，如果简单粗暴地要求幼儿跑10圈、跳10圈，没几名幼儿乐意参与，但如果创设"大灰狼与小羊""小动物找食物"等游戏情境，幼儿会更乐意参与。如果让幼儿巩固序数和单、双数的概念，往格子里填写数字等常规的训练方法显然不如让幼儿扮演电影院引导员，根据单、双数为顾客安排左、右两边的座位更吸引幼儿。因此，为规则游戏创设有趣的游戏情境非常重要。

微课：音乐作为审美对象怎么玩儿？

6. 完善游戏细节

游戏目标、任务、玩法、规则、情境等确定后，教师还需要思考游戏启动方式，游戏中的衔接转换方式，根据实际情况为游戏选择、编配合适的儿歌或音乐等。

（1）思考游戏启动方式。一般而言，可以采用以下几种方式启动游戏：第一，教师直接发出指令，即教师通过口头发令或用动作发令的方式示意游戏开始，也可以通过哨音来启动游戏；第二，教师播放音乐或念儿歌来启动游戏，当幼儿听到某种音乐或儿歌念到某一句话时，就表示游戏开始，如"抢板凳""击鼓传花"等；第三，游戏者之间进行问答或情境表演来启动游戏，例如，在"老鹰捉小鸡"游戏中，小鸡最后一次假装摔烂饭碗，代表游戏开始。

微课：音乐作为教育工具怎么玩儿？

（2）设计衔接转换方式。有的游戏结束之后，开始下一轮游戏需要重新进行所有流程。例如，下棋，第二轮游戏同样需要摆好棋子，从头再来。而有的游戏规则本身就包含了下一轮游戏的周转，例如，在"丢手绢"游戏中，前一轮追逐跑的输家在下一轮就要扮演追人的角色，而在"跳皮筋"游戏中，前一轮的失败者在下一轮就要为跳皮筋的同伴绷皮筋。因此，为保障游戏的顺利开展，需要在游戏创编环节考虑每一轮游戏的衔接转换方式。

（3）选配儿歌或音乐。儿歌和音乐运用恰当，能够起到活跃气氛、增加游戏趣味性的目的，甚至有的儿歌和音乐还能成为遵守游戏规则的重要线索。教师可以根据游戏的具体特点，选择音乐或儿歌为游戏伴奏，甚至作为游戏发令方式，有条件的还可以创编押韵、符合主题的儿歌来增加游戏的趣味性，进一步丰富、扩展游戏的价值。例如，在各类追逐奔跑类游戏中，增加有特定听觉信息的音乐或儿歌，既能锻炼幼儿的体能，也可以提升幼儿的听动统合能力，增加音乐或童谣的手指游戏不仅能锻炼幼儿的手指精细动作，而且能发展幼儿的节奏感和语言能力。

【梳理经验】

1. 规则游戏是什么？有哪些特点？基本结构是什么？

2. 规则游戏有哪些类型？不同类型的规则游戏分别有什么价值？

3. 创编规则游戏要坚持哪些原则？注意哪些问题？

4. 规则游戏创编的基本流程有哪些？你可以制作思维导图或流程表帮助自己记忆吗？（见表6-2）

表6-2　规则游戏创编流程表

项目任务	具体内容	
所属项目	创用规则游戏	
学习任务15	创编规则游戏	
学习目标	1. 熟悉规则游戏的特点与价值； 2. 掌握规则游戏的创编原则； 3. 能够根据特定教育目标创编规则游戏	
典型工作过程	职业要求	注意事项
明确游戏目标	观察、分析幼儿身心发展需求与现实发展水平	考虑幼儿的年龄特点与个体差异
	根据幼儿的年龄特点与发展需求，制定目标	制定较为长远的三年目标、分解到年度、学期、月、周，并把目标进一步具体化为可操作、能测量的具体指标；考虑目标的挑战性
设定游戏任务	筛选主要目标，将目标转化为具体任务，围绕具体目标设定游戏任务	任务紧扣游戏目标，充分考虑幼儿的身心发展水平与规律
选择形式与玩法	根据游戏任务选择规则游戏的具体形式与玩法	面向全体，考虑个体差异，在形式和玩法上分层次、分步骤，让所有幼儿都有成功的体验
制定游戏规则	根据幼儿身心发展水平、游戏任务、玩法制定、调整规则	规则简洁明了，便于幼儿理解；规则是动态的，可引导幼儿参与制定规则
创设游戏情境	根据游戏的任务、玩法与规则创设情节生动、符合逻辑的游戏情境	游戏情境与幼儿的兴趣、经验相匹配
完善游戏细节	预设游戏启动形式，衔接过渡方式，选配音乐、儿歌等	通过试玩等方式不断完善细节

本任务概览见图6-1。

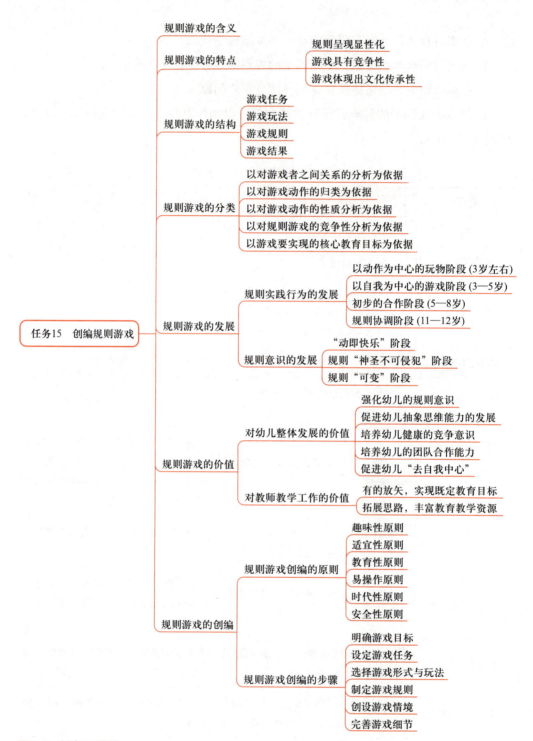

图6-1 任务15概览

【生成智慧】

1．单项选择题

下列最能体现幼儿平衡能力发展的活动是（　　　）。①

A．跳远　　　　　　　　　　B．跑步

C．投掷　　　　　　　　　　D．踩高跷

参考答案：D

试题解析：体育游戏按其活动的内容可分为走、跑游戏，跳跃游戏，投掷游戏，攀爬游戏，平衡游戏和球类游戏。其中，过小桥、踩高跷、走梅花桩等属于着重发展幼儿平衡能力的平衡类游戏。上述题目中，踩高跷是最能体现幼儿平衡能力发展的活动。

2．以"把玩具送回家（实物归类）"为题，设计一个小班的活动方案。②

试题解析：

活动目标

（1）能按图标将玩具分别进行归类。

（2）体验玩具的共同属性。

（3）体验玩具归类整齐的喜悦感。

活动准备

（1）物质准备：将班级的各种玩具、用品按类有序地摆放到玩具橱和用品橱内，并按其种类设计玩具橱图标；设计各种玩具、用品的图标每种一张，胶棒若干。

（2）经验准备：幼儿熟悉要归类的玩具和物品。

活动过程

（1）创设游戏情境，激发活动兴趣。

教师出示绒布玩具小熊，表演玩具小熊找不到自己家的悲伤情绪。教师："请小朋友们为玩具小熊找到它的家。"

（2）熟悉班级玩具橱。

带领幼儿逐一参观班级的玩具橱，向幼儿介绍各种玩具橱的名称，让幼儿仔细观察玩具橱里有哪些玩具，对幼儿说不出名字的玩具，教师可与幼儿一起讨论给玩具起名字。

（3）给玩具归类。

出示各种玩具图标，请幼儿猜猜每个图标分别代表的是什么玩具，猜对了就请一

---

① 资料来源：2017年上半年中小学与幼儿园教师资格证考试科目二 保教知识与能力。

② 资料来源：2011年下半年中小学与幼儿园教师资格证考试科目二 保教知识与能力。

个幼儿将该图标贴到存放该玩具的那一层（或格子）的柜门上，并告诉幼儿：这里就是该玩具的"家"。还可以提问：这种玩具的旁边（或上面）是什么玩具的家？这种玩具的家在哪个玩具橱？

（4）给玩具找家。

幼儿可以到玩具橱中选择自己喜欢的玩具并到指定地点玩一会儿。

（5）送玩具回家。

幼儿自选玩具开展游戏活动，游戏结束时请幼儿把玩具送回家。

任务16　组织规则游戏

幼儿体育游戏：小马快跑

【体验职场】

规则游戏：小马快跑①

　　游戏前，教师在操场上准备了一排小凳子，幼儿在小凳子上坐好后，教师问："你们都会跑步吧？"幼儿肯定地回答："会！"教师接着说："今天，我们要用一种特殊的跑步方法，那就是坐在凳子上跑。怎么跑呢？"幼儿纷纷迅速抬腿，快速用脚在地板上踩，做跑步的动作。"对对对！"面对幼儿的尝试，教师充分肯定了他们的表现，并提出了更具体的要求："现在，你们都是一匹匹跑得飞快的小马，我是一只大灰狼！哪匹小马跑得最慢，我就要把它'吃'掉！"听到这里，幼儿开始变得兴奋，跃跃欲试。教师继续补充："等会儿，如果听到'大灰狼走了'，你们就可以坐在凳子上快速跑起来；如果听到'大灰狼来了'，你们就要赶紧停下来，一动不动，这样大灰狼就'吃'不了你们了！明白了吗？"幼儿纷纷点头（见图6-2）。

　　游戏正式开始，教师背对幼儿向前走，边走边说："大灰狼走了！"幼儿抬起腿，快速踩着地板，就像小马奔跑一样。为了让幼儿在原地跑动得更快，教师提出："小马跑得太慢了吧！再快一点！再快一点！"在这样的要求下，幼儿纷纷加快速度和力度，快速踩踏地板。在这个过程中，教师突然猛地回头大喊一声："大灰狼来了！"幼儿立刻停下脚步，脸上的表情既紧张又兴奋。看着一动不动的幼儿，教师扮演的大灰狼垂头丧气地说："哎，一匹小马都抓不到！"接着，教师再次背对幼儿，说："没办法，大灰狼只好又走了！"幼儿兴奋地再次激烈地踩踏地板，跑得飞快（见图6-3）。

---

① 该案例由广西壮族自治区卫生健康委员会幼儿园黎海波老师提供。

图6-2　教师讲解规则　　　　　　　　　　图6-3　尝试玩游戏

　　幼儿熟悉了游戏规则后，教师开始提升游戏难度："大灰狼来了的时候，小马的脚不但不能动，也不能碰地板，哪匹小马的脚碰到地板，就被大灰狼吃掉！明白了吗？"幼儿笑着大声喊："明白啦！"教师马上开始发布指令；"大灰狼走了！"幼儿再次开始用力跺脚，快速奔跑。在这个过程中，为了进一步渲染气氛，幼儿边跑，教师边喊："跑！跑！跑！赶紧，抓紧时间，快快快！大灰狼！！！没有来！没有来！"就在幼儿全力奔跑的时候，教师突然转头喊道："大灰狼来了！"个别幼儿没有反应过来，把脚放在了地板上，教师提醒："大灰狼来了，脚碰到地板，会被大灰狼吃掉哦！"所有幼儿都把脚绷得紧紧的，抬得高高的，生怕被"大灰狼"吃掉。每个人脸上都洋溢着欢快、满足的笑容。

　　教师继续提升难度："大家注意，当大灰狼来的时候，小马的脚不能动，也不能碰地板和凳子。谁要是脚碰到地板或者凳子，就会被大灰狼吃掉！"接着，教师重复了几次"大灰狼走了""大灰狼来了"的指令，幼儿跑得更带劲，停止时，脚也抬得更高了，都极力地按规则不碰凳子、不碰地板。

　　看到幼儿表现得非常到位，教师继续提升游戏难度："现在大灰狼要从小马的脚下钻过去，小马一定要把脚抬高点，不要碰到大灰狼哦，谁碰到大灰狼，谁就会被吃掉！"明确了规则后，教师再次变身"大灰狼"，从幼儿的脚下匍匐前进，边爬边提醒幼儿："注意！脚不能放下，'大灰狼'通过之后，才可以把脚放下。"在这个过程中，幼儿全身心投入，兴奋地大喊："大灰狼加油！""大灰狼不加油！"（见图6-4）

　　教师扮演了一次"大灰狼"后，对幼儿说："现在，我请一个小朋友来扮演'小灰狼'！'小灰狼'要从'小马'的脚下爬过去。'小马们'一定要记得把脚抬高，不能碰到'小灰狼'的背，不然会被'小灰狼'吃掉！"规则明确后，教师选了一个举手最快的幼儿扮演"小灰狼"，"小灰狼"四肢着地，迅速地从"小马"脚下爬过，游戏继续（见图6-5）……

图6-4 教师变身"大灰狼",从"小马"
脚下匍匐前进

图6-5 幼儿扮演"小灰狼"
从"小马"脚下穿行

【探究任务】

学习任务单如表6-3所示。

表6-3 学习任务单16

项目任务	具体内容	
所属项目	创用规则游戏	
学习任务16	组织规则游戏	
学习目标	1. 熟悉规则游戏的组织要点; 2. 掌握规则游戏的组织方法; 3. 能够有策略地组织规则游戏	
具体任务	请仔细观察上述规则游戏,回答以下问题	
思考问题	你的回答	提示线索
案例中的游戏准备有哪些?		可以从游戏经验、游戏场地、游戏材料等方面思考
案例中的游戏目标是什么?		可以从不同的玩法中分别进行分析
案例中的游戏情境是什么?		
案例中的游戏有多少种玩法?		
每种玩法分别是怎样的?		
每种玩法分别培养幼儿的哪些能力?		
教师是如何引导幼儿理解游戏规则的?		教师使用了什么样的语言?做了什么样的动作?
在游戏组织过程中,教师还运用了哪些策略?		

【建构认知】

一、规则游戏开展前的准备

I. 选择与幼儿发展水平相匹配的游戏

一个好的规则游戏，应该具有明确的游戏任务、简单易行的规则、有趣刺激的玩法、逐步深入的游戏内容。根据皮亚杰的认知发展理论，幼儿会乐意参与那些与自身发展水平相一致的游戏。根据维果茨基的最近发展区理论，游戏要在幼儿的最近发展区之内。这就要求教师在选择游戏时，无论选择自己创编的规则游戏，还是选择民间流传下来的规则游戏，都必须遵循两大原则：一个原则是考虑幼儿已有生活经验和现有发展水平，使幼儿能够接受和理解；另一个原则是规则游戏要有一定的难度，但要将难度的范围落在幼儿的最近发展区内。如果过于容易，缺乏挑战，幼儿容易失去兴趣，难以持久。反之，难度太大，会削弱幼儿的信心。无论哪个年龄班，所选择的游戏既要考虑幼儿的一般的现实的发展水平，又要考虑幼儿的可能的未来的发展水平。

2. 规划游戏时间与场地，提供游戏材料

玩游戏需要时间。有研究发现，我国幼儿园每天安排幼儿游戏时间整体偏少，而且游戏时间较为零散，是由一个个独立的不同种类的游戏组合成一日游戏，幼儿单次游戏的时间相对不足，幼儿往往刚进入状态，游戏就结束了。[①]因此，应该根据规则游戏的具体情况，给幼儿提供充足的游戏时间。

此外，根据规则游戏的需要，教师需要规划游戏场地、提供恰当的游戏材料。一般而言，教师要根据游戏的特点与要达成的目标来规划场地。是准备开阔平整的场地，还是规划具有一定障碍的场地？是提供安静的空间，还是适当制造一些干扰？游戏中是否需要播放背景音乐？是否需要增加体育器械？是否需要提供头饰材料以增加游戏的趣味性？游戏材料是否存在卫生、安全隐患？如果存在，如何找到替代材料？

例如，四川民间有一个游戏叫"分地"，很受人们欢迎。游戏由两人参加，开始时先在地上画一个正方形，游戏双方轮流用一把小刀朝正方形的边缘投出，如果游戏中一方的刀尖插在了正方形边缘上，就可以沿着刀口的方向画直线，把分出的土地据为己有。这个游戏可以很好地锻炼幼儿的精细动作和手眼协调能力，但考虑到幼儿操作小刀存在很多安全隐患，于是，有些幼儿园教师就把这个游戏的场地做了调整，从普通的地面调整为沙坑，用硬纸片替代小刀进行"分地"，调整后的游戏既

---

① 焦冬玲，单文顶，袁爱玲. 幼儿园规则游戏的指导策略［J］. 福建教育，2017，（42）：27-29.

有效地保障了安全，也依然保留了一定的挑战性，很受幼儿喜爱。

二、规则游戏开展中的指导

1. 营造游戏氛围，调动幼儿的游戏热情

幼儿喜欢游戏是因为可以从中获得快乐，在游戏过程中获得的某些知识、掌握的某些技能是自然生发的，如果将游戏当作练习的工具，不注重游戏的趣味性，对幼儿而言也就索然无味了。因此，在组织规则游戏时，教师首先要注意营造游戏的氛围，创设有趣的情境，调动幼儿的游戏热情。例如，在"跳房子"游戏中，地面的"房子"上有数字，幼儿在跳跃的过程中可以认识数序、感受单双数（单数单脚跳、双数双脚跳），但这不是获得快乐的唯一内容。教师可以引导幼儿把自己想象成一个"蜘蛛侠"，体会从"房角"跳跃到"房顶"的成功，这就是在渲染"想象情境"。幼儿跳跃到房顶后可用小沙包来投准，投中"房子"上的一个格子就能"我的地盘我做主"，其他同伴经过此格子，是单脚还是双脚，抑或不准在此处落脚，都要听他的，这就突出了游戏中"人际情境"的趣味性。

常用的游戏氛围营造法是通过讲故事创设游戏情境。例如，在体育游戏开展中，教师创设了"救援小白兔"的游戏情境："兔妈妈说，她的孩子们被困在山洞里了，请求我们去救援，可是，救援的路上会遇到很多陷阱，需要我们双脚跳过去，你们愿意吗？""愿意！"一个简单的游戏情境马上调动起了幼儿的积极性。除了用这种类似讲故事的方式营造游戏氛围外，还可以通过猜谜语、念儿歌、简要谈话、直接设疑提问、呈现游戏材料等方式来调动幼儿的兴趣，引导他们快速进入游戏状态。

2. 引导幼儿掌握游戏规则及玩法

在规则游戏的开展过程中，有时会出现幼儿不遵守游戏规则和玩法、阻碍规则游戏开展的情况，这时首先要做的不是批评幼儿不遵守规则，而是反思幼儿是否理解和掌握了游戏的规则和玩法。因此，在规则游戏开展前，教师要引导幼儿掌握游戏规则和游戏玩法。一般而言，引导的方式主要有两种。① 教师直接讲解游戏规则与玩法。讲解时语言要简单、清晰、准确、有感染力，使幼儿愿意听、能听懂、易操作。这种方式通常适用于较为简单的规则游戏。在讲解的基础上，教师还可以通过设计有层次、有递进的提问，考察幼儿是否理解了规则。② 采用示范的方式。示范可以由教师示范、由幼儿示范，也可以由教师和幼儿共同示范，示范时动作要清晰、准确，把握到位。当然，示范过程中有时也需要讲解的配合。

当然，对于比较复杂的游戏，一次性让幼儿理解、掌握其规则是不现实的。这时就需要对规则进行分解，将它融入不同的游戏阶段，伴随玩耍过程逐渐提出和增

多，引导幼儿边玩边学。例如，"斗兽棋"游戏玩法是：画着各种动物的棋子全部翻个面下暗棋，游戏者轮流翻棋比动物的大小，如"老虎棋"可吃掉"大象棋"，"大象棋"可吃掉"狗熊棋"等，赢的棋子多者为胜。幼儿学棋时可先结伴玩布棋和轮流翻棋的游戏，你翻一个我翻一个；待幼儿熟悉"轮流"的规则后，再提出比大小的规则，即"你翻一个我翻一个，再来比一比"；最后再提出"比一比后大吃小"的规则。也就是说当幼儿对该套棋的玩法还未完全熟悉的时候，"趣味玩耍"已经发生了，而且一路伴随着学下棋的过程。

3. 隐性指导，适时退出

规则游戏所蕴含的教育价值通常是以"玩法与规则"的方式提出和体现的，达成教育目标的方式是通过"反复玩耍"来实现的，因此，在规则游戏中，教师要尽可能减少不必要的直接干预。教师应避免用"保持安静""不许说话""不许离开座位"等纪律性规则来维持秩序，这种纪律性规则会破坏游戏氛围，削弱幼儿的游戏性体验。"动即快乐"是幼儿游戏的特点，很多时候，幼儿对游戏动作和过程的兴趣往往超过对规则和结果的注意。在游戏中，教师如果一次次让幼儿停下来，三令五申地强调遵守规则，可能导致幼儿对游戏丧失兴趣。但在规则游戏中，又必须遵守一定的规则，如何让幼儿既能遵守规则，又能乐此不疲地"反复玩耍"，在玩耍中实现发展目标呢？教师的指导策略就显得格外重要，好的指导一定是隐形的，能够给予幼儿自我习得的空间，培养他们的学习品质，促进教育目标的达成。

一般而言，规则游戏中的有效指导策略是把游戏动作、玩法等要求及规则融入游戏情境中。例如，体育游戏"营救兔宝宝"中预设的教育目标之一是发展幼儿双脚向前跳，并能轻轻着地的技能。在游戏过程中，"双脚向前跳"是硬性规则，但教师没有用外显性的方式强调幼儿必须遵守，而是把这一要求融入游戏情境中，以游戏角色的身份温馨提醒幼儿在营救兔宝宝的路上，一定要双脚同时向前跳，小心地避开"陷阱"。为了让幼儿注意双脚轻轻着地的要求，教师设置了新的游戏情境：双脚落地时一定要轻轻地，不然会惊动附近的大熊，大熊一旦醒来，我们就没办法营救兔宝宝了……这样的引导就让硬性的规则变成了幼儿对自己的内在要求。

一个新的规则游戏开启后，教师在早期、中期、晚期的指导侧重稍有不同。但无论是哪个时期，教师都可以适度地退隐，让幼儿在反复玩耍过程中相互启发学习、自然领悟。面对一个新的规则游戏时，教师的重要任务是引导幼儿理解玩法和规则后，创设游戏情境，有时，为了帮助幼儿更好地理解规则，教师需要扮演游戏中的某个角色。例如，在"老鹰捉小鸡"游戏中，教师一开始可以扮演老鹰，也可以扮演鸡妈妈。待到幼儿熟悉玩法后，教师要及时退居二线，把主场控制权适当地交由幼儿掌控，让幼儿在预设的游戏框架下，自行细化玩法与规则，例如，输赢怎样惩罚、奖励？追逐一次的时间到底要多久？在游戏过程中，教师要允许幼儿不断试错、调整，而不是一味地纠正。幼儿游戏玩得熟练且乐此不疲时，教师更要"退隐"，静观游戏的进展及幼儿的发展。总之，在规则游戏组织过程中坚持"幼儿在前，教师在后""追随幼儿，教师同行""引发幼儿，师幼相长"的师幼互动策略，适当把握游戏梯度，促进游戏进程由易到难地开展。

4. 根据游戏情况适时调整规则和玩法

规则游戏的规则和玩法一般是固定的，有着明确的规定。但是，规则并非一成不变。随着幼儿熟悉游戏规则和玩法，能力水平到达一定程度后，幼儿参与游戏的兴趣有可能会下降，有时甚至不愿意再参与游戏。遇到这种情况时，教师需要根据幼儿的情绪状态、游戏能力及游戏兴趣的变化等灵活调整游戏的玩法和规则，引导幼儿通过与游戏伙伴之间进行集体商议等手段改变规则，调整玩法，甚至将规则游戏的某一个或多个规则和玩法，从易到难，搭建一座"游戏阶梯"，满足幼儿新的兴趣点和能力点，实现幼儿不断发展的需求。

例如，刚开始玩"跳房子"游戏时，房子可以画得简单一些，玩熟以后，就可以增加房子的复杂度；一开始可以一人一人跳，后来可以分组跳，通过变化"房子"上的格子数量、排列方式等，不断调整游戏的难度，促使幼儿在"跳跃的持久性与协调性、数数能力"等方面获得递进式发展。在玩"滚铁环"游戏时，先让幼儿自由练习，待幼儿会玩后，教师可以设置固定的路线，让幼儿在路线内滚环，如果离开路线，就违反了规则；也可以在路线上放置障碍物，以增加游戏的难度；还可以组织幼儿玩滚铁环接力赛。当然，滚动的距离要符合幼儿的身体素质和身体发展水平。调整规则和玩法的权力并不为教师独自拥有，教师应在鼓励幼儿大胆表达想法的基础上，倾听幼儿，并和幼儿一起制定游戏的规则和玩法。这样既发挥了幼儿的主动性和创造性，增强了幼儿的责任感，也使幼儿能更好地理解和遵守规则。例如，一次教师在组织大班幼儿玩"我们都是木头人"游戏时，刚开始天天就和教师说："老师，能不能在说不能动后大家都要扮演成一种小动物？"教师就询问其他幼儿支不支持这个想法，并且问："小朋友们，你们还有其他好主意吗？"欢欢说："每次扮演不同的小动物。"豆豆说："看看谁扮演的时间最长"……经过讨论后，教师和幼儿共同确立了新的规则和玩法，幼儿玩得很开心。这次改变游戏规则和玩法的主意并不是由教师提出来的，而是由幼儿首先提出来的。可见，教师在规则和玩法的改变上不应是一个主导者，而应是一个支持者和引导者。

三、规则游戏结束阶段的指导

在开展规则游戏时，教师应该注重观察幼儿的表现、记录游戏的过程，当游戏结束时，教师也应有始有终，进行梳理总结，帮助幼儿养成良好的品质、建立良好的习惯。

　　1.引导幼儿正确对待输赢

　　竞争性是规则游戏的特点之一。如何看待游戏的竞争性和处理游戏的输赢问题，是玩规则游戏不可回避的问题。

　　游戏中的竞争既不同于成人在社会经济生活中的竞争，也不同于幼儿在实际生活中的竞争（Kamii，DeVries，1980）。在游戏中，游戏者不是为了得到什么具体的东西或物质利益而竞争，游戏过程本身就使他们快乐，这种快乐来自对自身智慧和力量的体验。所以，游戏是超越"功利"而趋向于"审美"的。同时，在游戏中的输赢只是暂时的。在游戏中，没有永远的输家，也没有永远的赢家，每个游戏者都可以通过自己的努力来赢得游戏。与此同时，并不是所有的规则游戏都只是意味着竞争。有些类型的规则游戏也要求游戏者之间的合作。例如，在以小组为单位的对抗性竞赛游戏中，不仅需要游戏者之间的竞争，还需要游戏者之间的合作，它所要求的是游戏者之间的组内合作、组间对抗。它要求幼儿形成对游戏小组的认同感和归属感，以及愿意为小组这个"团体"做出贡献的态度和实际的努力。这对幼儿团队意识的形成有积极的意义。

　　对于幼儿来说，意识到竞争或"输赢"，本身标志着认知和社会性发展上的进步。年龄较小的幼儿不在乎输赢，是因为他们受"自我中心"思维的局限，只关注自己的活动而不在乎别人的表现，不能把自己的活动与他人的活动联系起来加以比较。当游戏中出现了幼儿为了要"赢"而"耍赖"的行为时，这并不意味着幼儿开始"学坏了"，而意味着思维开始"去中心化"。如果有成人和伙伴的积极影响，那么游戏中的竞争对于幼儿来说是有益无害的。

　　在现实生活中，确实有一些幼儿输不起，赢了就笑，输了就哭，只能赢不能输。幼儿的这种表现与是否有成人的正确引导和影响有关。如果成人正确引导，游戏中的输赢问题可以成为幼儿学习如何正确对待输赢和竞争的好机会。例如，可以让幼儿认识遵守游戏规则（不耍赖）的意义（老耍赖就没人和你玩了，耍赖对别人不公平）；让幼儿认识到游戏中总是有输有赢，一个人不可能总是赢；这次输了，下一次可以通过努力再赢回来等。通过这种引导，可以让幼儿学会正确对待输赢和竞争。这种学习经验对于幼儿适应社会生活有非常重要的意义。

　　因此，在规则游戏结束阶段，教师应当注意以下引导：将评价重点放在游戏的过程上而不是"输赢"的结果上，更多关注幼儿的游戏技能或快乐体验等。如果一味用言语或物质刺激来强化竞争的结果，会使幼儿对游戏本身的兴趣和对锻炼自己游戏的"本领"的注意转移到"奖赏"上；把幼儿的注意力引导到"赢者"所用的有效的策略上，引导幼儿学习伙伴的策略，意识到他人的想法和观点。

2. 引导幼儿进行总结分享

高杉自子提出："在游戏中获得的感动与发现不应该只停留在个体内部，而应该有共同的分享者。正是由于有共同分享者的存在，即有接纳自己在游戏中获得的感动与发现的同伴或朋友，幼儿才能够不断地开展新的游戏，进行新的挑战。"[①]游戏总结分享对游戏本身的发展、幼儿自身的发展、良好师幼关系的构建、游戏与教学的有效融合有重要的价值。

（1）游戏后的分享与讨论有利于教师发现游戏中的问题，有利于后续游戏活动的开展，对整个游戏过程来说具有画龙点睛的作用，能够激发幼儿下次参与游戏的兴趣，解决游戏中的问题。

（2）游戏总结分享可以帮助幼儿整理、分享经验，丰富游戏内容，激发幼儿参与游戏的积极性，培养自信心，促进幼儿语言、思维、品德等综合能力的发展。邱学青提出："教师每次在游戏结束后的指导是非常重要的，不仅可以引导幼儿抒发游戏中的情感体验，更重要的是能帮助幼儿在相互的对话、讨论中，使自己所获得的零散经验得以系统化，在相互学习中建构新的经验和知识"[②]。

（3）游戏总结分享有助于构建良好的师幼关系。总结分享能帮助教师更好地了解幼儿，为下次游戏的开展和更好地指导提供依据，师幼共同参与、汇集活动信息、交流活动经验、一起解决困惑，还能够共同分享彼此的快乐，激发幼儿学习生活的兴趣。[③]

（4）游戏分享活动能促进游戏和教学活动有效融合。在游戏结束阶段，师幼围绕一个或几个共同的问题进行讨论，不仅使全体幼儿在同一情境中学习了彼此的经验，而且节省了教师重复劳动的时间和精力，达到了游戏与教学活动相融合的效果。[④]

游戏总结分享的内容不限于游戏的知识和经验，还有情感，与幼儿共同感受创造的快乐、交流的愉悦、表达的舒畅，是分享的核心。[⑤]分享形式应该是灵活的，可以是个别人之间的，也可以是小群体的；可以是语言交流的方式，可以是表情姿势、身体接触的方式，还可以是欣赏作品等方式。分享策略可以是绘画描述法、情境讲述法、角色反串法、谈话法、网络式游戏评价等。

微课：体育游戏的组织——一起挑战体能王

微课：智力游戏的组织——越玩越聪明背后的秘密

① 高杉自子. 幼儿教育的原点［M］. 王小英，译. 上海：华东师范大学出版社，2014：48.

② 邱学青. 幼儿为什么需要创造性游戏［N］. 中国教育报，2014-05-02.

③ 戚燕华. 看游戏讲评谈如何激发幼儿学习生活的兴趣［J］. 小学科学（教师版），2014，（1）：135.

④ 邱学青. 给幼儿园教师的101条建议·游戏指导［M］. 南京：南京师范大学出版社，2013：198.

⑤ 黄进. 游戏的分享［J］. 幼儿教育，2004，（Z1）：45.

【梳理经验】

1. 规则游戏开展前，应该做哪些准备工作？

2. 规则游戏开展过程中，应如何进行指导？

3. 规则游戏结束时，应该做哪些总结梳理工作？

4. 规则游戏组织的基本流程是怎样的？你可以制作思维导图或流程表帮助自己记忆吗？（见表6-4）

表6-4　规则游戏组织流程表

项目任务	具体内容		
所属项目	创用规则游戏		
学习任务16	组织规则游戏		
学习目标	1. 熟悉规则游戏的组织要点； 2. 掌握规则游戏的组织方法； 3. 能够有策略地组织规则游戏		
典型工作过程	基本步骤	职业要求	注意事项
游戏准备阶段	选择游戏	根据幼儿发展需求选择适宜的游戏	既要考虑幼儿的一般的现实的发展水平，又要考虑幼儿的可能的未来的发展水平
	规划时间与场地；提供材料	根据游戏的复杂程度提供充足的时间；根据游戏特点与目标规划场地、提供材料	围绕幼儿身心发展因地制宜、灵活调整
游戏开展阶段	营造游戏氛围	通过讲故事、猜谜语、设置悬念等方式创设游戏情境，激发幼儿游戏热情	无论采用哪种形式，都需要考虑幼儿的生活经验
	讲解游戏规则与玩法	通过讲解、示范、提问等多种方式让幼儿理解规则与玩法	讲解清晰简明、示范到位、提问有层次，便于幼儿理解
	隐性指导，适时退出	"幼儿在前，教师在后"，尽可能将指导融入游戏规则、玩法与游戏情境中	减少不必要的直接干预，避免用纪律性规则来维持秩序
	调整规则与玩法	通过调整规则与玩法，搭建由易到难的游戏阶梯，满足不同能力水平幼儿的发展	考虑幼儿的情绪状态、游戏能力及兴趣变化，引导幼儿通过与伙伴进行商议等手段改变规则，调整玩法

续表

典型工作过程	基本步骤	职业要求	注意事项
游戏结束阶段	总结分享游戏	引导幼儿正确对待输赢	将评价重点放在游戏过程上而不是"输赢"的结果上，引导幼儿关注游戏的技能和快乐体验
		引导幼儿进行有价值的内容分享	根据具体的游戏情况，挖掘有价值的分享内容，如游戏技能、游戏策略、情感体验等
		采用灵活多样的分享形式与策略	个别分享、小组分享、集体分享相结合；灵活采用谈话法、绘画描述法、情境讲述法、角色反串法等多种策略

本任务概览见图6-6。

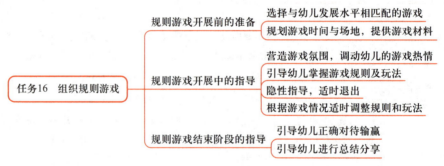

图6-6　任务16概览

【生成智慧】

直通国考

1. 题目：体育游戏《好玩的神球》[①]

2. 内容

（1）设计一个玩球游戏。

（2）模拟面对幼儿示范讲解游戏的玩法。

---

① 资料来源：2021年幼儿教师资格证面试考试。

3．基本要求

（1）模拟组织中班幼儿玩球游戏，注意动作与语言相互配合，能清楚交代游戏规则和要求。

（2）请在10分钟内完成上述任务。

4．答辩题目

（1）游戏过程中可能会发生什么问题？应如何解决？

（2）如果幼儿不愿意参加游戏怎么办？

试题解析：

游戏设计举例：合作运球。具体玩法为：两个人面对面或背对背，将球夹在两个人中间，不能用手碰球，将球运到指定位置，可以分组比赛，用时少的小组获胜。

模拟组织（略）。

答辩题目（1）：

游戏过程中可能会发生的问题有：① 幼儿对游戏规则和玩法不理解，面对这样的问题，教师可以采用生动、有趣的语言讲解游戏的规则和玩法，并且予以示范，让幼儿明确游戏的规则和玩法，并给幼儿练习的机会；注意观察幼儿在游戏中的表现，及时做出相应的指导；② 在合作运球过程中，有可能会因为幼儿之间配合不够默契、协调性不够好等原因，导致球掉落，教师要提醒幼儿在比赛时注意配合，步伐一致向前；③ 如果是多组同时运球，开展比赛，可能会出现相互碰撞、摔伤等安全问题，面对这样的问题，教师和幼儿可以在活动前规划好赛道路线，同时做好热身，避免肌肉拉伤。

答辩题目（2）：

如果幼儿不愿意参与游戏怎么办？面对这种情况，要认真观察，寻找幼儿不愿意参与游戏的原因，思考：游戏难度与幼儿的能力水平是否匹配？游戏情境是否生动、有趣？游戏中使用的语言是否清晰、明确，便于幼儿理解？在具体分析的基础上，及时调整策略，根据幼儿的兴趣与需求调整游戏内容与节奏，吸引幼儿参与其中。

任务 17　评价规则游戏

【体验职场】

规则游戏：猜猜乐

徐老师组织幼儿玩"猜猜乐"的游戏。首先，徐老师在PPT上呈现了"猜猜乐"三个字，问幼儿："我们今天来做游戏，看看做什么游戏？"幼儿回答："猜猜乐！"徐老师追问："什么是猜猜乐呢？"幼儿开始大胆猜想，并回答："欢乐的……""就是猜谜语吧……"等。

徐老师说道："今天这个游戏确实跟猜谜语有关，怎么猜呢？等会儿屏幕这里有很多图片，会一张一张地放出来，一个小朋友上台来，跟我抱在一起，不能看图片，其他小朋友要认认真真、仔仔细细地看图片，看完之后，要把图片上的信息告诉上台猜的小朋友。说清楚这个东西是大的或小的，什么颜色的，有什么用处等，但是，千万不能说出这个东西的名字。例如，你们看到苹果的图片，'苹果'这两个字千万不能说出来，但是可以说其他跟苹果有关的事情，让他猜，如果他没猜出来的话，你们要继续讲各种各样的跟苹果有关的内容让他猜，直到猜出来……"为了检测幼儿是否理解规则，徐老师再次梳理："讲了这么多，我们来理一理，谁来猜？（台上的人。）他能看图片吗？（不能）他不能看图片，谁来看图片？（台下的人）台下的人看完图片后要做什么？（给台上的人描述图片）能直接告诉答案吗？（不能，只能描述图片上的内容）……"一番描述梳理后，幼儿齐声大喊："明白啦！"

游戏正式开始，为了进一步检验幼儿是否真正掌握了游戏规则与玩法，徐老师说："我们邀请一个小朋友先上台来试试看。"幼儿纷纷举手，徐老师邀请了最先举手的一个幼儿上台，背对屏幕。接着，引导台下幼儿："大家说，这个小朋友能看图片吗？"台下幼儿专注地回答："不能。"徐老师开始呈现一张图片（熊猫），紧接着指导："对了，台上的小朋友不能看图片，台下的小朋友要认真看图片，然后描述图片上的内容，长什么样子，什么颜色……说出这张图片上的有关信息，让这个小朋友猜，来试试看。"

面对"熊猫"的图片，台下的幼儿马上开始提供信息："黑眼睛，白身体，黑脚……"

根据这些信息，台上猜图片的幼儿马上反应出来："是熊猫！"哇！猜对了，大家热情地为他鼓掌！

为了让幼儿更充分地整合已有经验，进行思考表达，徐老师鼓励道："哇，你们真棒！提供的信息很准确，帮助他一下子就猜出来了！关于熊猫，除了刚才说的那些外，还可以说些什么呢？"于是有幼儿补充道："爱吃竹子""白肚皮""是一种动物"等，幼儿纷纷表达一轮后，徐老师进行小结："对了，你们看，刚才你们说的那些都是信息。"（再次让幼儿理解了游戏规则中"提供信息"的含义）

接着，徐老师又邀请了一个幼儿上台，呈现了另一张图片（筷子），让幼儿猜测，台下的幼儿按照刚才的玩法，踊跃地提供各种各样的信息，有幼儿说："是生活用品。"台上的幼儿马上说："是缝衣服的针。"台下大笑，徐老师说："生活用品太多了，显然，这个信息还不够，你们要继续提供信息哦！"于是大家补充道："只能用来吃菜，不能用来喝汤。""是两根瘦子细又长。"……通过对这些信息的整合，台上的幼儿顺利猜出答案。通过两次试玩，徐老师判断出幼儿已经理解游戏规则，于是开始分组竞猜。

徐老师说："现在，我们分成两组，左边一组，右边一组。两个小组依次派出代表上台来猜。什么叫依次派出代表？对啦，两个小组都从排头开始，每次只派一个代表上台来猜。两个代表谁也不能看图片，台下的小朋友大胆说出图片信息，让台上两个代表猜。谁先猜出来，谁所在的小组就可以加10分，最后，哪个小组得分多，哪个小组就算赢！"

两个小组的两个代表迫不及待地跑到台上，准备开始游戏。徐老师再次给出提示："现在我要提示一下，等会儿要猜的所有的图片都跟中国有关，请代表们看图！"

第一张图片（五星红旗）刚呈现出来，台下两组幼儿就纷纷给出图片的信息，"红色的""有五颗星……"台上一个代表马上脱口而出："是五星红旗！"徐老师趁大家兴致高涨，追问台上的代表："你是怎么猜出来的？"台上的幼儿回答："第一个人说红色的，第二个人说有五颗星星，那我就想，肯定是五星红旗。"徐老师肯定了幼儿的回答，再次强化了"猜猜乐"的游戏要点。

接着，两个小组的第二个代表分别上台，PPT上呈现出天安门广场的图片。台下幼儿马上给出信息"广场很大！"一听这个信息，台上的一个代表马上脱口而出："北京天安门广场！"徐老师没有让这轮竞猜马上结束。而是追问："为什么不是别的广场呢？你们能不能提供更多的关于这张图片的信息？"于是，台下的幼儿提供了更加丰富的信息："屋顶长长的，两个角很尖""有一张照片，是毛主席的照片……""有很多琉璃瓦""有红旗……"等。台上的代表根据新提供的信息不断变换自己的答案，最后，台上的两个代表都确定答案是"北京天安门广场"。徐老师表扬了两个代表，而且建议给两队都加分："因为第一组的代表最先说出了答案，值得表扬！第二组代表，虽然转了一大圈，但每个人给他的信息，他都进行了思考，最后确定了答案，所以，也很值得表扬！"幼儿受到鼓励，游戏继续。

PPT上呈现了一张新图片（牡丹）。台下幼儿争先恐后地给出信息。有的幼儿说："是国花！"可是，台上的两个代表都没反应上来。于是，徐老师打趣："他们不知道什么是国花，你们还能提供别的信息吗？"于是，幼儿纷纷结合自己的经验给出新信息："是紫色的，有个酒店的名字就是这个。"台上的代表仍然猜不出。徐老师笑着提醒："你知道的酒店，他不知道呀，所以你们说的信息得要他们理解才行。"台下幼儿继续补充信息："是玫瑰花，但是它颜色不一样……它开起来花瓣很多……"但台上的两个代表还是猜不出来，台下的幼儿已经无计可施，不知道再提供什么信息了，眼看游戏要在这里暂停了。

看到幼儿实在无法给出更多的信息，徐老师补充道："接下来，老师给大家播放一段音乐，音乐中的歌词中有这朵花的名字，大家仔细听！"说完，徐老师为幼儿播放起"牡丹之歌"的前两句。当音乐响起的时候，台上的幼儿立马反应出来："是牡丹花！"老师立马给予肯定："对了，是我们国家的国花，牡丹。"

之后，游戏继续，难度逐级递增。游戏结束后，徐老师先公布两个小组的比赛结果：“我宣布比赛结束，50比20，祝贺获胜的小组，也鼓励另一个小组！来，我们给所有人鼓鼓掌！无论输赢，我们都要有气度！”

最后，徐老师将所有猜过的图片用音乐串联起来，并进行朗诵，歌颂祖国，激发幼儿的爱国热情。在背景音乐的衬托下，徐老师开始抑扬顿挫地朗诵：“我的祖国——中华人民共和国，一个伟大的国家，在世界的版图上，像一只雄鸡傲立在世界的东方。我的祖国有美丽的山川河流，有56个民族团结在一起，有五星红旗，迎风飘扬，有雄伟壮观的天安门城楼，有数不清的宝贝，西安兵马俑，京剧国粹，别具匠心……”

【探究任务】

表6-5　学习任务单17

项目任务	具体内容	
所属项目	创用规则游戏	
学习任务17	评价规则游戏	
学习目标	1. 掌握规则游戏评价的内容与方法； 2. 能够对幼儿园规则游戏进行全面评价； 3. 愿意不断反思、推进规则游戏的发展	
具体任务	请仔细观察上述幼儿园规则游戏，回答以下问题	
思考问题	你的回答	提示线索
游戏的规则和玩法是什么？		
游戏中使用了哪些材料？		
游戏的目标是什么？		
这个游戏的难点是什么？		
教师是怎么帮助幼儿突破难点的？		
教师怎么引导幼儿对待游戏中的“输赢”？		

【建构认知】

2020年10月，中共中央、国务院印发的《深化新时代教育评价改革总体方案》在“改革教师评价，推进践行教书育人使命”中指出：幼儿园教师评价突出保教实践，把以游戏为基本活动促进儿童主动学习和全面发展的能力作为关键指标。[①]《幼儿园教育指导纲要（试行）》中明确指出："教育评价是幼儿园教育工作的重要组成部分，是了解教育的适宜性、有效性，调整和改进工作，促进每一个幼儿发展，提高教育质量的必要手段。"[②]幼儿园以游戏为基本活动，游戏是幼儿最基本的学习方式，规则游戏在幼儿园的教育教学中扮演着极其重要的角色，教师需要通过对规则游戏的评价来观察、分析、促进幼儿的进步与发展。

一、规则游戏评价的含义

规则游戏评价指以规则游戏为对象，按照一定的教育目标和游戏观，对规则游戏的目标、结构、实际开展情况等进行价值判断。规则游戏评价应该既包括对游戏选择与创编情况的评价，也包括对游戏开展情况的评价。规则游戏评价的意义在于通过反思规则游戏的选择、创编情况及游戏的组织过程，提升教师的规则游戏创编能力、组织能力；通过评价幼儿的身心发展状况，给幼儿更适宜的支持，促进他们更好地发展。

二、规则游戏评价的原则

（一）分层次评价与个性化评价相结合

规则游戏评价应根据幼儿的年龄特点分层次开展。不同年龄阶段的幼儿在游戏中的表现差异明显。3—5岁幼儿喜欢非竞争性的规则游戏，如涉及数目、颜色、形状、大小、质地等元素的简单的拼图或匹配游戏，运用再认技能的游戏，棋牌游戏，简单的追跑等大肌肉活动。游戏过程中并不太在意输赢，对游戏策略的使用较少。5岁以后的幼儿则能够预测对方的策略，重视游戏的规则，往往会花很长时间在游戏规则的制定上，他们会就游戏规则进行协商、谈判，并且改变游戏规则以提高游戏的新颖性和挑战性。评价时要关注幼儿的年龄特点，分层次进行评价。无论是哪个年龄段，都应该考虑幼儿的个体差异性。《幼儿园教育指导纲要（试行）》中指出："承认和关注幼儿的个体差异，避免用统一的标准评价不同的幼儿，在幼儿面前慎用横向的比较。"在同一个游戏活动中，哪怕年龄相同，不同幼儿的游戏热情、游戏水

---

① 中共中央、国务院印发《深化新时代教育评价改革总体方案》[EB/OL]. 中华人民共和国中央人民政府，2020-10-13.

② 中华人民共和国教育部. 幼儿园教育指导纲要（试行）[M]. 北京：北京师范大学出版社，2001：12.

平等并不是整齐划一的，其合作能力、坚持性等品质也存在个体差异，评价时不必统一要求，要有针对性，要体现每一个人的闪光点，要对不同的幼儿从不同的角度进行评价。

（二）形成性评价和总结性评价相结合

形成性评价和总结性评价相结合，即过程评价与结果评价相结合。形成性评价是在幼儿游戏过程中持续地进行评价的方式，这种评价方式基于教师的仔细观察。通过观察，教师能够及时了解幼儿游戏过程中的表现，并能对游戏的进程获得总体把握；在此基础上，再选择适当的评价时机，灵活、有针对性地对幼儿的游戏活动进行即时反馈。总结性评价是在游戏活动结束之后进行的具有概括性的评价，这种评价方式有利于教师掌握本班幼儿的整体游戏水平，并据此来调整下次游戏的目标、计划、材料的投放及游戏指导策略等。由此可见，结果评价具有整体性的特点，而过程评价具有即时性的特点，二者优势互补。教师在工作中应将这两种评价方式有机地结合起来使用。

（三）教师评价与幼儿互评、自评相结合

教师是实施教育的一方，由于年龄、阅历、知识背景等方面与幼儿相比更有优势，因此，在游戏评价中掌握着更多的主动权、话语权，使教师评价更有权威性。教师评价是教师对幼儿在游戏中的表现进行总结，指出问题，给予表扬或批评等，这种评价方式具有较强的教育功能。但教师评价是一种自上而下的单向性评价，看问题角度单一。

实际上，幼儿才是游戏的真正主人，因此，要让幼儿也成为游戏评价的主人。在游戏结束时，鼓励幼儿讲述自己在游戏中的所思所做和所见所闻，并引导幼儿相互交流、讨论和分析。幼儿在讲述中回忆并整理经验，在交流中分享经验，在讨论中提升经验并找出存在的问题。这种自评和互评的过程是提高幼儿自我认识水平和获得共同发展的重要途径。教师评价与幼儿互评、自评相结合，既可以发挥教师的主导作用，实现游戏的教育功能，又能够凸显幼儿的主体地位，对幼儿积累游戏经验、增强认知能力、提高游戏水平等都有积极作用。

（四）评价与指导相结合

游戏评价本身不是目的，而是提升游戏水平的手段。评价只有与指导相结合，才能提升游戏水平，促进幼儿发展。要使评价具有指导意义，应该尽可能进行分析性的、具体的评价。比如，当幼儿完成一个游戏时，教师往往会给予类似"不错，进步很快""真能干"的评价。虽然这种评价能让幼儿体会到成就感，但这样的评

价过于笼统和模糊，对提高幼儿游戏水平帮助不大。幼儿的游戏到底"进步"在哪里？是对游戏规则的理解更到位还是更善于分享与协作？或是反应更加灵敏？幼儿的"能干"体现在哪些方面？是协商调整了游戏规则还是独立解决了某个游戏中的难题？幼儿并不清楚。相反，若对幼儿进行明确、细致的评价，可以使幼儿明白自己为什么会受到表扬和肯定。例如，可以在规则游戏中这样评价："你们真能干，在抢椅子的过程中，发现没有抢到椅子的人等待的时间太长，一起商量改变了游戏规则，让游戏变得更好玩，这点真的非常有创造力！""在游戏过程中，鸡妈妈的表现非常勇敢，小鸡们反应非常敏捷，合作得也非常好，让老鹰没能得逞……"这种具体的评价可以让幼儿明白好在哪里，更利于积累游戏经验，同时找到努力的方向。

三、规则游戏评价的内容

对规则游戏的评价可以从游戏的选择与创编、游戏的开展情况两个方面进行。

（一）规则游戏的选择与创编

（1）游戏的任务、玩法、规则和结果是否完整、清楚？

（2）游戏是否符合幼儿的身心发展水平与需要？

（3）游戏是否能够让大部分幼儿参与而不是旁观？

（4）规则是否具有灵活性？

（二）规则游戏的开展情况

（1）游戏时间是否充裕？

（2）游戏场地规划是否合理？

（3）游戏中投放的材料是否安全卫生、数量充足？

（4）游戏整体氛围如何？

（5）幼儿参与游戏是否基于自愿的原则？

（6）游戏中的分组是否合理？

（7）是否采用多种策略让幼儿理解游戏规则？

（8）是否引导幼儿根据实际情况调整游戏规则？

（9）是否引导幼儿关注游戏过程，而不是"输赢"的结果？

（10）游戏中是否因性别、能力、性格等因素让幼儿感到被忽视或拒绝等？

（11）游戏中的总结是否有利于幼儿游戏水平的提升？

在实际工作中，教师可以根据需要参考以上评价要素，设计针对整个班级或针对某个幼儿的评价表（见表6-6）。

表6-6 规则游戏评价表

年龄班： 评价时间：

项目任务	具体内容	评价		
		标准分	得分	具体表现
规则游戏的选择与创编	1. 游戏的任务、玩法、规则和结果是否完整、清楚？			
	2. 游戏是否符合幼儿的身心发展水平与需要？			
	3. 是否能够让大部分幼儿参与而不是旁观？			
	4. 规则是否具有灵活性？			
规则游戏的开展情况	1. 游戏时间是否充裕？			
	2. 游戏场地规划是否合理？			
	3. 游戏中投放的材料是否安全卫生、数量充足？			
	4. 游戏整体氛围如何？			
	5. 幼儿参与游戏是否基于自愿的原则？			
	6. 游戏中的分组是否合理？			
	7. 是否采用多种策略让幼儿理解游戏规则？			
	8. 是否引导幼儿根据实际情况调整游戏规则？			
	9. 是否引导幼儿关注游戏过程，而不是"输赢"的结果？			
	10. 游戏中是否因性别、能力、性格等因素让幼儿感到被忽视或拒绝等？			
	11. 游戏中的总结是否有利于幼儿游戏水平的提升？			

【梳理经验】

1. 对规则游戏进行评价时要注意哪些原则？

2. 可以从哪些方面对规则游戏进行评价？

3. 评价规则游戏涉及哪些方面？你可以制作思维导图帮助自己记忆吗？

本任务概览见图6-7。

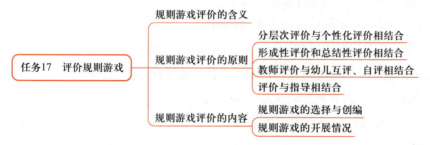

图6-7 任务17概览

【生成智慧】

直通国考

材料分析题①

幼儿园只有一架秋千，幼儿都很喜欢玩。大二班在户外活动时，胆小的诺诺走到正在荡秋千的小莉面前，请小莉把秋千让给他玩，小莉没理会他，诺诺就跑过来向教师求助："老师，小莉不让我荡秋千。"

直通国考：模拟组织传统游戏

对此，不同的教师可能会采取下面不同的回应方式：

教师A：牵着诺诺的手走到小莉面前，说："你们的事情我知道了，我现在想看小莉是不是个懂得谦让的孩子。小莉你已经玩了一会儿了，现在能不能让诺诺玩一会儿呢？"小莉听了后，把秋千让给了诺诺。

教师B："你对小莉怎么说的呢？"诺诺："我说我想玩一会儿。"想到诺诺平时说话总是低声细气的，教师就说："是不是你说话的声音太小了，小莉没有听清楚呢？现在去试试大声地对她说：'我真的想荡秋千，我已经等了很久了！'如果这样说还没给你，你就回来，我们再想别的方法……"

直通国考：模拟组织手指游戏

问题：请分析上述两位教师回应方式的利弊并说明理由。

试题解析：

1. 本案例主要反映了教师在处理幼儿同伴交往过程中行为的引导。两位教师的做法各有利弊。

2. 幼儿的身心特点（生理因素、情感特征）一方面制约着同伴对他们的态度和接纳程度，另一方面也决定着他们在交往中的行为方式。教师在活动组织中要留意幼儿身心特点对幼儿同伴交往的影响，采用针对性的引导策略。对两位教师回应方式的利弊之处分析如下。

（1）教师A的可取之处：发现幼儿同伴交往中出现问题时及时介入，没有强制让幼儿按照自己的意愿执行，而是用一种讲道理的方式告诉幼儿做一个懂事的孩子。

不可取之处：该教师以主导者地位介入，也就是说以教师的身份介入游戏当中，干涉了幼儿正常游戏的进行，而且让小莉离开秋千给诺诺玩的时候，并没有询问小莉的意愿，委婉的言语表达中透露着一种命令式的口吻，没有给幼儿述说自己意愿的机会。对于诺诺来说，这一次通过教师的介入满足了内心的愿望，下次遇到此类问题还是会第一时间想到找教师，欠缺自己动脑想问题、解决问题的能力，长期这样会养成幼儿胆小、懦弱、依赖成人的习惯。

（2）教师B的可取之处：注意到了幼儿特点对同伴交往的影响，对交往当中弱势一

---

① 资料来源：2014年下半年中小学与幼儿园教师资格证考试科目二 保教知识与能力。

方即诺诺积极引导，帮助诺诺分析原因，提出合理建议，抓住契机培养了幼儿交往当中的主动性、勇气，更为可取。考虑不周全之处在于：她对幼儿处理问题的过程关注不够，原因分析过于主观，在后期指导中应引导幼儿一起分析原因，鼓励幼儿主动思考如何解决问题，在此基础上，引导幼儿主动与同伴沟通。

挑战赛场

幼儿园教育活动设计[①]

1. 题目：主题活动——中班"快乐运动"（相关素材见附件）

2. 内容

（1）主题网络图设计（书面作答）。

（2）教学活动设计（1课时）（书面作答）。

（3）说课（口头作答）。

3. 基本要求

（1）根据附件提供的素材，综合幼儿发展各领域及幼儿园活动的类型，围绕主题设计主题网络图。主题网络图绘制要具有丰富性、科学性、具体化和操作性强等特点，充分考虑生活化、兴趣性、适宜性、幼儿的主体性和家园合作等因素。

（2）根据主题素材与年龄段，设计1课时（30分钟左右）集体教学活动的教案。教案格式完整规范，语言清晰、简洁、明了，目标设计、内容选择、方法运用符合幼儿年龄特点和领域特点。

（3）根据已设计的教案，就内容、目标、方法、过程设计等进行说课，说清楚"学什么、教什么""怎么学、怎么教"及"为什么"等问题，语言规范，条理清楚，逻辑性强，表达流畅。说课时间在7分钟内完成。

附件：

1. 主题背景介绍

运动有助于锻炼体能，促进身体健康。幼儿喜欢蹦蹦跳跳，喜欢各种运动，他们在幼儿园举办的"小小运动会"上都会积极参加，大显身手，体验比赛的紧张和喜悦。"快乐运动"这一主题，能让幼儿认识多种运动项目，介绍自己喜欢的运动和喜欢的原因，了解运动的好处和注意事项，能够养成热爱运动的习惯，促进身体的发育和体质的增强。

2. 谜语

（1）两手摇，双脚跳，钻进门，跨过草桥。（跳绳）

（2）你打它，它就跳，不理它，就睡觉，别看它是受气包，小朋友见它拍手笑。

---

① 资料来源：2021年全国职业院校技能大赛（高职组）"学前教育专业教育技能"赛项赛卷。

（皮球）

（3）小公鸡，尾巴翘，会翻跟斗不会叫，踢一脚，跳一跳，翻过脚背摔一跤。（毽子）

3. 小游戏"我和皮球娃娃赛跑"

准备：大红皮球一只（皮球上画上眼睛和嘴巴）。

玩法：把大红皮球当作皮球娃娃，皮球娃娃往哪个方向滚去、跳去，幼儿就朝哪个方向跑或跳。皮球娃娃滚到红线（地上画线）处停止，幼儿就必须跑到红线上停止；皮球娃娃跳到绿线处停下，幼儿就双脚并跳前进，跳到绿线处停下。

规则：幼儿必须跟着皮球娃娃的方向跑、跳，方向错了，停一次游戏。

提示：教师指导游戏时要用皮球娃娃的口吻来激发幼儿的游戏兴趣，在游戏中鼓励幼儿跟着皮球娃娃一起跑和跳，注意动静交替。

4. 歌曲《做早操》

做 早 操

1=D 2/4
中板稍快

（2 3 5 | 6 3 0 | 5 2 0 | 2 3 5 6 |

1 — ） | 6. 3 2 | 6. 3 2 | 6. 3 5 3 |
　　　　　清 早 起，　做 早 操，　花 儿 向 我

2 — | 6. 3 5 | 6. 3 5 | 2. 1 2 3 |
笑，　　鸟 儿　向 我 叫，　向 我

5 — | 2 3 5 | 6 3 0 | 5 2 0 |
叫，　　它 们 说：　"你 早，　你 早，

2 3 | 5 6 | 1 — ‖
你 早，你　　早！"

试题解析：

1. 主题网络图设计思路

主题网络图设计一般可以分两步进行。

（1）确定主题目标。主题目标要考虑促进幼儿的全面发展。一般包括两类目标：一是与主题内核相关度较高的核心目标；二是与主题内核相关度不高但较符合幼儿年龄特点的发展目标。

（2）根据目标选择内容并绘制主题网络图，具体做法如下。

首先，确定二级主题的个数及名称。从内容容量上讲，小、中班一般可以选择三个二级主题，大班一般可以考虑四个二级主题，并确保一级主题包括二级主题，厘清二者间的包含与被包含关系。例如，中班主题"快乐运动"，围绕主题目标，下设三个

二级主题，分别为"多种多样的运动""丰富的运动用品""有用的运动知识"，三个二级主题之间呈现的是并列关系。

其次，根据附件提供的素材，补充三级主题内容，把附件提供的素材分别放入对应的二级主题下，同时标注活动所属领域；注意把握均衡发展的原则，即确保三级主题涵盖健康、科学、社会、艺术及语言五大领域的内容；体现家园合作，在三级主题内容中体现家园共育的内容，如"有趣的亲子操"；考虑幼儿生活化的学习特点，在三级主题中融入生活中的学习内容；突出幼儿游戏化的学习特点，在三级主题内容中创设区域，如区域"体育用品店"、区域"小小护理员"，满足幼儿玩中学的需要。

再次，对主题网络图进行备注说明，一般可以在主题网络图的右下角备注主题适用范围，如"适用范围：一个月"。同时备注主题中预设的内容及对生成内容的预留。

2．教学活动设计思路

（1）选择素材并确定活动的领域。

（2）设计目标。目标设计要紧扣活动的领域，重难点目标一定要贴合领域进行设计，如语言领域的重点目标不应是学唱歌曲。此外，目标要具体明确，具有可操作性，表述方式统一，一般建议从幼儿角度进行表述。

（3）设计活动准备。活动准备包括物质准备、经验准备及环境支持。活动准备要为实现目标服务，同时，在活动准备环节尽可能体现对幼儿个体差异性的考虑。例如，幼儿跳跃练习，跳过"小河"时，准备的"河面"是弯弯曲曲的，有宽有窄。

（4）选择合适的教法与学法。教法与学法的选择，要考虑活动目标的实现、幼儿的实际发展水平及学习特点。例如，体育活动常用到讲解示范法、操作练习法等，科学活动中往往会选择探究发现法等。

（5）设计活动过程。导入环节具有趣味性，整体活动设计要体现动静交替原则；突出活动的游戏化；体现"幼儿为本"的原则，尽可能地突出幼儿学习的主动性，让幼儿从"被动接受知识"走向"主动自我学习"；注意活动难度的循序渐进性；尝试在活动中渗透其他领域的学习内容。活动过程的设计是为了实现目标，要确保重点目标、难点目标能在活动过程中得到实现，与目标无关的环节，建议去掉。

（6）设计活动延伸。活动延伸环节的设计，不要简单重复活动内容，应贴近幼儿的生活，引导幼儿在活动后进行知识和经验的迁移。

3．说课的思路

说课一般从下面几个方面进行。

（1）说教材。第一，可以从《幼儿园教育指导纲要（试行）》及《3—6岁儿童学习与发展指南》的精神方面进行阐述，说明选择的教学内容符合文件的精神。第二，可以从幼儿实际情况出发，阐述清楚教学内容的选择符合幼儿的实际需要。

（2）说目标。首先，要说明制定目标的依据，可以从幼儿的实际发展水平、对教材的分析及对该领域教学目标的理解等方面说明；其次，介绍重点目标是什么，为什么把这一目标确定为重点目标；再次，介绍难点目标是什么，为什么把这一目标确定为难点目标。

（3）说准备。阐述清楚准备了什么，准备这些材料的依据是什么，准备材料所要达到的目标是什么等。

（4）说教法学法。说清楚采取了哪些教法和学法，在详细阐述某一方法时，要说清楚使用该方法的依据是什么，在哪个环节使用该方法，如何使用该方法，使用该方法要达到什么目的。

（5）说活动过程。逐一说清楚各个环节的设计，活动各环节间的逻辑关系，哪些环节实现了重点目标，哪些环节突破了难点目标。也可以把教法、学法和活动过程合在一起说。

（6）简洁地陈述整个活动设计的亮点。

展示游戏

综合本项目所学，从游戏目标、游戏规则、游戏任务、游戏准备、游戏中的教师指导等方面分析音乐游戏"开始和停止"，在分析的基础上对该游戏进行改编或改进，并模拟组织游戏活动。

中班音乐游戏：开始和停止[①]

【游戏目标】

1. 感知音乐有反复地开始和突然停止的特点。

2. 尝试在游戏中用肢体动作表现音乐的特点。

3. 提升专注力、肢体控制力和情绪调节力，体验与同伴合作的乐趣。

【游戏准备】

音乐"开始和停止"、音响设备、1～5数字卡片、儿童呼啦圈2个。

【活动过程】

1. 热身游戏

律动："汽车小司机"。

教师带幼儿听音乐模仿司机开车的动作进入活动场地。

2. 感受音乐

师：今天，老师给小朋友们带来了一段好听的音乐，一会儿我们要仔细、认真地听，听听这段音乐和我们以前听过的音乐有什么不同，一会儿告诉我。

---

① 本案例由广西幼儿师范高等专科学校实验幼儿园陈莉芸老师提供。

师：这段音乐有什么特别的地方？（音乐一会儿停，一会儿再响）

师：你听了这段音乐有什么感觉？（很快乐、很热闹等）

（引导幼儿说出音乐的特点：音乐一会儿开始，一会儿停止，这样反复好几次）

3. 表现音乐

师：我们可以用什么肢体动作表现这首音乐？（拍手、跺脚、拍肩膀等）

师：音乐停止的时候我们做什么动作？（音乐停止动作就停止）

师：我们将跟着这首音乐玩有趣的闯关游戏，每一关的游戏都不一样，要求和难度都不一样，看看哪些小朋友能成功地完成闯关任务。你们想不想玩？

（1）第一关游戏：蜜蜂采蜜

玩法：全班幼儿扮演蜜蜂采蜜，在音乐响起的时幼儿自由模仿蜜蜂的动作飞来飞去，在音乐停止的时候，幼儿要快速停在一朵花旁采蜜并摆出一个自己喜欢的造型。音乐响起，幼儿继续模仿蜜蜂飞来飞去，按此方式直到音乐结束（见图6-8、图6-9）。

图6-8 飞来飞去的蜜蜂　　　　　　　图6-9 小蜜蜂采花蜜

师：第一关，游戏名称叫蜜蜂采蜜，音乐响起的时候，小朋友模仿蜜蜂动作飞来飞去，音乐停止的时候，请小蜜蜂们迅速找一个地方学蜜蜂采蜜，只有音乐再次响起才可以继续飞，小蜜蜂们要注意听音乐。

（2）第二关游戏：换火车头

玩法：全班幼儿排成一列火车，排头幼儿当火车头，其他幼儿当车厢。当音乐开始时，火车往前开；当音乐突然停止时，排头当火车头的幼儿把方向盘传递给下一个幼儿后迅速跑到幼儿队伍最后当最后一节车厢，由第二个幼儿接着做火车头带领火车继续前行，游戏反复进行。

师：第一关闯关成功了，现在我们进入第二关——换火车头游戏。请所有的小朋友拉成一列火车，排头的小朋友做火车头，其余小朋友做车厢。"火车头"手拿方向盘当火车司机，带领后面的每一节车厢往前开，等音乐停止的时候，"司机"要把方向盘传给自己后面的第一个小朋友，然后自己下车到车尾做最后一节车厢，按这样的顺序玩游戏，车头、车厢要跟紧，不能脱轨哦（见图6-10、图6-11）。

图6-10　游戏：火车头1

图6-11　游戏：火车头2

（3）第三关游戏：动物大联欢

玩法：音乐开始时请幼儿模仿一种动物走路，当音乐停止时，动物原地不动，此时教师随机对一个幼儿提出一个问题，例如，请问你叫什么名字？你喜欢吃什么水果？等等，幼儿需在音乐再次响起之前回答出问题。当音乐再次响起，游戏反复进行（见图6-12）。

图6-12　游戏：动物大联欢

师：接下来我们要进行第三关游戏——动物大联欢。当音乐响起时请你模仿你喜欢的动物的动作，当音乐停止时请你保持一个姿势原地不动，我会向一个小朋友问一个问题，这个小朋友请在音乐响起之前回答我的问题，看谁反应最快。你们准备好了吗？

（4）第四关游戏：好朋友抱一抱

玩法：当音乐开始时，幼儿自由用动作表现音乐，当音乐突然停止时，教师出示1～5中的任意一个数字，幼儿需按照教师出示的数字找到相应个数的朋友抱在一起（见图6-13、图6-14）。

图6-13　游戏：好朋友抱一抱1

图6-14　游戏：好朋友抱一抱2

师：最后一关游戏——好朋友抱一抱。当音乐响起时，请你跟着音乐节奏做自己喜欢的动作，当音乐停止时，我会出示一个数字，请小朋友们根据我出示的数字找相应的好朋友抱在一起，比如，出示数字3的时候，就是3个好朋友抱在一起，出示数字1的时候呢？那就是自己一个人站住不动，看看哪些小朋友的动作又快又准确。音乐再次响起的时候，我们继续做动作。

4. 放松活动：虫儿飞

幼儿跟着教师随音乐做放松动作。

师：今天小朋友们都很棒，一共闯过了4关，为自己鼓掌。今天的游戏到此结束，下次我们接着玩更有趣的游戏好不好？请小朋友们跟老师一起做动作，到外面去休息一会儿吧！

参 考 文 献

［1］朱智贤. 儿童心理学［M］. 北京：人民教育出版社，1993.

［2］王振宇. 儿童心理发展理论［M］. 2版. 上海：华东师范大学出版社，2016.

［3］刘金花. 儿童发展心理学［M］. 3版. 上海：华东师范大学出版社，2013.

［4］刘焱. 儿童游戏通论［M］. 福州：福建人民出版社，2015.

［5］刘焱. 幼儿园游戏与指导［M］. 北京：高等教育出版社，2018.

［6］陈泽铭. 婴幼儿音乐感统训练［M］. 上海：复旦大学出版社，2016.

［7］董旭花，王翠霞，阎莉，等. 幼儿园创造性游戏区域活动指导：角色区·建构区·表演区［M］. 北京：中国轻工业出版社，2014.

［8］董旭花. 幼儿园户外环境创设与活动指导［M］. 北京：中国轻工业出版社，2018.

［9］杨枫. 学前儿童游戏［M］. 4版. 北京：高等教育出版社，2022.

［10］王金洪. 学前儿童游戏与指导［M］. 北京：北京出版社，2014.

［11］叶小红. 幼儿园游戏与指导［M］. 南京：江苏教育出版社，2014.

［12］邱学青. 给幼儿园教师的101条建议·游戏指导［M］. 南京：南京师范大学出版社，2011.

［13］韩宏莉. 学前儿童游戏［M］. 武汉：华中师范大学出版社，2014.

［14］高杉自子. 幼儿教育的原点［M］. 王小英，译. 上海：华东师范大学出版社，2014.

［15］本内特，伍德，罗格斯. 通过游戏来教：教师观念与课堂实践［M］. 刘焱，刘峰峰，译. 北京：北京师范大学出版社，2010.

［16］伍兹，等. 儿童发起的游戏和学习：为无限的可能性而规划［M］. 叶小红，译. 北京：中国轻工业出版社，2020.

［17］莫伊蕾斯. 游戏的卓越性［M］. 4版. 刘峰峰，李相禹，肖倩，等译. 北京：北京师范大学出版社，2021.

［18］莫伊雷斯. 仅仅是游戏吗：游戏在早期儿童教育中的作用与地位［M］. 刘焱，刘峰峰，雷美琴，译. 北京：北京师范大学出版社，2010.

［19］曼尼-莫顿，托尔普．游戏的关键期：0~3岁［M］．刘峰峰，常娟，赵志敏，译．北京：北京师范大学出版社，2010.

［20］彭俊英，魏婷．幼儿园游戏活动的组织与指导［M］．北京：教育科学出版社，2014.

［21］卞娟娟．基于三个要素的体育规则游戏组织与指导［J］．幼儿教育，2018，（Z1）：46-47.

［22］焦冬玲，单文顶，袁爱玲．幼儿园规则游戏的指导策略［J］．福建教育，2017，（42）：27-29.

［23］杨红岩．我国近年来幼儿园游戏分享环节研究综述［J］．陕西学前师范学院学报，2018，34（1）：100-106.

［24］李庆霞．幼儿园自主性游戏分享环节研究［D］．南京：南京师范大学，2016.

［25］欧赛萍．游戏印记：幼儿游戏评价的可视化［J］．学前教育研究，2021，（12）：85-88.

［26］程超．幼儿园建构游戏的综合评价研究［J］．早期教育，2022，（25）：44-48.

［27］黄菲，林朝湃，王秋．户外建构游戏中幼儿核心经验的评价与促进［J］．学前教育研究，2022，（03）：91-93.

［28］裴明慧．主题游戏背景下幼儿学习品质提升策略实证研究［D］．黄石：湖北师范大学，2017.

［29］夏菲．利津游戏材料及开发的研究［D］．重庆：重庆师范大学，2019.

［30］田蜜．3—6岁幼儿结构表征的发展——基于积木建构游戏的实验研究［D］．南京：南京师范大学，2016.

读者意见反馈

为收集对教材的意见建议，进一步完善教材编写并做好服务工作，读者可将对本教材的意见建议通过如下渠道反馈至我社。

咨询电话　400-810-0598

反馈邮箱　gjdzfwb@pub.hep.cn

通信地址　北京市朝阳区惠新东街 4 号富盛大厦 1 座
　　　　　　高等教育出版社总编辑办公室

邮政编码　100029

责任编辑：赵清梅

高等教育出版社　高等职业教育出版事业部　综合分社

地　　址：北京朝阳区惠新东街 4 号

邮　　编：100029

联系电话：010-58556361

E-mail: zhaoqm@hep.com.cn　专业教师 QQ 群：69466119

专业教师 QQ 群